INHALTSVERZEICHNIS

Ich möchte auch nicht, daß es als Anmaßung empfunden wird, wenn ein Mann aus niedrigsten und drückendsten Verhältnissen die Kühnheit hat, die Handlungen der Staatenlenker zu erörtern und ihnen Regeln vorzuschreiben; denn wie die Landschaftszeichner ihren Standpunkt in der Ebene suchen, um die Beschaffenheit der Berge und hochgelegenen Orte zu überschauen, und auf Berggipfel steigen, um die Beschaffenheit der Täler zu betrachten, so muß man Herrscher sein, um das Wesen der Völker zu durchschauen, und man muß ein Mann des Volks sein, um das Wesen der Herrscher zu erkennen.

MACHIAVELLI, *Der Fürst*, Widmung

Die Führungsspitzen im Geschäftsleben ähneln sich — wie die Gipfel von Bergen — weit mehr als die Gruppen darunter. Ihre Prinzipien sind im großen und ganzen dieselben; es sind nur die vielfältigen Einzelheiten auf den unteren Ebenen, die so voneinander abweichen. Man muß reisen, um zu erfahren, daß die Spitzen sich tatsächlich gleichen. Wer auf einem Berg lebt, glaubt, sein Berg sei einzigartig.

WALTER BAGEHOT, *The English Constitution*

EINFÜHRUNG

»In der modernen Welt«, schrieb Bertrand Russell in *Authority and the Individual*, »und wahrscheinlich auch in der Welt der nahen Zukunft, ist und wird dem einzelnen jeder bedeutende Erfolg versagt, sofern er nicht die Möglichkeit hat, sich irgendeiner großen Organisation zu bedienen.« Seit diese Worte, 1948, geschrieben wurden, ist nichts geschehen, was sie als Übertreibung erscheinen ließe. Im Gegenteil, immer mehr Menschen sind direkt oder indirekt in die Abhängigkeit mächtiger Organisationen geraten, die ihr Verhalten und ihren Lebensstil beeinflussen.

Im Laufe der Jahre haben wir eine Unmenge an Wissen über die Großunternehmen angehäuft; dem Interessierten stehen unzählige Darstellungen, Fakten, Bücher, Zeitschriften und Artikel, Reden, Vorlesungen, Seminare und Kurse, Untersuchungen von Wirtschaftsprüfern und Systemanalytikern, von Managementwissenschaftlern, Soziologen und Börsenmaklern und endlose statistische Tabellen zur Verfügung. Nur ist unser Verständnis nicht in dem Maße gewachsen wie unser Wissen. In der Tat haben die meisten Menschen, je mehr Fakten sie kennen, offenbar kein rechtes Verständnis für den Großbetrieb, dessen Ganzes aus so vielen komplizierten Teilen besteht. Während die Notwendigkeit wächst, diese Institution zu begreifen, schwindet die Möglichkeit, es tatsächlich zu tun, immer mehr.

Oder besser: Sie *scheint* zu schwinden; in Wirklichkeit gibt es ein einfaches Schema, in das all diese vielfältigen Beobachtungen leicht einzuordnen sind. Das erfordert jedoch, die Großunternehmen unter einem neuen Blickwinkel zu betrachten: nicht durch die Brille des Wirtschaftsprüfers, Systemanalytikers, Wirtschaftlers oder Mathematikers, sondern mit den Augen des Historikers und Politologen. Zweck dieses Buches ist es, zu zeigen, was das heißt.

Es will nicht neue Informationen über die Großunternehmen liefern: Gott behüte. Es soll in dem ungeheueren Wust von Informationen einen Sinnzusammenhang sichtbar machen.

1. Kapitel

MANAGEMENT UND MACHIAVELLI

Im neunzehnten Jahrhundert muß alles viel einfacher gewesen sein: Man errichtete eine Fabrikationsstätte, installierte Maschinen, stellte Arbeitskräfte ein, kaufte Rohmaterial, und schon war man ein ausgewachsener Fabrikant. Selbstverständlich hatte man auch Probleme; das hergestellte Produkt mußte Leistungsanforderungen gerecht werden und einen wettbewerbsfähigen Preis haben, es gab Vertriebsschwierigkeiten, man benötigte Kapital, um zu expandieren und um neue Märkte zu erschließen. Doch solche Probleme hatte der Industrielle eh und je; sie begrenzen seine Möglichkeiten und spornen ihn an. Er hat eine Nase für Dinge, die gekauft werden, er weiß, wie man sie zu Kosten herstellen kann, die einen Gewinn gewährleisten, und er hat den nötigen Schwung, Kapital zu beschaffen, eine Fabrik aufzubauen und mit der Produktion und dem Verkauf zu beginnen. Dies alles macht den ursprünglichen Elan des unternehmerischen Industriellen aus und ist eine Grundvoraussetzung, die im Laufe der Geschichte gültig geblieben ist und sich wohl kaum je ändern wird.

Doch heute muß der Industrielle darüber hinaus noch etwas beherrschen: die Wissenschaft der Unternehmensführung. Die Zeiten, in denen es nur Chef und Belegschaft gab, sind vorüber. Die »Hierarchie«, die »Struktur des Management«, der »Befehlsweg« sind hinzugekommen. Es hat wenig Sinn, die Ursachen dieser Entwicklung zu untersuchen; sie sind im Detail zu kompliziert, im wesentlichen jedoch ganz einfach. Wenn man akzeptiert, daß große Organisationen für gewöhnlich über kleinere die Oberhand gewinnen, dann akzeptiert man auch, daß gemanagte Industrien diejenigen ablösen werden, in denen nur der Chef bestimmt. Wir haben in den vergangenen hundert Jahren — und besonders während der letzten fünfzig — beobachten können, daß in wachsendem Maße kleine Unternehmen von großen Gruppen übernommen wurden. Heutzutage sind Geschäftsgründungen meistens so kompliziert, daß keinesfalls ein einzelner die Richtlinien festlegen und alle Entscheidungen treffen könnte. Sie müssen gemanagt werden. Manchmal scheinen die altbekannten Probleme des gut Herstellens und gut Verkaufens winzig im Vergleich zu dem kolossalen neuen Problem des gut Managens. Die westliche Welt kommt ohne Unternehmensführung nicht mehr aus. General Motors hat höhere Einnahmen als irgendein Staat der Union, und die Einkünfte der fünfzig größten amerikanischen Unternehmen sind höher als die der fünfzig Bundesstaaten. Von der Qualifikation der Manager hängt immer weitgehender der Wohlstand ganzer Nationen ab; mehr hochbegabte Männer denn je sind Manager oder werden es, und das Leben der übrigen Menschen wird direkt und nachhaltig von den Entscheidungen und Handlungen der Manager berührt.

Beinahe noch überraschender als das rapide Wachstum, und die Ausbreitung des Management ist seine offenkundige Neuartigkeit. Auch die wissenschaftliche Forschung hat sich in den letzten fünfzig Jahren verblüffend rasch entwickelt; nur hat sie eine lange und ehrwürdige Tradition; verglichen damit scheint das Management aus dem Nichts aufgetaucht zu sein. Sein Hoherpriester Peter F. Drucker schreibt:

»Das Auftauchen des Management als einer besonderen, wichtigen und führenden Größe ist ein Ereignis von entscheidender Bedeutung in der Sozial- und Wirtschaftsgeschichte. Kaum jemals hat eine grundlegend neue Einrichtung, eine neue Führungsgruppe sich so rasch entwickelt wie das Management seit der Jahrhundertwende. Selten hat sich in der Menschheitsgeschichte eine neue Einrichtung so rasch als unentbehrlich erwiesen, und noch seltener hat sie sich gegen so geringe Widerstände, mit so wenig Störungen und Streitigkeiten durchgesetzt.«

Woran liegt das? Wie hat sich die Menschheit zu Millionen plötzlich auf eine so grundlegend neue Einrichtung ein- und umstellen können? Nun, meiner Ansicht nach ist das Management keinesfalls als grundlegend neue Institution anzusehen. Es ist eine sehr alte Kunst.

Ein Buch über Management kann man wohl kaum unglücklicher beginnen als dadurch, daß man einem so erfahrenen und kenntnisreichen Autor wie Drucker widerspricht. Wie auch immer, seine oben zitierte Bemerkung steht nur nebenbei in der Einleitung seines Buches *Die Praxis des Management* [1]; er baut keine Argumentation darauf auf. Weiter hinten stellt er in einer ebensolchen Nebenbemerkung [2] fest:

»Zwar gibt es Hunderte, wenn nicht Tausende von Büchern über das Management der verschiedenen Abteilungen eines Unternehmens: Produktion und Verkauf, Finanzen und technische Abteilung, Einkauf, Personalabteilung, Öffentlichkeitsarbeit usw. Aber um was es bei der Leitung des Gesamtunternehmens geht, was diese erfordert, was hier vom Management erwartet wird und wie es getan werden muß — diese Fragen sind bisher völlig vernachlässigt worden. Dieses Übersehen ist kein Zufall. Es ist nur das Spiegelbild der Tatsache, daß es keine haltbare Wirtschaftstheorie des Geschäftsunternehmens gibt.«

Ich weiß nicht, ob jemals eine haltbare Wirtschaftstheorie des Geschäftsunternehmens formuliert werden wird. Vielleicht macht das auch gar nichts aus. Meiner Meinung nach gibt es eine akzeptable politische Theorie zum Thema Geschäftsunternehmen. Die junge Managementwissenschaft ist im Grunde nur eine Weiterführung der alten Regierungskunst. Untersucht man Managementtheorie parallel zur politischen Theorie und Fälle aus der Unternehmensführungspraxis parallel zur politischen Geschichte, stellt man fest, daß man nur zwei eng verwandte Sektoren desselben Fachgebiets untersucht. Einer erhellt den anderen; doch da die Geschichte beinahe bis zum Exzeß untersucht worden ist, Management aber längst nicht so umfassend, verwundert es nicht, daß es häufiger die Managementsituationen sind, die erhellt werden.

Machiavelli hat mich diese Zusammenhänge erkennen lassen. Derzeit gehört er an Wirtschaftsakademien und bei Betriebsführungskursen nicht zur Pflichtlektüre. In seiner Einführung zu Machiavelli *Der Fürst* schreibt Professor Butterfield dessen Äußerungen keine Relevanz für unsere Zeit zu. »Die wesentliche Bedeutung seines Werks«, sagt er, »ist heute darin zu sehen, daß es ein Stadium in der Entwicklung der wissenschaftlichen Methodik kennzeichnet, sei es in der Staatskunst, in allgemeiner Analyse der Politik oder im weiten Feld der Geschichte.« Mögen die akademischen Historiker sich irren und Machiavelli als Randfigur ansehen — tatsächlich enthalten seine Schriften wichtige Hinweise und scharfsinnige Beobachtungen, die den Führungskräften der privaten wie der staatlichen Großunternehmen überall in der Welt von Nutzen sein können. Man muß nur wissen, wie man sie zu lesen hat.

Der Zusammenhang war mir blitzartig durch ein Moment, das Koestler »Bisoziation« nennt, klargeworden; ohne es zu bemerken, hatte ich eine ganze Weile auf dieses Ergebnis hingearbeitet. Ich gehörte damals der mittleren Führungsschicht eines großen, wachsenden Unternehmens an, das über 20 000 Leute beschäftigt und jährlich etwa vierzig Millionen Pfund umsetzt. Mich faszinierten die Probleme, die dem Management, der Leitung und Organisation jedes modernen Großunternehmens durch Größe und Wachstum gestellt sind. Damals hatte ich den Eindruck, daß das Ausmaß dieser Vorgänge für die meisten Industrienationen so überraschend neu war, daß wir alle nur sondieren, vorstoßen und raten könnten, ohne uns viel von Präzedenzfällen und erworbenem Wissen leiten lassen zu können; jede Firma unternahm Versuche und beging Fehler, und alle wiederholten allzuoft die Fehler anderer, ohne aus ihnen gelernt zu haben.

Ich besprach diesen Umstand während eines Essens mit einem Freund, der Vorsitzender einer Industrieberatergruppe ist. Ich fragte, ob er und seine Kollegen aus dem Management irgendwelche Gesetze formuliert hätten oder auf Erfahrungswissen zurückgriffen, wenn es darum ging, eine übernommene Firma richtig zu behandeln. In der eigenen Praxis hatte er einige hochinteressante Feststellungen machen können. Eine besagt, daß in einer übernommenen Firma die kritische Grenze bei einer Belegschaftsstärke von 400 Menschen liegt. Bis zu dieser Mitarbeiterzahl ist der Chef persönlich bekannt, sie unterscheidet ihn vom Highlevel-Manager. Ein einzelner kann eine Firma mit einer Belegschaft von 400 oder weniger Menschen sehr gut leiten, doch hier liegt das Maximum; ist die Belegschaft größer, kann man nicht mehr jeden einzelnen namentlich kennen, kann man nicht mehr allein alles leiten und muß mehr Autorität delegieren. Wenn nun eine solche Firma auf 1100 Angestellte und Arbeiter ausgeweitet wird, kann er, der Chef, in seiner ursprünglichen Funktion in Frage gestellt werden. Anstatt daß er seine Leute mit Namen kennt, werden sie zu Fähnchen auf einer Karte; anstatt daß er einfach handeln und entscheiden kann, muß er vielfach erklären und überzeugen. Anstatt alles selbst überwachen zu können, muß er ein System einrichten und Verfahren festlegen. All das erfordert Fähigkeiten, die von jenen, auf denen sich sein Erfolg gegründet hatte, stark abweichen und auf die er vielleicht nunmehr verzichten muß.

Dies war nur eine Einzelbeobachtung. Scheinbar gab es keine allgemein akzeptierte Ansicht über die Übernahme von Firmen, kein Leitprinzip, obwohl sie eines der Hauptprobleme ist, die sich Tausenden von Unternehmensführungen überall in der westlichen Welt stellen. Viele Manager haben ihre eigenen Beobachtungen gemacht, doch wurden sie nicht in Beziehung zueinander gesetzt; und wenn Übernahmen zu vollziehen waren, mußte jedes Unternehmen sein Verfahren ganz von selbst neu ausarbeiten.

Während ich am folgenden Tag Machiavellis *Fürst* las, ging mir diese Unterhaltung durch den Sinn. Ich dachte, ich befasse mich mit den längst überwundenen politischen Problemen der italienischen Renaissancestaaten; doch plötzlich stieß ich auf einen Absatz, der in bezug auf die Unterhaltung vom Vortage so überaus bedeutsam war, daß sich mein Verhältnis zu diesem Buch, zu Machiavelli, zum Management und zur politischen Geschichte in wenigen Sekunden wandelte. Er schien eine direkte Antwort auf die Frage, wie man eine übernommene Firma zu einem Teil des eigenen Unternehmens macht, zu geben; geeignet, mit jenen Regeln zusammenzuwirken, und wert, daß man ihn sich merkt [3]:

»Das zweitbeste Mittel besteht darin, an einem oder zwei Plätzen Kolonien anzulegen, die gleichsam wie Fesseln in diesem Land wirken. Man muß entweder dies tun oder dort eine starke Besatzung halten. Kolonien verursachen wenig Kosten, man gründet und erhält sie völlig ohne oder nur mit geringem Aufwand, und man fügt nur denen Schaden zu, denen man Felder und Häuser wegnimmt, um sie den neuen Siedlern zu geben; aber diese machen nur einen ganz kleinen Teil des eroberten Landes aus.

Da diejenigen, denen dadurch Unrecht zugefügt wurde, im ganzen Lande verstreut wohnen und in Armut leben, können sie dem neuen Herrscher niemals schaden. Alle anderen Einwohner bleiben unbehelligt (sie werden sich infolgedessen beruhigen); auch hüten sie sich vor Vorstößen, aus Angst, das gleiche Schicksal zu erleiden wie die, die ausgeplündert wurden. Ich ziehe daraus die Schlußfolgerung, daß derartige Kolonien keine Kosten verursachen, zuverlässiger sind und die Bevölkerung weniger schädigen; auch können die Betroffenen keinen Schaden zufügen, da sie arm sind und im ganzen Land verstreut wohnen, worauf ich bereits hingewiesen habe. Man muß sich daher merken, daß man die Menschen entweder mit Freundlichkeit behandeln oder unschädlich machen muß; denn wegen geringfügiger Kränkungen nehmen sie Rache, wegen schwerer Schädigungen können sie es nicht. Wenn man also jemand schlecht behandelt, dann muß dies in einer Weise geschehen, daß man seine Rache nicht zu fürchten braucht.«

Mit anderen Worten: »Setze kleine eigene Managerteams in die eine oder andere Schlüsselposition, weil du andererseits deine halbe Belegschaft einsetzen müßtest, Anweisungen zu geben und Richtlinien zu verfassen und zu prüfen, ob auch alles richtig ausgeführt worden ist. Ein Managerteam kostet vergleichsweise wenig, und die einzigen Leute, die dieses Verfahren in Rage bringen könnte, sind die ehemaligen Führungskräfte, denen gekündigt worden ist. Da sie der Firma nicht mehr angehören, können sie auch keinen Ärger verursachen; der Rest der Belegschaft wird, solange er noch seine alten Posten bekleidet, nicht aufmucken, besonders da ihm die entlassenen Manager eine deutliche Mahnung sind, auf der Hut zu sein. Das Leitprinzip lautet, daß Führungskräfte in übernommenen Firmen entweder willkommengeheißen und ermutigt oder entlassen werden müssen; wird ihnen gekündigt, sind sie machtlos; doch werden sie degradiert, bleiben sie vereint und rachsüchtig und sinnen darauf, ihre alte Stellung wieder zu erlangen.« Obwohl Machiavelli es in diesem Zusammenhang nicht erwähnt, ist dies das Prinzip, nach dem die Römer ihr Weltreich aufbauten (eines der spektakulärsten Beispiele erfolgreichen Managements in großem Maßstab); Großzügigkeit (volle römische Bürgerrechte) oder Brutalität (Hinrichtung und Versklavung, Besatzungstruppen), aber nicht jene unentschlossene Strenge, die den geschlagenen Feind nur rachedurstig macht. Seit ich diesen Absatz gelesen hatte, habe ich Machiavellis Prinzip von verschiedenen Managern, die sich mit der Übernahme von Unternehmen befassen mußten, ausprobieren lassen; sie stimmen völlig mit ihm überein.

Natürlich hätte dies auch ein glückliches Zusammentreffen sein können. Viele Autoren haben aus der Geschichte elegante Analogien bezogen — BBC ist einmal höchst überzeugend mit dem demokratischen Zentralismus des Kreml verglichen worden —, um ihre Beobachtungen zum Thema Management zu schmücken. Doch all das hier Behandelte schien zu logisch, um reiner Zufall zu sein, auch das nächste Kapitel des *Fürst* erwies sich unter den neuen Aspekten als äußerst modern und bekam bedeutsame Bezüge [4]:

»Alle Herrschaften, die man aus der Geschichte kennt, werden auf zweierlei Weise regiert: entweder von einem Alleinherrscher; dann sind alle anderen seine Diener und haben ihn als Minister auf Grund seiner Gnade und mit seiner Erlaubnis bei den Regierungsgeschäften zu unterstützen; oder sie werden regiert durch einen Fürsten und die Barone, die nicht durch fürstliche Gnade, sondern wegen des Alters ihrer Geschlechter diese Stellung einnehmen. Diese Barone haben eigene Herrschaftsgebiete und eigene Untertanen, die sie als ihre Herren anerkennen und eine natürliche Ergebenheit für sie haben. Beispiele für diese beiden Regierungsarten geben in unserer Zeit der Türke und der König von Frankreich. Die ganze türkische Monarchie wird von einem einzigen Herrn regiert; die anderen sind nur seine Diener. Er teilt sein Reich in Sandschaks ein und schickt dorthin seine verschiedenen Statthalter. Er setzt sie ein und beruft sie ab, ganz nach seinem Belieben. Der König von Frankreich dagegen ist umgeben von einer Anzahl alteingesessener Herren, die in ihren Herrschaften von ihren Untertanen anerkannt und geliebt werden: Sie haben ihre Vorrechte, die ihnen kein König nehmen kann, ohne sich selber zu gefährden.«

Jeder, der einmal in großen Organisationen gearbeitet hat, erkennt sofort diese beiden Grundschemata des Managements. Der Civil Service ist in seiner Auffassung als türkisch bekannt; er wechselt Manager, besonders auf den unteren Ebenen, in hektischer Folge aus. Das Foreign Office hat geradezu peinlich sorgfältige Bräuche und achtet darauf, daß kein Botschaftsangehöriger länger als einige Jahre an einem Ort bleibt. Das garantiert, in Übereinstimmung mit Machiavelli, daß das Wohlwollen, die Hoffnungen und die Unterstützung der ausländischen Regierung sich nicht auf die Person des Repräsentanten konzentrieren, sondern auf die zentrale Regierung in London richten. Jene Art von Organisation entwickelt sich oftmals unter einem besonders starken und unnachgiebigen Mann an der Spitze: Übereinstimmend mit Machiavelli, ist es sehr schwer, sich an die Spitze einer solchen Organisation emporzukämpfen oder durch Intrigen dorthin zu gelangen, doch vergleichsweise einfach, die Organisation zu leiten, wenn man oben ist.

Im Gegensatz dazu ist es bei der französischen Organisation viel leichter, an die Spitze zu gelangen, doch viel schwerer, Erreichtes zu bewahren. Folgt ein schwacher und nachlässiger Führer auf einen starken, aktiven, neigt die Organisation dazu, sich vom türkischen zum französischen System zu entwickeln: Ist der König schwach, sind die Barone stark. Die Universitäten von Oxford und Cambridge sind offenkundige Beispiele für das französische System — es paßt wie die Faust aufs Auge, daß die Körperschaft, die die inneren Organisation der Universität von Oxford untersuchen sollte, als Franks Commission bekanntgeworden ist. Die feudalen Baronien sind die Colleges, und die Leiter der Colleges beherrschen sie von ihrer Ernennung bis zu ihrer Pensionierung und sichern sich so viel Freiheit vor Beeinflussung, wie sie können. Das arrangieren sie recht geschickt; die zentrale Verwaltung obliegt dem Chancellor [5], einer Marionette, und dem Vice-Chancellor, der gleichzeitig Leiter eines der Colleges ist und jedes Jahr reihum von einem Kollegen abgelöst wird — eine ausgezeichnete Garantie dafür, daß die Macht der Colleges niemals geschmälert wird. Die Autonomie der Colleges und die Ohnmacht der Universität haben bisher jede Reform verhindert.

Der BBC Television Service war zu der Zeit, als ich dort arbeitete, ein hervorragendes Beispiel für die französische Verwaltung im guten Sinne. Alle Programme von Bedeutung wurden von vier großen Abteilungen produziert: Schauspiel, Vorträge, Unterhaltung und Außenstationen, vier mächtige Baronien. Die Barone der letzten drei hatten alle den Titel geerbt, nachdem sie Anwärter (stellvertretender Leiter) gewesen waren. Zehn, neun und siebzehn Jahre lang waren sie Baron und Thronanwärter gewesen. Der vierte war neu, doch sein Vorgänger war neun Jahre Baron und davor ein Jahr lang Anwärter gewesen. In dieser Zeit erlebte die zentrale Verwaltung zahlreiche Erschütterungen: Erst gab es in ihr einen Produktionsleiter mit einem Assistenten, dann einen zweiten Produktionsleiter ohne Assistenten, darauf einen dritten Produktionsleiter mit einem neuen Assistenten, dann denselben Produktionsleiter mit zwei Programmdirektoren, und, kurz nachdem ich gegangen war, einen vierten Produktionsleiter mit wiederum zwei Programmdirektoren. Die Stetigkeit der Barone hat letzthin diese

Erschütterungen überwunden, in Übereinstimmung mit Machiavelli muß es den neuen Leitern dennoch schwergefallen sein, über die Domänen der Barone, den Inhalt und die Qualität der Programme, eine Kontrolle auszuüben.

Einige Seiten weiter findet sich eine weite Parallele von Bedeutung für die industrielle Fertigung; übersetzt man sie in eine zeitgemäße Terminologie, so behandelt Machiavelli eingehend die Frage, ob man ein Produkt völlig im eigenen Betrieb herstellen und zusammensetzen oder ob man an befreundete Gesellschaften oder unabhängige Unternehmer Fertigungsaufträge vergeben soll. Er argumentiert, daß befreundete Gesellschaften eigenen Betriebskontroversen, Produktions- und Lieferschwierigkeiten ausgesetzt sind, die sich der Kontrolle des Auftraggebers entziehen und den Auftragnehmern wichtiger sind als dessen Anordnungen; daß unabhängige Unternehmer die Arbeiten aufschieben oder schluderig ausführen, wenn ein lukrativer Auftrag dringend erledigt werden muß; und hat man mit einem Produkt Erfolg, das eine andere Firma im Auftrag herstellt, liefert man sich ihrem Wohlwollen aus; daher sollte man möglichst alles im eigenen Hause herstellen. Diese Schlußfolgerung wird wohl kaum ein Produktionsleiter anzweifeln. Machiavelli legt uns diese Schlüsse nahe, indem er ein anderes Thema behandelt: ob man sein Land von eigenen Truppen, von Hilfstruppen Alliierter oder von Söldnern verteidigen lassen soll; er führt aus, Alliierte könnten ihre Truppen abziehen (oder zurückhalten), wenn sie selbst angegriffen werden, oder, wenn sie kämpfen und siegen, einem ihren Willen aufzwingen; daß Söldner immer dazu neigen, zu einem anderen Fürsten oder sogar zum Feind überzulaufen, wenn sie nur besser bezahlt werden; und eine Armee aus eigenen Bürgern sei die einzige, der man wirklich trauen kann. Der Unterschied liegt nur in der Anwendung; das Prinzip liegt im menschlichen Wesen begründet und ist in beiden Fällen das gleiche; es gilt heute genauso wie vor 450 Jahren.

Der gemeinsame Nenner besteht darin, daß die modernen Großbetriebe den unabhängigen oder halbunabhängigen Staaten der

Vergangenheit sehr ähnlich sind. Daher können Geschäftsunternehmen nur unter Aspekten der politischen und der Verfassungsgeschichte voll verstanden werden, und jedes Management kann nur stichhaltig untersucht werden, wenn man es als einen Ableger der Regierungskunst ansieht.

2. Kapitel

DER STAAT, DAS GROSSUNTERNEHMEN
UND DER TEUFEL

Im wesentlichen gleichen sich Staaten und Großunternehmen, sie ähneln sich besonders in ihrem Aufbau. Politische wie wirtschaftliche Notwendigkeiten wirken wechselseitig mit Meinungen und Wünschen von Menschen zusammen. Man kann Staaten und Großbetriebe auf nahezu die gleiche Weise definieren: Einrichtungen zum wirkungsvollen Einsatz von Mitteln und Kräften durch eine Regierung (Aufsichtsrat), um den Reichtum der landbesitzenden Klassen (Aktionäre) zu erhalten oder zu vergrößern und um Wohlergehen und wirtschaftliche Sicherheit der Bürger (Beschäftigten) zu gewährleisten. Wettbewerb, Streiks, die Frage, wie man die günstigste Marktsituation durch ein möglichst geringfügiges Opfer an Unabhängigkeit herbeiführt, all das sind im Grunde die gleichen Probleme wie Feindinvasionen, Bürgeraufstände, Allianzen mit Staaten, die die gleichen Interessen oder Feinde haben. Kartelle und Preisabsprachen sind nur eine andere Form von Verträgen, die zu Zeiten, in denen eine fortgesetzte Kriegführung wahrscheinlich alle Beteiligten eher vernichten würde als ihnen zu nützen, Grenzen setzen. So sagte zum Beispiel ein leitender Angestellter von General Electric während des großen Antitrust-Prozesses gegen die Elektroindustrie in den fünfziger Jahren: »Die Absprachen waren zwar ungesetzlich, aber nicht *unmoralisch*. Sie waren kaum unmoralischer, als wenn die Gesellschaften eine Gipfelkonferenz abgehalten hätten, wie sie zwischen Rußland und dem Westen üblich sind.« [6]

Natürlich gibt es gewisse äußerliche Unterschiede. Großunternehmen begegnen sich nicht militärisch, auch haben sie keine absolute Autorität über geographische Gebiete, und ein leitender Angestellter der Imperial Chemical Industries gehört nicht in dem Sinn zur ICI wie ein Franzose Frankreich angehört oder ein Amerikaner den USA. Es lohnt sich, diese Punkte zu untersuchen.

1. Militärischer Konflikt

Die erste Umstellung, die man bei der Untersuchung der politischen Geschichte unter den Gesichtspunkten des Management vollziehen muß, ist, daß man »wirtschaftliche Auseinandersetzung« für den Begriff der »militärischen Auseinandersetzung« einführt. Großunternehmen konkurrieren genauso heftig wie Staaten, genau die gleichen menschlichen Motive treiben sie an, wie Gier, Furcht und Stolz, oder Egoismus, Opportunismus und Sicherheitsbedürfnis, oder was man sonst für die Ursachen des Wettstreits der Menschen untereinander halten mag. Großunternehmen können ebensowenig wie Staaten in andauerndem Kriegszustand existieren. Versucht eines in einen Exportmarkt einzudringen, der bis dahin von einem Konkurrenzunternehmen beliefert worden ist, oder stellte ein billigeres und besseres Produkt her als die Konkurrenz, so ist die Situation mit Krieg und Invasion vergleichbar. Doch ein Großteil der Auseinandersetzungen, besonders zwischen wachsenden Großunternehmen, spielt sich in Form von kleinen Grenzkonflikten oder Guerillakriegen ab; jede Seite akzeptiert stillschweigend ihren Marktanteil (ihre Gebietsgrenzen), beschränkt sich weitgehend darauf, Erreichtes zu bewahren, anstatt dramatische Vorstöße zu versuchen. Großunternehmen können sich genau wie Staaten durch allzu ausgiebige Kriegführung ausbluten; zu wenig Übung läßt sie jedoch leicht satt und behäbig werden. Diese Substituierung der Begriffe legt einen weiteren Vergleich nahe. Ein Verkaufsdirektor, der einen Angriff auf den Markt eines Rivalen plant, muß die gleichen Voraussetzungen mitbringen, die ein General für eine Invasion haben muß; nicht nur Mut und gute Nerven, sondern darüber hinaus noch Kenntnis der Stärken und Schwächen des Gegners. Er muß wissen, wie groß dessen Reserven sind und wie schnell sie mobilisiert werden können (er muß sich fragen, ob er genug Kapital hat, seine Werbung durchzuhalten; ob er seine Produktionskapazität vergrößern kann, ob die Größe der Gewinnspanne eine Preissenkung zuläßt, und ob seine Verkaufstruppe in der Lage ist, den Absatz zu steigern). Er muß die Schlagkraft und die Ausdauer seiner eigenen Truppen kennen, wissen, wie weit er sie anstacheln kann und auf welchem Boden sie am besten kämpfen (welche Produkte sie am besten, welche sie am schlechtesten verkaufen); an welcher Stelle der zu erwartende Gegenangriff (Preissenkung, Werbung usw.) einsetzen wird, und wie er ihm begegnen kann. Es lassen sich zahllose Vergleiche dieser Art finden, die alle zutreffen, weil die wesentlichen Züge auf beiden Gebieten gleich und nur die Äußerlichkeiten verschieden sind. Objektiv betrachtet, ist der Unterschied zwischen Verkaufen und Töten keineswegs unbedeutend, doch in bezug auf die Fähigkeiten, die diejenigen haben müssen, die eine Kampagne planen und durchführen, spielt er keine Rolle.

2. Herrschaft über ein geographisches Gebiet

Hier ist der Unterschied noch äußerlicher. Er spielte nur eine Rolle, wenn man Großunternehmen mit heutigen Staaten vergleichen wollte. Das heutige Amerika, Frankreich, Großbritannien oder Rußland kann man nicht mit Großunternehmen vergleichen. Vor langer Zeit hätte man das gekonnt. Doch moderne Staaten vereinen eine ganze Reihe von Konzeptionen des neunzehnten Jahrhunderts wie Nationalismus und allgemeines Wahlrecht, die den Großbetrieben nicht oder nicht in diesem Maße eigen sind. Wenn man jedoch auf die Staaten der Zeit vor dem neunzehnten Jahrhundert zurückblickt, werden Parallelen sichtbar; das gilt mehr für das kontinentale Europa als für England, wo sich die Idee der Nationalität und des Nationalismus viel eher entwickelte. Italienische Staaten des sechzehnten und deutsche Stadtstaaten des siebzehnten Jahrhunderts muß man mehr als Landstriche in Familienbesitz denn als straff organisierte und regierte Nationalstaaten unserer Tage ansehen. Genau wie moderne Großunternehmen Land, Fabriken, Büros, Raffinerien und Ölquellen nicht uneingeschränkt besitzen, sondern einer höheren Autorität unterworfen sind, hatten vielen Staaten ihre begrenzte Machtvollkommenheit unter dem Papst, den Habsburgern oder Bourbonen; in bezug auf die Praxis hatten sie ihre eigene Autorität dennoch, so wie Fawley der Esso oder Port Sunlight Unilever gehört. Das Zusammenspiel von Menschengruppen und Landstrichen ist laut Namier Wesenszug der Geschichte; während ihres größten Teils ist Land die einzige Quelle von Wohlstand gewesen. Erweitert man den Begriff »Landstrich« auf Fabriken, Raffinerien, Erzgruben, Ölquellen und Ackerland und bezieht man auch Absatzgebiete, Inland- und Exportmärkte ein, so findet man diesen Wesenszug der Geschichte bei modernen Großunternehmen ebenso wie in früheren Staatsgebilden.

3. Landeszugehörigkeit

Das Folgende ergibt sich ebenfalls aus dem Vergleich von Großunternehmen mit den Staaten der Zeit vor dem neunzehnten Jahrhundert, bevor die Bedeutung des Staates der von Rasse und Nation gleichkam. Damals gehörte ein großer Teil des polnischen Volkes zu Preußen, gehörten die Tschechen zu Österreich, die Griechen zur Türkei: Ein wandernder Handwerker hätte im Italien des sechzehnten Jahrhunderts wohl kaum das Gefühl gehabt, auf seiner Wanderung in Neapel, Florenz und Venedig jeweils einen anderen Staat im heutigen Sinne zu betreten. Er ist einem Forschungschemiker, der ein paar Jahre für BP, dann für das Coal Board und darauf vielleicht für British Nylon Spinners arbeitet, vergleichbar.

Der Forschungschemiker ist immer in erster Linie britischer Bürger und der allgemeinen Autorität der britischen Regierung unterworfen, wenn er auch im Verlauf seiner Tätigkeit verschiedenen Firmen dient, von ihnen seinen Lohn empfängt und sich ihren Belegschaftsbestimmungen und Richtlinien unterordnet.

In gleicher Weise unterwarf sich der italienische Handwerker der allgemeinen Autorität der Gesetze des Christentums; die örtlichen Gesetze der verschiedenen Staaten kamen den Bestimmungen der einzelnen Firmen gleich. Während er sich in einem solchen Staat aufhielt, richtete er sich nach den örtlichen Bestimmungen, zahlte seine Steuern und fühlte sich kaum mehr als Bürger oder als Ausländer denn ein Reisender heute in verschiedenen Ländern. Die Bürger jener Staaten waren eher Angestellte des Königs (Fürsten, Herzogs) als Bürger eines modernen Nationalstaats. Daher darf man ihr Bürgerschaftsverhältnis getrost als Dienstvertrag ansehen; sie waren beim König angestellt, um seinen Wohlstand zu vergrößern (Steuern) und, wenn notwendig, seine Sicherheit zu gewährleisten (Militärdienst) oder ihm beim Erweitern seines Reiches oder Gebiets behilflich zu sein. Als Gegenleistung schützte er sie (durch ein Heer, in dem sie dienen konnten) vor den Raubzügen feindlicher Staaten und garantierte, daß ihnen ihr Land nicht durch Gewalt oder List ihrer Mitbürger weggenommen werden konnte (Gesetze). Wenn überhaupt, so hatten sie wenig Bürgerrechte, und fielen sie beim König in Mißgunst, konnten sie ohne Anklage und Verfahren eingekerkert und hingerichtet werden. Ihren Trost sahen sie darin, Bürger des Reiches Christi zu sein, und daß vor dem Thron Gottes ihre Seele den gleichen Wert hatte wie die des Königs; die Knechtschaft auf Erden nahmen sie für eine Eintrittskarte ins Himmelreich gerne auf sich.

An diesem Punkt wird die Parallele unangenehm zutreffend. Die Macht der Regierung ist recht klein; sie kann kaum das Glück oder Unglück der Angestellten eines Großunternehmens herbeiführen. Eine Anhebung des Diskontsatzes kann die Kosten einer Hypothek nur geringfügig beeinflussen. Auf lange Sicht kann die Einrichtung eines staatlichen Gesundheitsdienstes, die Abschaffung des Militärdienstes, der Straßenbau, Naturschutz usw. den allgemeinen Lebensstandard anheben. Doch was die Regierung unternimmt, das unternimmt sie für die Allgemeinheit.

Die Macht des Großunternehmens über den einzelnen ist weit größer. Er kann den Auftrag erhalten, in einem anderen Teil des Landes oder der Welt zu leben, Frau und Kinder für Jahre zu verlassen. Sein Ansehen kann bei allen seinen Kollegen, deren Achtung ihm am meisten bedeutet, öffentlich erhöht werden, oder öffentlich geschmälert oder zugunsten eines niedriger Gestellten zerstört werden. Das trifft nicht alle gemeinsam, sondern ganz persönlich den einzelnen. Zwar kann jeder nach Belieben kündigen, wie der Neapolitaner nach Venedig ziehen konnte. Doch vielleicht kam er dann dort an und fand Bedingungen vor, unter denen ihm seine Erfahrungen und sein Ansehen nichts nützten; doch ein Mensch muß schließlich irgendwo leben. Ein Experte auf dem Gebiet der Petrochemie, Angestellter einer Ölgesellschaft, hat kaum eine andere Wahl, als für eine andere Ölgesellschaft zu arbeiten und darzulegen, weshalb er die vorige verlassen hat. Ein Mensch muß schließlich auch irgendwo arbeiten.

Die Regierung ist wie das Christentum ein übergeordnetes System von Gesetzen, das nur sehr am Rande die Lebensbedingungen des einzelnen berührt. Es gibt ihm nur ein Gefühl der Gleichheit dadurch, daß sein Stimmzettel in der Wahlurne genausoviel wert ist wie der des Aufsichtsratsvorsitzenden oder Geschäftsführers. Im wesentlichen Teil seines Lebens, den vierzig Jahren, in denen er arbeitet, hat er keine nennenswerten Freiheiten.

Keine politische Freiheit. Ein Großunternehmen hat selten den Mut, sich dem Widerspruch, den die Kandidatur oder der Einsatz eines leitenden Angestellten für eine politische Partei bei Kunden oder in der Gesellschaft hervorrufen könnte, auszusetzen.

Keine Freiheit beim Veröffentlichen. Er kann keine Artikel veröffentlichen, die er vorher nicht mit dem Unternehmen abgesprochen hat. »Zum richtigen Betriebsgeist gehört auch wesentlich das Erlöschen des Stolzes auf Autorenschaft«, schreibt *Industrial Marketing.*

Keine Redefreiheit. Erzählte er der Presse, der Vorstand des Betriebes sei inkompetent, würde er entlassen werden. Zwar ist eine Entlassung keine tödliche Strafe, doch kann sie das Leben eines Menschen genauso durcheinanderbringen wie eine Verbannung.

Kein Recht auf Anfechtung von Entscheidungen. Es gibt keinen Schiedsmann, der vom Chef unabhängig ist. Die Karriere jedes einzelnen kann auf höchst ungerechte Weise, wie etwa durch die persönlichen Launen eines feindlichen Adeligen (Direktors) behindert werden. Der einzelne hat keinen Repräsentanten in den Ausschüssen, in denen festgelegt wird, wie die Firma zu führen sei, keine Stimme in ihrer Regierung, so sehr deren Entscheidungen auch sein Leben beeinflussen mögen. Der Junior-Manager bei Shell oder ICI lebt in rechtloser Abhängigkeit von der Gunst der Großen, genau wie der Italiener im sechzehnten Jahrhundert.

Ein Großunternehmen hat nicht nur einige Ähnlichkeiten mit einem Staat und ist im Grunde etwas ganz anderes, sondern ist *selbst* ein Staat mit nur wenigen unbedeutenden Abweichungen. Ein Großunternehmen hat seinen König und seine Barone, seine Höflinge und Botschafter, seine Getreuen und Abgefallenen, seine Alliierten und Feinde. Für unsere Betrachtung sind nicht die äußerlichen Unterschiede, sondern die grundlegende Übereinstimmung bedeutsam.

Die bemerkenswerteste Demonstration dieser Übereinstimmung finden wir im Buch II von Miltons *Verlorenem Paradies.* Man sollte denken, daß nichts in bezug auf Großunternehmen des zwanzigsten Jahrhunderts ferner läge als Miltons epische Darstellung der gefallenen Engel über ihre Austreibung aus dem Himmel; eine Geschichte aus der Bibel, nacherzählt von einem Dichter des siebzehnten Jahrhunderts. Dennoch, liest man von Satan und seiner Mannschaft, wie sie Maßnahmen erwägen, die sie ergreifen könnten, so stellt man wesentliche Parallelen fest. Die Situation gleicht in allen wichtigen Punkten der, in der ein Großunternehmen eine neue Politik festlegen muß. Von seinem Hauptkonkurrenten ist ihm eine schreckliche Schlappe zugefügt worden, es ist aus einem Markt verdrängt worden, von dem es vorher abhängig war. Die

Sprache ist die der hohen Dichtkunst, doch die Argumente sind, mutatis mutandis, genau die, die in einer ähnlichen Situation im Konferenzraum eines Unternehmens angeführt werden sollten oder würden.

Satan gibt eine kleine Einführung und bittet um Vorschläge. Vier Sprecher sind anwesend, Moloch, Belial, Mammon und Beelzebub. Moloch ergreift als erster das Wort [7]:

> »Ich stimme für den offenen Krieg; der List
> Begeb ich mich«

und fährt fort, gefühlsbetont ein Zurückschlagen zu forden. Er ist das klassische Beispiel für den unintelligenten, phantasielosen, draufgängerischen leitenden Angestellten mit viel Schwung und wenig Hirn. Er verachtet alle, die denken und planen.

> »Nein, laßt vielmehr,
> Bewaffnet mit der Hölle Haß und Wut,
> Den Himmelswall uns stürmen, unsre Pein
> Umkehren gegen unsern Peiniger . . .«

Mit andern Worten: »Halten wir uns nicht mit Analyse dessen auf, was fehlgeschlagen ist, unsere Politik ist richtig. Wir brauchen nur Kredit aufzunehmen, die Betriebe neu einzurichten, die Werbung anzukurbeln, weitere Verkäufer auszubilden und es noch einmal zu versuchen.« Die meisten Unternehmen haben ihren Moloch, und er ist sicherlich so lange von unschätzbarem Wert, wie er genaue Anweisungen bekommt. Bei ihm ersetzen Energie und Emotionen das Denken. Anstatt das Verfahren gründlich durchzusprechen, greift er nach der einfachsten Lösung, weil sie die einzige ist, die er erfaßt. Er gibt die Emotion als Grundlage seiner Argumente durch seine letzte Zeile klar zu erkennen und gesteht ein, daß er blindwütig sein Ziel verfolgt.

> »So wird uns, wenn nicht Sieg, doch Rache werden.«

Belial ist das völlige Gegenteil. Er ist hochintelligent, und obwohl seine Kritiker ihn für einen Pessimisten und Defätisten halten würden, nennte er sich sicherlich einen Realisten. Anfangs zerfetzt er, was sehr einfach ist, Molochs Argumentation:

> »Doch Rache, wie? Des Himmels Zinnen sind
> Mit Wachen angefüllt, die jeden Weg
> Unnahbar machen.«

Dann schlägt er eine Alternative vor, die eigentlich zur Lösung nicht beitragen kann: das Unvermeidliche hinzunehmen.

> »... Dies ist nun
> Uns auferlegt, ertragen duldend wir's,
> Dann mag wohl unsres Feindes Groll um viel
> Sich mildern und uns, die wir fern, vergessen.«

Anders gesagt: »Laßt uns unsere Niederlage hinnehmen, akzeptieren, daß wir von jetzt an eine kleine Klitsche und keine große Firma mehr sind. Irgendwie werden wir schon existieren. Wenn wir still vor uns hin weitermachen, werden sich die Umstände schon eines Tages ändern. Dann haben wir vielleicht eine Chance, wieder hochzukommen. Halten wir uns jedoch an Molochs Rat und haben Pech, dann ist es aus mit uns.« Belial ist das genaue Gegenteil von Moloch, Hirn ohne Nerven.

Mammon schlägt als erster eine durchführbare und durchdachte Politik vor. Er verwirft jedoch von vornherein eine Möglichkeit, die noch gar nicht erwogen worden ist: mit der Firma, die gewonnen hat, zu fusionieren. Er läßt Vorwände wie »Das ist mit den langfristigen Interessen der Aktionäre nicht zu vereinbaren« nicht gelten. Er geht in medias res und nennt, gleichgültig wie die Runde dazu steht, das Gefühl beim Namen, das jeder Direktor hat, dem die Übernahme der eigenen Firma durch einen siegreichen Konkurrenten bevorsteht: die damit verbundene Erniedrigung.

> »... Könnten demutsvoll
> Wir vor ihm stehn, Gesetze zu empfangen,
> Mit Lobgesängen seine Göttlichkeit
> Und mit erzwungenen Hallelujas feiernd,
> Indes er herrlich thront, von uns beneidet.«

In den vergangenen Jahren haben viele übernommene Direktoren und leitende Angestellte in besiegten Firmen erfahren, was es heißt, erzwungene Hallelujas zu singen. Die meisten von ihnen dürften wohl Mammons Ansicht teilen.

Mammon macht sich wie Belial über Molochs Vorstellung vom Krieg lustig. Er unterbreitet darauf einen Alternativvorschlag, wie das Unumgängliche zu umgehen sei, indem er die Möglichkeit der Errichtung einer Hölle andeutet.

> ». . . Diesem Boden fehlt
> Verborgener Glanz nicht, Gold und Edelstein,
> Noch uns Geschick, zu fördern solche Pracht;
> Und was hat mehr der Himmel aufzuweisen?«

Er drängt die anderen:

> »Ein untres Reich zu gründen, das dareinst
> Bei kluger Leitung sich dem Himmelsstaat
> Im Wettstreit gegenüberstellen möchte.«

Mit anderen Worten: »Laßt uns die wenigen Produkte, die uns verblieben sind, weiterentwickeln, vielleicht auch ein paar neue in derselben Art. Die Produkte, mit denen wir erfolglos waren, stellen wir nicht mehr her. Wenn wir uns darüber hinaus noch ein bißchen Mühe geben, können wir wieder ein großes Unternehmen werden, doch auf einem anderen Gebiet.«
Mammon hat den Nagel auf den Kopf getroffen.

> »Er schwieg. Ein Murmeln lief durch die Versammlung,
> Wie wenn in Felsenhöhlen das Gebraus
> Des Sturmwinds sich verfängt . . .«

Das verwundert kaum, denn er ist der erste, der ein durchführbares Verfahren vorschlägt. Doch noch hat Beelzebub, der offenbar stellvertretender Vorsitzender ist, nicht gesprochen:

> »Beelzebub, der Höchste nächst Satan«,

mit dem er wohl unter einer Decke steckt. Denn er trägt des Vorsitzenden Politik vor, als wäre es die eigene. Auf diese Weise läßt er den Vorsitzenden unparteiisch erscheinen.

> ». . . So empfahl
> Beelzebub den teuflischen Entwurf
> Den Satan erst erfunden; . . .«

Beelzebub schlägt die vierte Möglichkeit vor: nicht blindes Zurückschlagen, nicht passive Hinnahme, nicht die Entwicklung neuer Produkte, sondern die Suche nach neuen Märkten.

> ». . . Es ist noch eine andere Welt —
> Wenn nicht ein alt prophetisch Gerücht
> Im Himmel ist —, wonnevoller Ort,
> Sitz eines neu'n Geschlechts, das, Mensch genannt.«

Er schlägt eine voraufgehende Marktanalyse vor.

> »Laßt uns erspähn, was für Geschöpf es sind,
> Von welchem Stoff gemacht und wie begabt,
> Wo ihre Stärk und ihre Schwäche liegt
> Und ob Gewalt, ob List am ersten sie
> Uns unterwirft.«

So treten sie letztlich ins Exportgeschäft ein. Satan selbst ist es, ein Beispiel für alle Vorsitzenden, der ausfliegt, um den neuen Markt zu erkunden und über ihn zu berichten. Vielleicht ist die Sprache Miltons zu komprimiert und engagiert für normale Konferenzen. Doch seine Argumente sind genau die, die bei einer solchen Marktsituation erwogen würden: Das Wechselspiel zwischen Göttergruppen und Himmelslandschaften ist auch ein Wesenszug der Theologie.

3. Kapitel

DIE MACHIAVELLISCHE METHODE

Das Wachstum der Firmen und Großunternehmen hat es ermöglicht, politische Kriterien auf sie anzuwenden. Ein kleines Familienunternehmen kann man nur mit einem kleinen Feudalstaat vergleichen. Da jedoch beide voll und ganz vom Haupt der Familie geleitet werden, ist der Vergleich recht unergiebig. Nur weil kommerzielle und industrielle Unternehmen heute so komplex und groß sind, beginnt ihr Aufbau dem von Staaten zu gleichen, und sie müssen als politische Institutionen angesehen werden.

Manche Firmen werden ohne Fusionen oder Übernahmen nur durch organisches Wachstum groß; Marks and Spencer ist dafür ein klassisches Beispiel. Doch sind diese in der Minderzahl. Die meisten großen Firmen von heute sind durch Erwerb anderer, kleinerer, gewachsen. Sie hatten das schwierige Problem zu lösen, die Einheiten, die sie in sich aufnahmen, auch zu integrieren; zu verdauen, was sie geschluckt hatten. Dieses Problem hatte ich zu Anfang bereits angeschnitten: die Behandlung einer übernommenen Firma, wofür es keine Vorbilder gab.

Doch kann man sich kaum mit Geschichte befassen, ohne auf viele Präzedenzfälle zu stoßen. So war zum Beispiel die normannische Invasion im Jahre 1066, das bekannteste Ereignis der englischen Geschichte, eine der brillantesten und rücksichtslosesten Übernahmen, die wir in ihr aufgezeichnet finden. Nicht die Schlacht von Hastings, die eben nur eine Schlacht war, sondern die zwanzig Jahre, die darauf folgten. In dieser Zeit vertrieb Wilhelm der

Eroberer bis auf zwei alle größeren englischen Landeigner von ihren Gütern und ersetzte sie durch Normannen. Gewöhnlich wartete er ab, bis ihm Ungehorsam oder eine Rebellion den Vorwand lieferte: so, wie der Generaldirektor eines übernehmenden Unternehmens jeden leitenden Angestellten der erworbenen Firma, der von ihm eine Entscheidung verlangt, durch einen eigenen Mann ersetzt. Der größte Teil des Landes, das Wilhelm nicht in der eigenen Familie behielt oder der Kirche überließ, verteilte er an zehn Normannen — eine sehr vernünftige Aufteilung der Macht. Das Domesday Book ist die detaillierteste Bestandsaufnahme, die bis dahin von Kapitalvermögen und daraus zu erwartenden Jahreserträgen gemacht wurde. Indem er das gesamte Inventar von einem Team von Taxatoren, die von den Nutznießern der Ländereien unabhängig waren, überwachen ließ, nahm Wilhelm heutigen Managern bereits einiges vorweg. Seine Normannen mußten sich zu einer jährlichen Produktionsleistung — Steuern und berittene Krieger — verpflichten, bevor ihnen das Land übergeben wurde, und auch dem Dienst in zentralen Komitees — dem Königlichen Gericht und den Räten — zustimmen. Im Jahre 1086 etablierte Wilhelm eine zentrale Personalpolitik. Alle direkten Unter-Landeigner im Reich mußten ihm persönlichen Gehorsam schwören, der sich sogar gegen die eigenen Oberherren richten konnte. Bestehende Einrichtungen, die zufriedenstellend arbeiteten, ließ er unverändert. Doch gegen Widerstand ging er rücksichtslos vor. Nebenbei bemerkt, war er der Sohn des Herzogs der Normandie und einer Gerberstochter. Niemand vor oder nach ihm verdiente so sehr die Bezeichnung Bastard. Doch die meisten Übernahmen bedürfen eines Bastards, wenn sie so erfolgreich und vollständig wie die Wilhelms sein sollen.

Tatsächlich ist das Problem von Übernahmen sehr alt. Durch Übernahmen waren Regierungen jahrhundertelang am meisten in Anspruch genommen. Um Professor Butterfield noch einmal zu zitieren:

»Vom zehnten bis achtzehnten Jahrhundert bestand die Hauptfunktion des Königtums in Europa darin, kleinere Einheiten zu

Monarchien zu verschmelzen, diese in Staaten zu verwandeln und die Einwohner zu Nationen werden zu lassen.«

Ich nehme an, daß viele Top-Manager von heute diesen Satz sofort als zutreffende Erklärung ihrer eigenen Probleme anerkennen. Viele unserer großen Unternehmen sind durch eine Reihe von Fusionen und Übernahmen zu Monarchien geworden, doch ist ihnen bewußt, daß sie noch keine Staaten und ihre Angestellten noch keine Nationen geworden sind. Ihre Probleme sind die gleichen, da die Umstände, die die Situation herbeigeführt haben, sich gleichen: Der König wollte vielleicht, daß ein kleines Fürstentum eine Grenze absicherte, vielleicht um dessen landwirtschaftliche Blüte zu erhalten, so wie ein Generaldirektor von einem angegliederten Unternehmen verlangt, seine Marktstellung auszubauen oder seine Fabrik oder Belegschaft zu erweitern. Das kleine Fürstentum und das kleine Unternehmen begrüßt oftmals eine solche Aufnahme in einen größeren Zusammenhang als Alternative zur Auflösung durch einen anderen, mächtigeren Rivalen. Doch nach der Übernahme der Oberherrschaft stellt der König fest, daß das Fürstentum seine Grenzen schlecht verteidigt, die Hälfte der Steuern nicht eintreibt; daß es vor einer Revolution steht und sein Truppenkontingent ohne Kampfmoral schlecht ausgerüstet und ebenso schlecht ausgebildet zur nationalen Armee entsendet. Der Generaldirektor stellt fest, daß die übernommene Firma ein Produkt erzeugt, das nicht wettbewerbsfähig ist, daß in ihr das Betriebsklima auf den Nullpunkt gesunken, daß die Buchhaltung miserabel organisiert, die Betriebsleitung nicht ausreichend ausgebildet ist und das Verkaufspersonal vom Verkaufen keine Ahnung hat. Er kann sich auf acht Jahrhunderte praktische Erfahrung beziehen. Die Weisheit von Fürsten steht den Managern zur Verfügung.

So kommen wir zurück zu Machiavelli.

Unglücklicherweise gilt sein Name als Synonym von finsterer und skrupelloser Intrige: der »mörderische Machiavel«. Das ist völlig unangemessen; er wollte nur analysieren, welche Verfahren in der Vergangenheit zu politischem Erfolg geführt haben, und daraus ableiten, welche Prinzipien gegenwärtig den größten Erfolg haben müßten. Es war ein ehrlicher Versuch wissenschaftlicher Erforschung. Die meisten der von ihm entdeckten Verfahren brachten nicht nur politischen Erfolg, sondern fanden auch unter moralischen Aspekten Zustimmung. »Er legte offen und ernsthaft dar, was Menschen zu tun gewohnt sind, und nicht, was sie tun sollten«, erklärte Bacon. Machiavelli ist als Advokat gemeinen und unmoralischen Handelns verleumdet worden, obwohl seine Botschaft nur darin besteht, daß er sagt: »Wenn du politischen Erfolg erzielen willst, so scheint dies das vielversprechendste Verfahren zu sein.« *Der Fürst* ist ein Werk von äußerster Nüchternheit, das nur die eine Absicht verfolgt, einige Leitprinzipien zu entwickeln. Es basiert auf eigener praktischer Regierungserfahrung, Folgerungen aus der Beobachtung anderer Regierungen und Machiavellis Geschichtsanalyse. Es stellt eine Auswahl von Einzelfällen aus der Regierungspraxis mit ihren Vorgeschichten dar, abgestimmt auf eine Reihe gut definierter und wichtiger Fragen. »Wie man Städte oder Herrschaften regieren muß, die vor ihrer Eroberung nach eigenen Gesetzen lebten«; »Über Grausamkeit und Milde, und ob es besser ist, geliebt oder gefürchtet zu werden oder umgekehrt«; »Von vertrauten Mitarbeitern, die die Herrscher in ihrer Umgebung haben«; »Warum die Herrscher Italiens ihr Land verloren haben« usw. *Der Fürst* bildet kein System politischer Philosophie, er ist im wesentlichen empirisch, pragmatisch und praktisch.

Ich habe dieses Buch nicht *Management und Machiavelli* genannt, weil es sich auf Machiavellis Argumentation beruft, sondern weil es sich seiner Methode bedient. Der Methode, ein gegenwärtiges Problem aufzugreifen und es dann auf praktische Weise unter Berücksichtigung der Erfahrungen anderer, die in der Vergangenheit vor einem ähnlichen Problem standen, zu untersuchen.

Die Probleme sind die der Großunternehmen im zwanzigsten Jahrhundert. Die Erfahrungen werden gleichermaßen aus der Betrachtung von Großunternehmen und Staaten bezogen. Doch da die letzteren umfangreicher und vertrauenswürdiger dokumentiert sind, hat sich die politische Geschichte als eine ergiebigere Quelle als die Geschichte des Management erwiesen.

Genau wie Machiavelli stieß ich auf Probleme, bei denen mangels anderer Quellen meine eigene Erfahrung den größten Teil meiner Beweise liefern mußte; das gilt besonders für die Kapitel über Kreativität. Gleich, welche Quelle zugrundeliegt, auch ich habe versucht, mein Buch empirisch, pragmatisch und praktisch zu gestalten. Es sucht nicht nach Beispielen, daß sich die Geschichte wiederholt oder nach einem System der Managementphilosophie, sondern ist wie *Der Fürst* ein Versuch, gegenwärtige und bedeutende Managementprobleme unter Berücksichtigung von Erfahrungen, Beobachtungen und der Geschichte zu analysieren. In erster Linie befaßt es sich mit der Führung.

Machiavelli nannte sein Buch *Der Fürst* und nicht etwa *Regierungskunst*, denn er sah, daß Erfolg oder Mißerfolg eines Staates direkt von der Qualifikation seines Führers abhängen. Erfolg oder Mißerfolg von Großunternehmen hängen ebenfalls unmittelbar von der Qualifikation ihrer Leiter ab. Kunstfertigkeit ist offensichtlich eine Grundbedingung des Management, doch was zählt, ist Führung.

Das Wort »Führung« ist in den vergangenen Jahren in Mißkredit geraten; hauptsächlich deshalb, weil man nach der alten viktorianischen Auffassung annahm, Führung sei etwas, das man jedem biederen englischen Jungen aus dem Mittelstand in zehn Jahren Internatsschulung beibringen kann, ehe man ihn ausschickt, weniger Geschulte zu regieren. Führung galt als Eigenschaft, die besonderes Wissen oder besondere Befähigung nicht erfordert und die im Gegensatz zu Originalität, Vorstellungskraft und Nonkonformismus steht. Nach und nach wird akzeptiert, daß tiefgreifendes Wissen und lebenslange Erfahrung auf dem Gebiet, auf dem es zu führen gilt, der Führung nicht abträglich sind. Jedoch hat sich noch längst nicht durchgesetzt, daß auch Phantasie eine ihrer Voraussetzung ist. An diesem Punkt begeben wir uns in die Gefahr der Überkompensation; in die Gefahr, die feindliche Irrlehre anzuerkennen, daß Erfolg in der Industrie durch Führung überhaupt nicht erreicht werden kann, sondern allein durch die Wissenschaft des Management, ohne den mutigen und vorausschauenden Mann an der Spitze des Unternehmens, der den Managementwissenschaftlern sagt, was sie zu welchem Zweck untersuchen sollen.

Ärgerlicherweise haben zu viele Schriften sich darauf verlegt, das Management nicht zu untersuchen, sondern anzugreifen oder zu verteidigen, nicht auf die legitimen Fragen, ob es sinnvoll und erfolgreich gearbeitet hat, sondern auf die nutzlose Frage, ob seine letzten Auswirkungen und Ziele moralisch oder unmoralisch sind. Das Bemühen der Marxisten, zu beweisen, daß große private Industrien gegen das öffentliche Interesse arbeiten, hat nicht nur ihre eigenen Schriften verfärbt. Es hat auch die Schriften jener Nicht-Marxisten entstellt, die sich verpflichtet zu fühlen scheinen, das Gegenteil nachzuweisen; nämlich, daß gut geführte Unternehmen unveränderlich in völliger Übereinstimmung mit der persönlichen Moral der Menschen, die für sie arbeiten, und für das Allgemeinwohl der Gesellschaft, der sie angehören, wirken. Die nächstliegende Folgerung müßte dann sein, daß jede Firma, in der Angestellte krank werden oder die die Luft mit rußigem Rauch verpestet oder industrielle Abwässer in die Flüsse leitet, auf dem besten Wege zum Konkurs ist; leider bestätigt die Erfahrung das nicht immer.

Der einzig gangbare Weg, Organisation und ihr Management zu untersuchen, ist, sie weder für moralisch noch für unmoralisch auszugeben, sondern sie einfach als ein gegebenes Phänomen anzusehen. Es gilt nicht nach Beweisen zu suchen, daß die Industrie ehrenhaft oder unehrenhaft ist, sondern nach Modellen für Erfolg und Mißerfolg, Wachstum und Niedergang, innere Auflehnung und Harmonie, und nach den Kräften, die diese Erscheinungen bewirken. Eine große Zahl von Untersuchungen hat sich mit den Details des Management auseinandergesetzt, und Manager, die sich mit Buchhaltungssystemen, Verkaufsförderungsmaßnahmen und Medienauswahl befassen, können auf eine beachtliche Anzahl kühler wissenschaftlicher Analysen und Empfehlungen zurückgreifen. Doch Führungskräften, denen die Gesamtorganisation obliegt, stehen kaum mehr als ihre eigene Erfahrung, der Rat und die Warnungen von ein paar guten Freunden, eine Reihe von Einzelfällen, die publiziert wurden, und ein paar ziemlich unbekannte Traktate zur Verfügung.

Das ist vielleicht nicht einmal verwunderlich. Ein funktionierendes Produkt zu entwerfen, zum vereinbarten Preis termingemäß zu liefern, das Geld einzunehmen und zu verbuchen — all das in großem Umfang zu tun und im Geschäft zu bleiben, erfordert recht vielseitige Fähigkeiten. Die Leiter expandierender Organisationen bedürfen solcher Vielseitigkeit in besonderem Maße, und es gibt nur wenige Leute, die sie besitzen. Doch dafür gibt es eine Alternative, ein sehr wirkungsvolles System, das auch weniger naturbegabte Manager mit etwas Vertrauen auf den Erfolg und wenig Angst vor einem Fiasko anwenden können. Nachdem nun die meisten dieser Systeme, Praktiken und Verfahren in Broschüren oder Büchern aufgezeichnet sind, gibt es eine Unzahl Schriften über die praktischen Aspekte des Management.

Die Leitung einer ganzen Organisation erfordert jedoch Klugheit, eine Spürnase und Vorausschau, und das ist eine ganz andere Sache. Diese Talente können nicht auf ein System reduziert und in How-to-do-it-Büchern eingefangen werden. Gerade weil die Großunternehmen immer mehr wachsen, wird das Verständnis ihrer Funktionen immer wichtiger, das Verständnis dafür, welche Kräfte in ihrem Innern und auf sie wirken, was bei ihnen Gesundheit oder Krankheit, Erfolg oder Mißerfolg verursacht. Wir können wohl kaum Regeln für alle Fälle aufstellen, doch durch überlegte Anwendung der Methode Machiavellis können wir Situationen und Probleme, die gewöhnlich in großen Organisationen auftreten, erkennen lernen und beobachten, welche verschiedenen Ergebnisse durch verschiedene Maßnahmen bewirkt werden.

»Niemals kann man ohne Risiko aus der Geschichte Parallelen ziehen«, schreibt Professor Trevor-Roper, »doch allgemeine Lehren kann man von Gesellschaften, die sowohl zeitlich wie räumlich von uns entfernt sind, ableiten.« Diejenigen, die beim Lesen aufmerksam sind, finden in den Annalen der Geschichte weit mehr Lehren als in den wenigen veröffentlichten Untersuchungen von Einzelfällen aus der Managementpraxis. Und so ist dies ein Ver-

such, Manager einmal, und wenn auch nur kurz, von ihrer Haupt-
beschäftigung mit ihrem Fachgebiet abzulenken und sie mit ihren
wahren Vorgängern, den Königen und Fürsten, Premierministern
und Generalen, den Baronen, Kardinälen und Höflingen — die
während der letzten zwei oder drei Jahrtausende versuchen mußten, mit den gleichen Problemen fertig zu werden — an einem Tisch
zusammenzubringen.

4. Kapitel

VON BARONIEN ZU GROSSEN REICHEN

Wenn man aus der Geschichte allgemeine Lehren zieht, so ist das keinesfalls dem Aufdecken historischer Parallelen gleichzusetzen. Das erstere ist wissenschaftlich statthaft, das letztere zu simpel und zu verführerisch. Mehr noch, wenn man auf eine gefällige Parallele stößt, so reizt sie dazu, über den Punkt ihrer Beweisbarkeit hinauszugehen, und die Fakten lassen sich nicht mehr als Beleg verwenden. Jede Behauptung, daß die Geschichte sich wiederholen könnte, zeitigt daher wahrscheinlich Reaktionen von Erstaunen bis zu regelrechter Verärgerung. Historiker können sich wiederholen, aber die Geschichte kann es nicht.

Betrachtet man den Aufstieg des modernen industriellen Großunternehmens, so läßt sich dennoch eine höchst bemerkenswerte Ähnlichkeit der Entwicklungen in der Industrie während der vergangenen hundert bis hundertfünfzig Jahre mit der englischen politischen Geschichte der letzten neunhundert Jahre nicht leugnen. In der Geschichte war die grundlegende politische Einheit der anglo-normannischen Zeit der feudale Oberherr mit seinem Landgut, den umgebenden Ländereien, deren Einkünfte und einer mehr oder minder abhängigen Bauernschaft. In der Industrie war es der kleine unabhängige Fabrikant mit seiner Fabrik oder Werkstatt, deren Produkt und seiner mehr oder minder abhängigen Arbeiterschaft. Der Feudalherr bediente sich zur Arbeit einfach seines Sekretärs und seines Verwalters, der Fabrikherr seines Buchhalters und seines Vorarbeiters. Keiner der beiden hätte denjenigen, die er für seine Abhängigen hielt, freiwillig das Maß an Unabhängigkeit zugestanden, das sie von Zeit zu Zeit forderten. Der Industrielle hätte sich zäh auf vereinbarte Tarife berufen, wie der Baron auf die Oberherrschaft des Königshofs. Im zwölften Jahrhundert englischer Baron oder im frühen neunzehnten Fabrikant zu sein bedeutete, unabhängige, willkürliche und unbegrenzte Macht in einem Maße auszuüben, wie es im modernen England faktisch unmöglich ist.

Von ihrer Macht abgesehen, lebten sie trotzdem beide in einem Zustand andauernder Unsicherheit. Der Baron hatte viele Rivalen, manche mit reicheren Ländereien und mehr Geld. Diese konnten mit mehr bewaffneten Bauern, als er zur Verfügung hatte, auf sein Gut einrücken. Mit der Zeit konnten einige von ihnen — vielleicht sogar mit besonderem Dispens der wohlhabenden Kirche, die über Ländereien, Klöster und hohe Einnahmen verfügte — viel zu mächtig werden, als daß Widerstand für ihn einen Sinn gehabt hätte, wenn ihnen einfiel, ihn anzugreifen. Auch der Industrielle hatte viele Rivalen, darunter einige mit mehr Kapital, besseren Patenten, billigeren Arbeitskräften oder weniger Vertriebsschwierigkeiten, als er selbst hatte. Im Lauf der Zeit konnten manche von ihnen, die vielleicht einträgliche Verträge mit der wohlhabenden zentralen oder lokalen Regierung besaßen, so mächtig werden, daß sie seine Preise unterbieten und ihn aus dem Geschäft drängen konnten, wenn es ihnen beliebte.

Bereits an diesem Punkt wirkt die Parallele verdächtig zutreffend und sollte schon deshalb nicht weiter verfolgt werden. Doch bedauerlicherweise führt sie noch weiter. Nach und nach wurden die kleineren Barone samt ihren kleinen Privatarmeen in größere Einheiten aufgesogen. In einigen Fällen wurden sie einfach unterworfen, in anderen konnten sie mit dem mächtigeren Nachbarn noch einige Rechte für sich aushandeln, indem sie sich von ihm gegen andere, stärkere Rivalen schützen ließen und ihm dafür, wenn nötig, Leute zur Verfügung stellten. Das Ergebnis war eine kleinere Anzahl größerer privater Streitkräfte, die schließlich in den Rosenkriegen gegeneinander fochten.

Diese Kriege dauerten dreißig Jahre, und als sie zu Ende gingen waren die meisten kleineren Baronien von der Bildfläche verschwunden. »Wo ist Bohun? Wo Mowbray, wo Mortimer?« lamentierte 1626 Lordoberrichter Crew. »Und was am schlimmsten trifft, wo ist Plantagenet? Sie sind bestattet in den Urnen und Gräbern der Sterblichkeit.« Wie die Barone konnten auch die kleinen Fabrikanten ihre unsichere Unabhängigkeit nicht wahren. Sie konnten mit den breiteren Grundlagen und umfangreicheren Kapitalien der größeren Firmen nicht konkurrieren. Einige gingen bankrott und wurden von größeren Gruppen aufgekauft, manche machten ein Geschäft und wurden von den ständig wachsenden Großunternehmen geschluckt. Ein Crew von heute könnte fragen, wo Allsopp und De Havilland und Daimler sind: Initialen wie ICI, BBC und AEI sind die Gräber vieler berühmter Namen aus der Industrie.

In der englischen Geschichte war die große York-Lancaster-Verbindung, die Ehe Heinrichs VII. von Lancaster mit Elizabeth von York, und die Gründung der Tudor-Dynastie, das Ergebnis. Während der folgenden 118 Jahre, abgesehen von elf Jahren, hatte England von der Thronbesteigung Heinrichs VII. bis zum Tode Elizabeths I. Monarchen von starker persönlicher Macht; auf sie konzentrierte sich die Bewunderung und Treue des Großteils des Volkes. Interne Konflikte und Revolten wurden von starker Hand unterdrückt und immer seltener. Von dieser festen und geeinten Heimatbasis aus war England in der Lage, seinen kontinentalen Feinden zu widerstehen und mit dem Aufbau eines überseeischen Kolonialreichs zu beginnen.

Im Bereich der Industrie stößt man auf den gleichen Prozeß, der sich noch heute fortsetzt. Nach vielfältigen Fusionen und Übernahmen erscheint oftmals eine große und mächtige Firma. Sie wird von einem Mitglied der federführenden Dynastie, der Familie, deren Unternehmen obsiegt hatte, geleitet. Die Vanderbilts, Rockefellers und Carnegies sind die Tudor-Monarchen im Reich der Eisenbahnen, des Öls und des Stahls. Haben sie erst einmal die Einheit hergestellt und die Loyalität der kleinen Baronien, aus denen sich ihr neues Reich zusammensetzt, erwirkt, dann schlagen sie ihre Rivalen aus dem Feld und schauen sich nach gewinn-versprechenden, ungenutzten Auslandsmärkten um. Einige von ihnen haben sogar eine klassische York-Lancaster-Verbindung aufzuweisen, so zum Beispiel die britische Computer-Industrie. Die beiden tödlichen Rivalen auf dem Gebiet der Datenverarbeitung, Hollerith und Powers-Samas, entdeckten eines Tages, daß sie ein und dieselbe Firma sein konnten, International Computers and Tabulators. Wäre ich ihr erster Aufsichtsratsvorsitzender gewesen, hätte ich mich erst einmal mit den ersten Regierungsjahren Heinrichs VII. auseinandergesetzt. Mehr noch, kurz nach ihrem Bosworth kam ihre Armada; Spanien, in Gestalt der IBM, brachte das Computersystem 360 auf den Markt. ICT hatte auch eine Flotte aufgebaut, die Computerserie 1900. ICT wußte, daß sie IBM nicht unterwerfen konnte, wie Elizabeth gewußt hatte, daß sie Spanien nicht erobern konnte, und die ICT mußte hart kämpfen, um zu zeigen, daß sie überlebensfähig war. Während diese Worte niedergeschrieben werden, ist die Armada erfolgreich zurückgeschlagen.

(Ganz am Rande ist es interessant, sich mit den Darmentleerungsgewohnheiten des Nilpferds zu befassen. Das männliche Nilpferd zeigt anderen Nilpferden die Ausdehnung seines Territoriums dadurch an, daß es die Grenze mit Kot markiert. Außerhalb dieses Gürtels können andere tun, was ihnen beliebt, doch wenn sie darin eindringen, wird es sie auf Leben und Tod bekämpfen. So ziehen auch Nationen einen Gürtel um ihr Gebiet. Aus der Sicht Elizabeths I. lagen die Kriege in Holland außerhalb des Gürtels, doch die Armada drang in den Ring ein. Zweifellos hätten die USA Vietnam lieber außerhalb ihres Kotgürtels belassen. Genauso ziehen Großunternehmen bewußt oder unbewußt eine Markierung um Produkte, Verkaufsgebiete und Marktanteile.)

Die Periode der erfolgreichen dynastischen Monarchie wird im Rückblick für das Goldene Zeitalter der Geschichte wie auch der Industrie gehalten, doch sie währt nicht ewig. Die Dynastie kann nicht endlos fortfahren, große Herrscher hervorzubringen. Das ständige Wachstum und die Komplexität von Regierung und Management erschweren es durchschnittlichen oder unterdurchschnittlichen Herrschern mehr und mehr, mit ihren Problemen fertig zu werden. Die wachsende Größe und Schwierigkeit erfordert darüber hinaus Geld in größerem Ausmaß, und weder ein dynastischer Industrieller noch ein König kann diese Summen auf die Dauer seinem Vermögen entnehmen. Der König hängt in wachsendem Maße von den Steuern ab, die er von seinen Untertanen einzieht, und der Industrielle vom Kapital, das er aufnehmen kann. Folgerichtig wird der König immer mehr vom Wohlwollen der Kaufleute und der Finanziers seiner Bankiers und Teilhaber abhängig. In der Geschichte ist alles verhältnismäßig gut gegangen, solange die Kreditgeber dem Souverän trauten und seine Maßnahmen billigten. Doch wenn Könige wie Charles I. an die Macht kamen, der eine tyrannische Politik trieb, mit Geld nicht umgehen konnte und seine Autorität an inkompetente oder brutale Minister delegierte, gab es meistens Ärger. Es ist charakteristisch, daß es gerade eine von Charles I. eingeführte Steuer, das Schiffsgeld, war, die seine Feinde zu geschlossener Opposition vereinte.

Die Hinrichtung Charles I. mag der dramatischste Moment im Übergang von der personellen Monarchie zur parlamentarischen Regierungsform gewesen sein, doch der eigentliche Vorgang hatte längst vorher begonnen und endete erst viel später. Die fortschreitende Schwächung der autokratischen Macht und persönlichen Autorität des Souveräns dauert vom dreizehnten bis zum neunzehnten Jahrhundert. In der Industrie schwelt der gleiche Konflikt heute noch. Allem Anschein nach war Howard Hughes der Charles I. von TWA. Er wurde durch Geldknappheit ähnlich auf die Seite gedrängt, und das »Parlament« sorgte durch eine Stimmrechtsübertragung auf die Dauer von zehn Jahren für eine Kontrolle seiner Aktivitäten durch die größeren, aktienbesitzenden Versicherungsgesellschaften. Weshalb Charles I. im Sinne von Cromwell nicht König bleiben konnte, ist durch die Erklärung, weshalb Hughes nicht an der Spitze von TWA bleiben konnte, erstaunlich treffend ausgedrückt.

»Einfach gesagt, wurde sein Verbleiben durch die grundlegende Unterschiedlichkeit seines und der modernen Manager Verhalten gegenüber der Firma unmöglich. Die letzteren betrachteten die Luftfahrtgesellschaft als eine Einrichtung, die, abgesehen davon, daß sie einem wesentlichen Interesse der Öffentlichkeit dient, von ihrer Besitzerschaft unabhängig sein sollte. Was sie am meisten erstaunte und verärgerte, war seine Auffassung, daß er Besitz als Ausdrucksmittel von des Besitzers persönlichen Bedürfnissen und Umständen ansah.« [8]

Hughes Differenzen mit seinen Managern über das Verhältnis zwischen Eigner und Firma waren in der Tat fast die gleichen wie die zwischen Charles I. und dem Parlament über das Verhältnis zwischen Staat und König. Nun, gewisse Unterschiede liegen schon darin, daß Charles' Kopf rollte und Hughes seinen Anteil an TWA für 564,5 Millionen Dollar verkaufte.

TWA ist ein Fall, typisch für Tausende. Beim Konflikt zwischen Eigentümer-Chefs und Berufsmanagern verlagern Bankiers, Versicherungsgesellschaften und andere Großaktionäre die Macht zu Ungunsten der eigenwilligen Autorität auf die Seite der korporativen Wirtschaftlichkeit. Das läuft bei Staaten wie Großunternehmen auf dasselbe hinaus. Die Macht der Dynastien geht in die Hände der beruflich Verdienten, der Politiker und obersten Diener des Staates über. Die Macht der Familien fällt in die Hände der Berufsmanager. In der Politik spricht man vom »Jahrhundert des Common man«, in der Industrie von der »Revolution des Management«.

Es gibt Punkte in dieser Analogie, bei denen die Einzelheiten offensichtlich nicht übereinstimmen, doch besteht ein deutlich erkennbares Grundmuster für die Entwicklung gleichwohl politischer wie industrieller Unternehmen. Am Anfang stehen die kleinen, rivalisierenden Baronien (oder Staaten, Stadtstaaten, Stämme, Firmen), dann tauchen einige größere auf, die vielleicht dank ihrer großartigen Führer die meisten übrigen schluckten, und darauf folgt die Umwandlung in den Körperschaftsstaat. All diese verschiedenen Stadien kann man derzeit bei Völkern und Industrien beobachten. In Großbritannien befindet sich die Unternehmensberatungsbranche noch im Stadium der kleinen Baronien; größere

Einheiten tauchen zwar schon auf, doch die kleinen können sich noch behaupten. Die Textilindustrie befindet sich noch im Prozeß der Einigung, dort ist die große Führerfigur Hyman von Viyella International. Dieses Entwicklungsstadium ist von den Bausparkassen gerade durchlaufen worden. Die Luftfahrtindustrie passiert gerade den schmerzhaften Übergang zum korporativen Management, und Firmen wie BP, ICI, Shell und Unilever haben dies Stadium bereits erreicht.

Auch in der Politik finden diese Wandlungsvorgänge noch statt. Die Entwicklung afrikanischer und südamerikanischer Staaten bereitet ihren liberalen Gönnern im Westen Kummer, da sie widerspenstig darauf beharren, auf dem Weg von der Stammesgesellschaft zum Körperschaftsstaat das Stadium der strengen autokratischen Herrschaft zu durchlaufen.

5. Kapitel

DER KÖNIG UND DIE BARONE

Das Tauziehen zwischen dem König und den Baronen ist das große, immer wiederkehrende Thema in der Innenpolitik Englands während des Mittelalters. Manchmal gewinnen die Barone, und der König unterliegt (Stephen, John, Edward II.), und manchmal ist es umgekehrt, und die Barone werden unterdrückt oder verhalten sich ruhig (Henry I., Henry II., Edward I.). Eine Zeitlang war mir unbegreiflich, daß in Perioden, in denen von außerhalb seiner Grenzen Gefahren drohten (oder günstige Gelegenheiten winkten), sich England in innerem Hader beinahe zerfetzte. Zuguterletzt gehörten sie doch alle demselben Königreich an. Ihnen waren doch sicherlich die Vorteile gemeinsamer Unternehmungen bewußt. Nun, nachdem ich mich mit einer Reihe von Großunternehmen beschäftigt habe, kommt mir das Verhalten der mittelalterlichen Herrscher Englands zwar noch genauso unklug, dafür jedoch weniger überraschend vor. Kaum ein Angestellter eines Großunternehmens ist so naiv zu sagen: »Zuguterletzt sind wir doch alle Angehörige derselben Firma, oder nicht? Warum können wir nicht alle gemeinsam darauf hinarbeiten, unsere Konkurrenten aus dem Feld zu schlagen, anstatt unsere Zeit mit internen Streitereien zu vergeuden.«

Jeder ist sich des Ausmaßes interner Eifersüchteleien und Rivalitäten nur zu gut bewußt. Mir ist ein Fall bekannt, in dem eine große Gesellschaft durch solche Querelen eine großartige Chance verpaßte, ihren Marktanteil zu vergrößern. Sie wäre anstelle eines aufwärtsstrebenden Konkurrenten in ihrer Branche an die Spitze vorgestoßen. Ihr Hauptkonkurrent geriet in Liquiditätsschwierigkeiten, denen sie selbst aufgrund besonderer Umstände entging. Aber sie unternahm nichts. Es war nicht so, daß man die Lücke nicht bemerkt hätte. Man sah sie und ergriff Maßnahmen. Doch diese Maßnahmen gingen kaum über Gesten hinaus; der Grund dafür lag darin, daß die wirklichen Energien dieses Unternehmens in einem vollentwickelten Krieg der Barone aufgebraucht wurden. Einer der Senior-Manager, der dafür bekannt war, die Sympathien einiger Aufsichtsratsmitglieder und eines einflußreichen Aktionärs zu genießen, versuchte zwei weitere Abteilungen und bedeutende noch freie Produktionskapazitäten unter seine Kontrolle zu bringen. Andere Führungskräfte leisteten erbitterten Widerstand. Umfangreiche und leidenschaftliche Memoranden wurden vor den Augen einiger und hinter dem Rücken anderer Direktoren ausgetauscht. Die Gespräche in Eßzimmern und Bars drehten sich einzig um den alles beanspruchenden internen Konflikt. Manager verbrachten ihre Reisen mit Arbeit und grübelten während ihrer Rückfahrten über nichts anderes als ihren nächsten Zug in der Schlacht. Sie redeten endlos mit ihren Frauen darüber und wälzten sich nachts schlaflos herum. Kündigungen wurden zur Diskussion gestellt und angedroht und heimlich Fühler zu anderen Firmen ausgestreckt. Kurz, alle Überlegungen, alle Energie und jede Einsatzfreude, die sich sonst auf Verkauf und Absatzsteigerung gerichtet hätten, wurden im Krieg der Barone verschlissen. Als er schließlich sein Ende fand, war auch die günstige Gelegenheit verpaßt.

Der Grund dafür ist der gleiche wie in der Geschichte des Mittelalters. Ist der König stark, sind die Barone schwach und umgekehrt. Und starke Barone kämpfen und intrigieren, um auf Kosten des Königs, anderer Barone oder beider noch mächtiger zu werden. Im genannten Fall hätte eine starke Unternehmensführung den Krieg verhindert, bevor er überhaupt zum Ausbruch kommen konnte. Die Reorganisation hätte auf einen Schlag oder nie stattgefunden, und das einzige Kriterium wäre das Wohl der Firma gewesen, nicht aber die Stärke der gegeneinander gerichteten Gefühle verschiedener Menschen innerhalb des Unternehmens. Statt dessen trieb der

König Politik. Könige sollten sich für die Außenpolitik freihalten; sie sollten keinesfalls Innenpolitik treiben müssen.

In großen Organisationen besteht immer latent die Gefahr eines Krieges der Barone. Das ist das erste und sicherste Anzeichen für Schwäche der Leitung. Folgt man Theoretikern des Rechts und der Politik, so ist die erste Pflicht der Regierung, im Reiche Ordnung zu wahren. Die erste Pflicht des Management ist es, Kriege der Barone zu unterbinden. In der Politik haben wir gelernt, wie man Aufstände und Bürgerrebellionen unterdrücken kann, doch im Bereich der Wirtschaft sind wir darin unerfahren. Franc Pace, der 1957 General Dynamics vom Gründer Jay Hopkins übernahm, hielt sich selbst faktisch für einen Gefangenen der eigenen Feudalbarone. Sein Führungsstab zählte insgesamt 200 Leute in einer Firma von 106 000 Angestellten; sie bestand aus neun Abteilungen, von denen praktisch jede für sich ein Großunternehmen war. Die meisten von ihnen waren vor dem Zusammenschluß unabhängige Unternehmen mit eigenen getrennten Rechts- und Finanzabteilungen gewesen; und sie hatten natürlich ihre mächtigen Präsidenten-Barone. Pace entschied sich dafür, sie mehr oder weniger sich selbst zu überlassen. »Die einzige Möglichkeit einer erfolgreichen Nachfolge«, sagte er, »liegt darin, daß man die Dezentralisation für sich arbeiten läßt.« Hätte Wilhelm der Eroberer auch so gedacht, gälte die Schlacht von Hastings jetzt als unwichtiger Überfall, und nicht als Wendepunkt in der Geschichte. Das Ergebnis der feudalen Baronienstruktur war, daß General Dynamics von 1960 bis 1962 425 Millionen Dollar verlor; die größte Einbuße, die je ein Unternehmen zu verzeichnen hatte.

Auch Großbritannien verfügt über einen Paradefall von starken kriegführenden Baronien: in der energieerzeugenden Industrie. Die drei großen staatlichen Behörden für Kohle, Gas und Elektrizität bekämpfen einander ausdauernd und grimmig. Das beschränkt sich nicht auf Werbung und gegeneinander arbeitende Lobbies. Bauherren bekommen elektrische Einrichtungen zu verbilligtem Preis angeboten, wenn sie sich verpflichten, kein Gas verlegen zu lassen. Es bedürfte eines mächtigen Königs, drei solche Barone in ihre

Schranken zu verweisen. Stattdessen werden ihre Unternehmungen von einer Regierungsbehörde, die dem Minister für Energiewirtschaft — bestimmt nicht das begehrteste Regierungsamt — untersteht, »koordiniert«. Nachdem jetzt Gas unter der Nordsee gefunden worden ist, sieht es so aus, als werde die Kohle einen Rückschlag erleiden. Vielleicht wird die Gasbehörde versuchen, die Elektrizitätsbehörde zu einer Umstellung ihrer Anlagen von Kohle auf Gas zu bewegen . . . Kenner des Baronenkrieges beobachten die eskalierende Schlacht mit sträflichem Vergnügen.

Der Kontakt mit großen Organisationen liefert jedoch auch ein nützliches Korrektiv zu der stereotypen Meinung, Barone seien einzig und allein verrucht und machtbesessen. Ich nehme an, daß es im Management Menschen gibt, die auf Macht um des Vergnügens ihrer Ausübung willen versessen sind, doch bin ich auf solche noch nie gestoßen. Die meisten Menschen, die Macht innerhalb von Organisationen anstreben, werden Ihnen erzählen, daß sie das um der Ziele willen, an die sie glauben, tun; doch auch das trifft nicht den Kern der Sache. Das wirkliche Vergnügen, das Macht vermittelt, ist das der Freiheit. Es geht auf eines der elementarsten menschlichen Bedürfnisse zurück, das Bedürfnis, seine Umgebung unter Kontrolle zu haben.

Man erhält kaum den richtigen Eindruck von Freiheit, wenn man Gefahren, wie Erfrieren, Verhungern, von Wölfen zerfleischt oder von Nachbarstämmen aufgespießt werden, ausgesetzt ist; so kommt es, daß man seine Versorgung mit Nahrung, Schutz, Wärme und Verteidigungswaffen zu sichern versucht. Nach und nach vergrößert man die Kontrolle, und eines der besten Mittel dazu ist Organisation; man macht den eigenen Stamm zum größten und stärksten des Gebiets. Dadurch, daß man das tut, unterwirft man sich bereits wieder der Kontrolle durch die eigene Umgebung, sie ist nun die Organisation, der man zugehört; zwar eine weitaus akzeptablere als zuvor, doch immer noch außerhalb der eigenen Kontrolle. Wie es auch sei, avanciert man zur respektierten und erfolgreichen Persönlichkeit innerhalb der Organisation, so kann man Kontrolle über sie gewinnen. Man schmeckt, was manche

Leute Macht nennen, doch einem selbst kommt es wie Freiheit vor. Das eigene Leben wird zwar immer noch teilweise von Entscheidungen und Handlungen anderer beeinflußt, doch zum Teil vollzieht es sich nun nach eigenem Gusto und eigenem Plan. Man gewinnt Kontrolle über die neue Umgebung. Zuguterletzt wird man sogar noch Leiter einer ganzen Abteilung, der Produktionsabteilung zum Beispiel. Nur der Generaldirektor trennt einen noch von den höchsten Höhen. Nur seine Etatverteilung, seine übergeordnete Planung, seine allgemeinen Anordnungen und Maßnahmen, seine Vetos verhindern noch die restlose Kontrolle über die eigene Umgebung. Er mag sie als Einschränkung absoluter Macht ansehen, man selbst hält sie für einen Käfig der eigenen Freiheit.

Nehmen wir an, es handelt sich um einen neuen Generaldirektor. Sofort möchte man herausbekommen, wieweit er einem in der Praxis die Freiheit beschneidet. Man hat ein Projekt vor, das in den Kosten die 100 000 Pfund, über die man frei verfügen darf, ein wenig übersteigt; aber nur ein wenig. Man weiß, daß es in diesem Jahr kaum genehmigt werden würde, brächte man es zur Sprache. So veranschlagt man es mit 98 000 Pfund, um später »festzustellen zu müssen«, daß es 110 000 Pfund kostet. In der Nilpferdterminologie heißt das, was man damit tut, auf dem Gebiet des anderen die eigene Grenze ziehen. (Der umgangssprachliche Ausdruck ist in seiner idiomatischen Formulierung sehr ähnlich.) Gerade über den Rand hinaus, doch darüber. Die Reaktion des Vorgesetzten wird einem bald zeigen, ob man es noch einmal tun kann. Ist er ein schwacher König, wird man rasch herausgefunden haben, daß man noch weiter gehen kann; und man wird den ganzen Apparat für sich entdecken, dessen sich die Barone des mittelalterlichen Englands zur Unterwanderung der königlichen Souveränität so geschickt zu bedienen wußten. Sie hielten Zehntgelder zurück, man selbst überzieht seinen Etat. Sie ließen des Königs Beamte nicht in ihre Burgen ein, man selbst hält Vorgänge und Informationen zurück. Sie unterließen die Entsendung von Truppenkontingenten, und man selbst kann keine Stellen einsparen, um so beim Aufbau der Niederlassung in Buenos Aires zu helfen. Sie übten ihr Feudalrecht vor königlichem Recht, man selbst betreibt eine unabhängige Personalpolitik. Und in jedem Fall, in dem man damit durchkommt, vermindert man die Kontrolle des Vorgesetzten über seine Umgebung und eignet sich dies Stückchen selbst an.

Der einzige Nachteil liegt darin, daß man nicht der einzige ist, der dieses Spiel treibt. Der Forschungs- und Entwicklungsleiter spielt es auch; ebenso der Verkaufs- und Vertriebsleiter. So ist es jetzt nicht mehr der schwache König, der einem die Freiheit beschneidet und einen behindert, sondern es sind andere, starke Barone. Die Bühne ist frei für einen erstklassigen Baronenkrieg.

Nun stelle man sich vor, man ist der König und nicht einer der Barone. Was tut man in einer solchen Lage? Die Antwort liegt auf der Hand und lautet, daß man es gar nicht erst dazu kommen läßt; doch traurigerweise kommt es manchmal dazu. Zuguterletzt handelt es sich nicht um ein Problem nur des Top-Management. Man kann es mit schwindender Bedeutung und Auswirkung, doch gleicher Intensität die ganze Managementtreppe hinunter verfolgen. Dabei ist es sinnlos, dem Mann zu raten, der in eine solche Lage geraten ist. Man kann immer nur seinem Nachfolger helfen. Was soll man nun tun, wenn man eine Firma, eine Abteilung oder ein Ressort übernimmt, in denen ein Krieg der Barone tobt?

Natürlich können Sie auf die üblichen Ermahnungen zurückgreifen. Sie können ihren Baronen von vornherein die Zähne zeigen, ihnen bedeuten, daß Sie Insubordination keinesfalls durchgehen lassen, usw. Ärgerlich daran ist nur, daß Sie sich dabei in gewissem Maße selbst einem Verhör aussetzen. Die Barone mögen in allen Punkten uneins sein; doch werden sie sich darüber einig, daß *Sie* ihnen ein Ärgernis sind, werden Sie kaum noch Zeit genug haben, die Früchte ihrer eigenen Standhaftigkeit zu ernten. Es gibt eine ganze Reihe von Verfahren, die von starken Königen in der Nachfolge schwacher angewandt wurden; alle sind der Überlegung wert.

Für den Anfang ist es wichtig, festzustellen, daß Sie es mit Sorgen zu tun haben, die Ihnen die Barone verursachen. Sie werden außerhalb kaum einen Erfolg erringen, solange Sie nicht den inneren Aufruhr niedergeschlagen haben. Haben die Baronenkriege bereits lange gedauert, so ist das um so besser. In den Anfangsstadien ist jeder Baron bestrebt, seine Kraft zu erproben, und mancher von ihnen fühlt sich stark genug zu glauben, daß er sich zum obersten Baron aufschwingen und selbst König werden könnte. Manche schaffen das sogar, was eine völlig andere Situation hervorbringt. Tritt man jedoch neu in einen Krieg ein, der schon lange andauert, ohne daß daraus letztlich ein Sieger hervorgegangen ist, so besteht wahrscheinlich in gewissem Maß ein Wunsch nach einer von oben eingeführten Ordnung und Stabilität; ganz besonders dann, wenn Gefahr von außen in Form von ausländischen Konkurrenzprodukten und Verkaufsbemühungen droht.

Eine solche Konstellation kann nicht immer von außen herbeigeführt werden. Für gewöhnlich scheint es jedoch gut zu sein, die Aufmerksamkeit aller auf ausländische Bedrohungen realer und potentieller Art zu richten; oder auf Maßnahmen, um »Bedrohungen« vorzugreifen, so daß interne Konflikte beinahe wie Verrat oder Niedertracht erscheinen müssen. (»Sehen Sie, wenn wir die Produktion nicht um zwanzig Prozent steigern, sind wir nächstes Jahr aus dem Geschäft. Lassen Sie uns das um Gottes willen erst zuwege bringen und dann darüber reden, wer über Neueinstellungen zu befinden hat.«) Prinzipiell ist eine Machtprobe des Königs am Anfang seiner Tätigkeit unklug. Es ist viel besser, sich fürs erste mit einem Baron zu verbünden und später die anderen nach und nach aufgrund pragmatischer und praktischer Erfordernisse für sich zu gewinnen. (»Wenn ich Ihren Investitionsplan nicht vorher detailliert vorgelegt bekomme, hat es keinen Sinn, daß sich der Planungsausschuß zusammensetzt.«) Könige pflegten von Zeit zu Zeit auszuziehen und die Festungen der Barone zu zerschlagen. Zurückgehaltene Informationen und nicht übermittelte Entscheidungen sind die Bausteine, mit denen die Barone der Großunternehmen ihre Burgen bauen.

Ein weiteres vorteilhaftes Manöver besteht darin, eine Zeitlang selbst die Kontrolle über die am wenigsten wirtschaftliche Baronie auszuüben. Das ist schwierig und zeitraubend für einen König, der ein ganzes Reich regieren muß, doch verband zum Beispiel Churchill während des Krieges das Amt des Premierministers mit dem des Verteidigungsministers. Es kann für den König riskant sein, sich selbst an der Schlacht zu beteiligen; kämpft er aber tapfer und gewinnt er, so kann gerade das seine Stellung wie nichts sonst stärken. Wenn der Generaldirektor die Produktion sechs Monate lang leitet, siebt und gut in Gang bringt, werden alle anderen Barone im Unternehmen sofort befürchten, daß er das gleiche mit ihrer Abteilung tun könnte. Ihre wirksamste Waffe, die Drohung mit Kündigung, fällt ihnen aus der Hand.

Manche Könige haben auch eine Royalistenpartei aufgebaut. Das ist ein gefährliches Spiel; wird es ruchbar, so wird offenbar, daß der König sich Loyalität im Eintausch gegen persönliche Bevorzugung zu sichern versucht. Das letztendliche Ziel eines Großunternehmens-Königs ist es, das Vertrauen, den Respekt und die Loyalität des gesamten Aufsichtsrats und Management für sich zu gewinnnen; eine Royalistenpartei ist dabei äußerst hinderlich.

Viele Könige haben die Lösung darin gesucht, sich mit Großkapitalisten zu verbünden und bei ihnen Hilfe gegen die Barone zu suchen. König und Kapitalist sind von Natur aus Alliierte. Ein König wünscht sich ein befriedetes Reich; ein solches gewährleistet höhere und sicherere Kapitalerträge als eines, in dem Rebellion und Baronenzwietracht herrschen. Im Königreich des Großunternehmens sind die Großaktionäre die Kapitalisten. Unterstützen sie den leitenden Direktor, wenn er den Produktionsleiter entlassen will, so stärkt das erheblich seine Stellung gegenüber anderen Baronen. Im Großunternehmen wie im Königreich besteht die Gefahr, daß der König in die Abhängigkeit der Kapitalisten gerät; daß er lediglich den militärischen Sieg über die Barone gegen den finanziellen Druck der Kapitalisten eintauscht. Mancher König hält dies sogar für einen angemessenen Tausch.

Als wirkungsvollste Waffe gegen Großunternehmensbarone hat sich für gewöhnlich Geld erwiesen. Die Oberherrschaft des Parlaments über die Krone wurde etabliert, als das Parlament die Einkünfte des Königs kontrollierte; als tatsächliches Haupt der Regierung galt viele Jahre lang der Erste Lord des Schatzamtes [9]. So-lange der Unternehmenskönig diese Kontrolle selbst ausübt, ist er gut gewappnet. Die Barone im Unternehmen fordern immer Geld — mehr als sie erhalten können. Der König berücksichtigt die Gesamt-interessen der Firma und teilt es ihnen zu. Ist er klug, macht er seine Zuteilung einem weitsichtigeren Plan nutzbar, der den Baro-nen weitere Informationen und die Vorlage einiger weiterer ihrer Entscheidungen abtrotzt — Steine, die aus ihrer Festungsmauer gebrochen werden. Geld ist zuguterletzt das Mittel, mit dem sie ihre Umgebung unter Kontrolle halten; das sie brauchen, ihre Pläne in die Tat umzusetzen und ihre Abteilung so zu führen, wie sie es wollen. Wenn es darum geht, etwas gegen ein weniger wich-tiges Mittel der Umgebungskontrolle einzutauschen, lohnt sich der Handel.

Keiner dieser Schliche kann für jede Lage empfohlen werden; doch glaube ich kaum, daß es viele erfolgreiche Führungskräfte gibt, die sie, selbst ohne sich ihrer politischen Herkunft bewußt zu sein, nicht gelegentlich angewendet hätten. Angestrebt ist jeden-falls eine Position des Königs, die ihm erlaubt, die Barone nach eigenem Ermessen und ohne Rebellion einzusetzen. Das bedeutet nicht, daß er sie seine Macht immer fühlen lassen muß; sie nehmen gern Unannehmlichkeiten in Kauf, wenn sie nur sicher sein kön-nen, daß er nicht dazu gezwungen ist.

6. Kapitel

DIE AMERIKANISCHE PAPSTHERRSCHAFT

Wie sollte das Verhältnis zwischen Regierung und Industrie beschaffen sein? Das ist ein ziemlich heißes Eisen und führt zu etlichen Überlegungen zur Unabhängigkeit der Industrie, nationalen Sicherheit, Währungspolitik, staatlichen Kontrolle, Planwirtschaft. Hinzu kommt, daß es unter den führenden Autoren und Journalisten kaum einen gibt, der nicht in Zeiten der Nachrichtenknappheit diese Themen aufgreift. Doch im Grunde wird dieser ganze Komplex von nur einer Frage beherrscht, der der praktischen Macht. In welchem Maße kann die Regierung über die Industrie eine erfolgreiche Kontrolle ausüben? Das führt zu der Frage nach den Machtmitteln, die der Regierung zur Verfügung stehen, und wie sie sie anwendet; nicht die in der Verfassung niedergelegten theoretischen gesetzlichen Mittel, sondern die der täglichen Praxis.

Um das zu verstehen, muß man eine moderne westliche demokratische Regierung — etwa die der Vereinigten Staaten — mit einer Papstherrschaft des Mittelalters oder der Renaissance vergleichen. Es geht hier nicht um das heutige Papsttum; trotz seines nicht unbeachtlichen Einflusses auf nationale oder internationale Angelegenheiten stellt es bei weitem nicht mehr die Macht dar, die es im mittelalterlichen Europa war. Im Mittelalter war es Zentrum eines geographischen Gebiets mit dem Namen Christentum. Diese Idee bedeutete mehr als persönlicher Glaube, sie war moralisches Leitbild der Christenheit und politischer Sammelpunkt gegen den großen und drohenden Feind, der die entgegengesetzte Idee des Islam vertrat. So verkörpert vergleichsweise der Präsident der USA nicht nur die philosophische Konzeption der Demokratie und der freien Gesellschaft; er ist Treuhänder der politischen Leitbilder des Westens und steht im Brennpunkt der kommunistischen Drohung. Sagte man sich im Mittelalter vom Christentum los und trat zum Islam über, so war das nicht eine private Entscheidung über die eigene Religionszugehörigkeit; es hieß seine Mitmenschen bedrohen, die voll dadurch in Anspruch genommen waren, sich die bewaffneten Truppen des Islam vom Halse zu halten und das vielleicht noch nicht einmal schafften. Man selbst mochte vielleicht mit keiner Silbe an Verrat denken, doch wäre es sehr schwer gefallen, das zu beweisen; wie amerikanischen Kommunisten kaum ihre Loyalität, die sie trotz ihrer entgegengesetzten Auffassung dem Staat gegenüber üben, geglaubt wird. Korea und Vietnam sind der Erste und Zweite Kreuzzug. Mao oder Stalin der Saladin des zwanzigsten Jahrhunderts. Es gibt Historiker, denen zufolge wachsende Fruchtbarkeit und die damit verbundene Bevölkerungszunahme im Europa des elften Jahrhunderts zu so großer Landknappheit führten, daß die bürgerliche Ordnung zu zerbrechen drohte. Sie meinen, daß Papst Urban II. Propaganda für den Ersten Kreuzzug geholfen habe, den Druck, den die überzählige Bevölkerung, besonders jüngere Söhne, ausübte, durch die Hoffnung auf Eroberungen und neues Land im Osten zu neutralisieren. Manche Kommentatoren glauben, daß die Angst vor Baisse und Rückläufigkeit der Wirtschaft die US-Regierung zu einer Erweiterung ihres Bewaffnungsprogramms aus wirtschaftlichen Gründen veranlaßt habe, und daß das Andauern des Vietnamkrieges durch die Panik begünstigt werde, die bei jedem Anzeichen eines Friedens in Wall Street ausbricht.

Theoretisch mag es sogar zutreffen, daß der Papst im Mittelalter als jemand galt, der keine unmittelbare politische Gewalt über die Staaten des Christentums ausübte. Der Disput, ob die höchste Autorität beim Papst oder beim Kaiser lag, war ebenso langwierig und ergebnislos wie die Debatte über Regierung und Industrie heute. Doch in der Praxis war seine Macht beachtlich groß. Fürs erste gab es päpstliche Staaten, die ihn zum politischen Herrscher von eigenen Gnaden machten, mit Menschen und Armeen, denen mächtige Prioren vorstanden; ein starker Papst wie Julius II. hätte sie in der Schlacht sogar selbst anführen können. Er vergab auch in den päpstlichen Staaten politische und militärische Ämter als Belohnung oder Ansporn an Menschen, die er in seinen Diensten haben wollte. Außerdem gab es in den Staaten des Christentums die Gläubigen, die aufgrund ihrer geistlichen Abhängigkeit ihm gegenüber auch politisch loyal waren.

Faktisch wurden Bischöfe vielfach nicht von ihm, sondern von den Monarchen oder Körperschaften in den verschiedenen Ländern eingesetzt; auch erwiesen sich manche als wenig klug oder schwierig im Umgang, doch waren sie in jedem Fall in seinen Diensten. Er hatte auch eigene Kardinäle und Legaten am Hofe eines jeden Landes. Und es gab überall verstreut die Ordenshäuser, von denen jedes dem Ordensoberhaupt in Rom Bericht erstattete. Es galt das Kanonische Recht, und die päpstlichen Gerichte wachten über seine Einhaltung. Nun das wichtigste: Der Papst hatte Einnahmen aus Ländereien überall in der Christenheit und durch den Kirchenzehnt. Diese Einnahmen konnten verwandt werden, um ein Heer auszurüsten oder Könige und Fürsten zu veranlassen, nach dem Willen des Papstes zu handeln; Papst Sixtus V. versprach zur Zeit der Armada Philipp von Spanien eine Million Golddukaten, zahlbar, wenn der erste spanische Soldat seinen Fuß auf englischen Boden setzte. Ungeachtet des Ergebnisses der dogmatischen Auseinandersetzung zwischen Papst und Kaiser, verkörperte ein entschlossener Papst mit vollen Schatzkammern eine große politische Macht.

Nun kommen wir zum amerikanischen Papst, dem Präsidenten der USA, und seinem Verhältnis zu den Großunternehmen. Er hat sicherlich päpstliche Staaten: die Verwaltung, die Streitkräfte, die NASA, die Ministerien. All das macht ihn zu einem großen Arbeitgeber und Kunden der Industrie von eigenen Gnaden. Wie der Papst verfügt er über viele mächtige und begehrte Ämter und kann damit die Menschen, die ihm dienen, an sich binden oder belohnen. Das Bestehen dieses Stellenvergebungsrechts beeinflußt das Verhalten sogar jener, die nicht nach seiner Gunst streben, besonders seit es nur noch wenige gibt, die sich unter keinen Umständen um seine Gunst bemühen. Er verfügt auch über lokale Regierungen, die Gesetzgebung der Bundesstaaten mit ihren Beamten, Bürgermeistern und Gouverneuren. Wie die Bischöfe werden sie nicht von ihm eingesetzt, sondern örtlich gewählt; und dennoch, oftmals hatten Bischöfe reizvolle Pläne, die zu ihrer Ausführung päpstlicher Ermächtigung oder päpstlichen Geldes bedurften; auch gesetzgebende Körperschaften der Staaten treten vielfach als Bittsteller an die Bundesregierung heran. Der Papst konnte durch die Bischöfe auf den König Druck ausüben lassen, damit dieser mit seiner Politik konform ging; die Regierung der Vereinigten Staaten kann in derselben Weise verfahren. Keinesfalls ist es undenkbar, daß nicht Ford um die Erlaubnis einkäme, außerhalb von Los Angeles auf staatseigenes Land zu expandieren; dazu wäre die Erlaubnis des Gouverneurs erforderlich. Die kalifornische Regierung könnte einen Bundeszuschuß zu einer neuen Universität beantragen, oder zu erwirken versuchen, daß ein neues Übungsgelände der Armee nicht in Nevada, sondern in Kalifornien eingerichtet wird. Und die Bundesregierung legt vielleicht gerade Wert darauf, daß Ford eine etwas unwirtschaftliche Fabrik in einem Notstandsgebiet wegen der damit verbundenen Arbeitsplätze weiter betreibt. Auf diese Weise kann man lokale Regierungsstellen für die Sache des Bundes engagieren, obwohl sie nicht vom Bund eingesetzt werden. Dies Verfahren wird manchmal als skrupellose Politik bezeichnet; ich ziehe jedoch den alten Terminus »Diplomatie« vor.

Genauso wie die Staatslegislative hat auch die Bundesregierung ihr Äquivalent zu Kardinälen und Legaten; das sind die Regierungsbeamten und -inspektoren innerhalb der Betriebe, die die Einhaltung der Regierungsaufträge überwachen, und die Bundesbeamten des Gebiets.

Gibt es auch Mönchsorden? Einer der großen Vorteile, die die Orden brachten, war von des Papstes Standpunkt aus das Nachrichtennetz. Sie hatten selbstverständlich ihre wichtigen lokalen

Funktionen, den Betrieb von Hospitälern zum Beispiel, doch waren sie nicht der örtlichen Kirche unterstellt; sie berichteten direkt nach Rom. Weil sie so eng mit der Gesellschaft verwachsen waren, bekamen sie sehr schnell Wind von allen Vorgängen und gaben die Informationen regelmäßig weiter, so daß der Vatikan selbst über Ereignisse in fernen Ländern immer rasch im Bilde war. Der Präsident könnte wirklich leicht Klöster haben. Zum Beispiel Air-Force-Teams, die ständig in den Fabriken von Lockheed und Boeing stationiert wären und mit den Entwicklungs- und Produktionsingenieuren gemeinsam Einzelteile entwürfen und Veränderungen vom Standpunkt des Benutzers her ausarbeiten. Sie würden in der Boeing-Kantine essen, die Boeing-Erholungsanlagen benutzen, doch sie würden direkt dem Haupt ihres Ordens im Pentagon berichten. So könnte jeder Haken im Vertrag oder zu schlechte Ausstattung, große unbudgetierte Kosteneinsparungen oder der Einsatz von Leuten, die unter Regierungsvertrag stehen, für andere kommerzielle Zwecke sofort in Washington bekannt werden. Ich möchte gerne wissen, ob der Präsident Klöster hat.

Der Präsident übt auch, abgesehen vom bürgerlichen, kanonisches Recht. Die McCarthy-Inquisition, die der Ausrottung der Häretiker dienen sollte, ist ein besonders augenfälliges Beispiel; doch auch die amerikanischen Antitrustgesetze sind kanonischem Recht verwandter als bürgerlichem. Sie zu verletzen heißt den Gott des Wettbewerbs lästern, der einen wichtigen Teil der amerikanischen Industrie-Religion verkörpert und dessen Treuhänder und Wächter der Präsident ist.

Doch war die größte Quelle päpstlicher Macht natürlich der Schatz des Vatikan. Der Präsident hat seine Einkünfte zwar eher aus Steuern als durch Zehntgelder und Annaten, doch vermitteln sie ihm ähnliche Macht und Einfluß. Der Papst konnte Philipp II. eine Million Golddukaten anbieten, der Präsident kann IBM, AT&T, Fairchild, Texas Instruments, General Motors, Lockheed und Boeing — all den großen Staaten des Christentums — umfangreiche Regierungsaufträge anbieten. Kein Wunder, daß sie sich überschlagen und ihm alle Wünsche von den Augen abzulesen versuchen; wie Douglas Aircraft viele Zulieferanten in unterentwickelten Gebieten unter Vertrag nahm, als es sein Gebot für den TFX-Vertrag vorbereitete. Kaum ein Papst kann so mächtig gewesen sein wie der amerikanische. Nicht der Profit aus der Arbeitsleistung ist es, was die Großunternehmer reizt; es ist die Forschung und Entwicklung, die mit der Arbeit verbunden ist; sie zahlt sich in den Folgejahren aus. Deshalb werden die Wünsche der Regierung in den Unternehmen wie Befehle aufgenommen. Wenn US-Shell die Preise in Zeiten anhebt, da es der Gesamtwirtschaft schaden könnte, wird der Firma aufgetragen, sie wieder zu senken; und sie gehorcht. Wenn General Motors eine Produktionsdrosselung zu einer Zeit ankündigt, da Wall Street des Vertrauens in einen fortgesetzten wirtschaftlichen Aufschwung bedarf, dann dementiert das Unternehmen innerhalb von 24 Stunden, weil der Präsident es wünscht. Ihr kniefälliger Gehorsam wird nur von König Heinrich IV. überboten, der barfuß und in Sackleinen gekleidet anläßlich einer nicht ganz unähnlichen Gelegenheit außerhalb Canossas im Schnee stand. Faktisch kann diese Macht auch auf Staaten angewandt werden, die dem Anschein nach von der amerikanischen Regierung unabhängiger sind als die Industrieunternehmen. So war es die Drohung, finanzielle Unterstützung zu entziehen, die die britische Regierung nötigte, 1956 ihre Aktion in Suez abzubrechen. Es wurde ihr sehr deutlich, daß päpstliche Zustimmung für jede zukünftige militärische Aktion erforderlich ist. Der moderne Islam ist nicht der Feind des Papstes in Washington, DC.

Die Papst-Kaiser-Auseinandersetzung dauert in Großbritannien gegenwärtig noch an: Verstaatlichung oder nicht? Ein Blick über den Atlantik sollte klarstellen, daß eine moderne Regierung diese Art von Debatte getrost den akademischen Schulen überlassen kann. Solange die Regierung es fertigbringt, ihre Steuern einzutreiben und wichtige Verträge an die Industrie zu vergeben, hat sie die gewünschte Kontrolle, solange sie sie ausüben möchte.

Im Vergleich mit der mittelalterlichen oder Renaissance-Papstherrschaft wirkt die amerikanische ziemlich gesichert. Die wahrscheinlichste Gefahr liegt darin, daß einer der Staaten zu mächtig werden könnte. Der Papst war immer dann ohnmächtig, wenn einer der Staaten viel mehr Macht hatte als die anderen; ihm blieb dann keine andere Wahl, als die militärische Unterstützung dieses Staates zu suchen, und der König (z. B. Karl V.) konnte ihm Lösegelder nachgerade abverlangen. In der gleichen Weise hat eine Regierung, die Computer benötigt, eine schwache Position, wenn es im eigenen Land nur eine Firma gibt, die die benötigte Type liefern kann; das Unternehmen weiß, daß der amerikanische Papst keine andere Wahl hat, begegnet seinen Wünschen daher nicht unterwürfig und kann Preise nach eigenem Gutdünken fordern. Deshalb ist der Präsident daran interessiert, daß es auf jedem Gebiet eine Anzahl guter und mächtiger Unternehmen anstelle eines einzigen marktbeherrschenden gibt, wie der Papst ein Interesse am Bestehen mehrerer mächtiger Staaten hatte. Doch der Präsident ist durch gerechte Plazierung der Verträge viel eher in der Lage, das Gleichgewicht der Kräfte wiederherzustellen. So verwundert es nicht, daß die USAF in der Zeit, da IBM dominierte, 150 Computer bei Univac bestellte. Der moderne Staat hat daher nicht nur durch Gewährung seiner Zustimmung Kontrolle über die Industrie; er hat auch ein berechtigtes Interesse am Zerschlagen von Monopolen. Sein Verfahren dabei ist weit wohltätiger und feinfühliger in praktischer Hinsicht als die plumpe Prozedur der Gerichte. Die politischen Theoretiker fahren fort zu argumentieren, doch ihr Problem ist längst hinter ihrem Rücken gelöst worden.

7. Kapitel

RENAISSANCE UND REFORMATION

Die Historiker haben einen Ablauf festgestellt, der sich beim Aufstieg oder Wiederaufblühen von Staaten regelmäßig wiederholt. Erst eine Renaissance, eine Periode militärischen, politischen oder wirtschaftlichen Erfolgs, mit der rasche und ziemlich extreme soziale Veränderungen im Innern einhergehen; neue Gruppen werden plötzlich viel reicher oder ärmer, mächtiger oder schwächer. Dann folgt eine Reformation, ein radikaler Umschlag der vorherrschenden Ideale, hervorgerufen durch den intellektuellen Aufruhr, der mit dem politischen Hand in Hand geht, und darauf — manchmal — eine Gegenreformation, durch die eine teilweise rekonstruierte alte Ordnung ihre frühere Autorität zurückgewinnt.

Renaissance, Reformation und Gegenreformation finden in derselben Abfolge auch innerhalb von Großunternehmen statt. Die Renaissance setzt ein, wenn eine Abteilung oder ein Unternehmenszweig großen Erfolg hat und dieser Erfolg augenscheinlich länger andauert und wächst. Es kann die anfangs kleine Computerabteilung einer großen Lochkartenautomatenfirma sein oder die neue, expandierende Petrochemieabteilung einer Ölgesellschaft. Was auch die Ursache sein mag, das Resultat ist gewöhnlich dasselbe: wachsendes Budget, größere Arbeitsräume, rasche Beförderung junger Leute, Anstieg der Gehälter bis in neiderregende Höhen, Heranziehen erstklassiger Kräfte von innerhalb und außerhalb der Firma und ganz allgemein ein Selbstvertrauen, das diejenigen außerhalb der Gruppe gerne Arroganz nennen.

Was dann? Man nähert sich einem Stadium, das als kritische

Menge bekannt ist. Das ist ein technischer Begriff aus der Kernphysik, der die Konzentration von Atomen des Uran 235 bezeichnet, die eine Explosion hervorruft; bringt man eine bestimmte Anzahl in einem bestimmten Raum zusammen, explodieren sie sofort. Unter gewissen Umständen kann auch eine kritische Menge von Menschen auftreten. Komödianten wissen genau, daß man bei zuwenig Publikum wirkungsvolles Gelächter nicht erzielen kann, und daß es darüber hinaus keine absoluten Zahlen gibt, sondern daß der Lacherfolg von der Publikumskonzentration abhängt. Zweihundert Menschen, in der Albert Hall verstreut, sind nicht genug für Lachexplosionen, doch ist die gleiche Anzahl in einem kleinen Clubraum zusammengedrängt genau richtig. Wahrscheinlich gibt es auch einen Zusammenhang zwischen der kritischen Menge und Streiks. Sie brechen meist dort aus, wo sich die größte Konzentration arbeitender Menschen findet, nicht notwendig in Gewerkschaften mit der größten Mitgliederschaft. Docks, Minen und große Autofabriken sind übliche Streikstätten, wohingegen Landarbeiter und Ladenangestellte, die insgesamt sehr viele sind, aber in kleinen Gruppen weit verstreut sind, zu den am schlechtesten bezahlten Gruppen der arbeitenden Klasse gehören und dennoch sehr selten streiken. 1926 gaben die Eisenbahnbediensteten vor den Bergarbeitern ihren Streik auf: Die Eisenbahner sind weiter verstreut als die Bergleute; weniger riesige, hysterische Massenversammlungen, weniger Gruppendruck auf Zweifler und Andersdenkende, größere Schwierigkeiten beim Zusammenbringen der kritischen Menge, was man in Docks und Gruben durch einen Pfeifentriller erreichen kann. 1848 erlebten alle europäischen Städte mit mehr als 100 000 Einwohnern eine Revolution. [10] Als Ludwig XVI. 1789 die Generalstände zum erstenmal seit 175 Jahren einberief, brachte er dadurch die kritische Menge zusammen, die die Französische Revolution auslöste.

So besteht im aufstrebenden Zweig eines Unternehmens immer die Möglichkeit, daß eine kritische Menge von Managern, Forschungswissenschaftlern, gelernten Handwerkern oder anderen Schlüsselkräften zusammenkommt. Nicht jede Menge ist zu gleich auch kritisch. Es scheint, daß zwei Grundbedingungen erfüllt sein müssen, ein Gefühl des Übelstands und ein Gefühl der Macht. Eine Arbeiterschaft mag ein starkes Gefühl des Benachteiligtseins empfinden, doch wäre sie närrisch, wenn sie streikte, wenn ohnehin Arbeitslosigkeit herrscht oder das Unternehmen durch den Streik Aufträge verlöre und Rückschläge hinnehmen müßte. Sie muß sich ihrer Macht, das Management zum Nachgeben zwingen zu können, bevor ein Streik großen Schaden anrichtet, gewiß sein. Ebenso wird eine expandierende und erfolgreiche Abteilung kaum kritische Symptome zeigen, solange sie sich ihres Wertes für das Unternehmen nicht bewußt und nicht sicher ist, ob die Unternehmensführung das auch weiß.

Erreicht sie dies Stadium, so ist ein Gefühl der Unzufriedenheit nicht mehr fern. Die einzelnen brauchen sich nur unterbezahlt, unterbewertet, mangelhaft befördert oder mit Leuten, die in anderen Abteilungen des Unternehmens weniger wichtige und verantwortungsvolle Tätigkeiten ausüben, auf eine Stufe gestellt zu fühlen; sie brauchen nur zu meinen, daß die Firma falsche Entscheidungen trifft, schlecht organisiert oder geführt ist. Sie besprechen diese Dinge untereinander lange und eingehend; sind genügend von ihnen da, die auf dem gleichen Gebiet arbeiten, so kommt die Konzentration einer kritischen Menge nahe, und die Bühne ist frei für eine Reformation.

Das Wesen einer Reformation besteht darin, daß ein Leistungsangebot mit einer Idee gekoppelt ist. Die Idee beinhaltet für gewöhnlich die Umorganisation der gesamten Institution, von der die Reformationsgruppe ein Teil ist. Doch ist die Idee, das intellektuelle Element einer Reformation, nicht ihre Ursache, und begegnet man der Idee mit intellektuellen Argumenten, so wird man dadurch die Revolution nicht unterdrücken. Das Leistungsangebot kommt zuerst, und die intellektuellen Begründungen folgen. Wenn die russischen Bauern rufen, das Land gehöre dem Volk, nützt es wenig, anhand fundierter demographischer, ethnologischer und philosophischer Argumente darzulegen, daß es nicht so ist. Hätte Luther seine 95 Thesen vierhundert Jahre früher oder später verkündet, so hätten sie kaum Erschütterungen dieses Ausmaßes in Europa hervorgerufen. Die Lokomotive mag die gleiche sein, doch zu anderen Zeiten ist kein Dampf da, um sie anzutreiben. Ähnlich ist es nicht sinnvoll, der expandierenden Kontrollabteilung einer großen Werkzeugmaschinenfabrik belegen zu wollen, daß alte, konventionelle Werkzeugmaschinen bei der Repräsentation nicht zu sehr in den Vordergrund gestellt werden, wenn die Abteilung anderer Ansicht ist. Die Abteilung mag im Unrecht sein; bemüht man sich aber, das zu beweisen, so kommt es dadurch noch nicht zu einer Beruhigung. Es ist, als ob ein Arzt die Symptome behandelt, ohne ihre Ursache zu diagnostizieren.

Eine Reformationsbewegung kann jede Form annehmen, von leichter Unruhe bis zu Massenaufständen. Es ist vielleicht nützlich, extreme Fälle wie die Reformation in England und Deutschland zu untersuchen, die Ausnahmen waren. Ein solcher Extremfall könnte bei dem Zweig einer Gewerkschaft mit nationaler Ausdehnung eintreten, dessen Mitglieder in einer erfolgreicheren und fortschrittlicheren Industrie arbeiten als der Rest. Die Arbeitgeber könnten mit der Gewerkschaft gern verhandeln wollen, die jedoch auf nationaler Ebene durch die anderen Zweige blockiert wäre. Der lokale Zweig schreckt aber vor Verhandlungen zurück; denn das bedeutet das Einhandeln einiger nicht notwendiger Sicherungen und Einschränkungen gegen beachtliche Lohnsteigerungen. Wenn sich der Zweig von der Gesamtgewerkschaft abspaltete, eine eigene Gewerkschaft bildete und unabhängig weiterverhandelte, so käme das dem nahe, was Anfang des sechzehnten Jahrhunderts passierte, als extreme Reformatoren die Kirche an manchen Orten in die Hand bekamen. Oder betrachten wir den Fall der großen Ölgesellschaften. Wie lange werden sie noch die Reformation in den Ölfeldern Südamerikas und des Nahen Ostens aufschieben können? Sie bilden immer mehr Einheimische aus und lassen den Tag um so schneller heranrücken, an dem etwa eine kritische Menge von persischen Managern feststellt, daß sie die Ölfelder auch selbst betreiben könnten; daß sie viel freier, unabhängiger und wohlhabender sein würden, wenn die iranische Regierung und nicht einige weit entfernte Aufsichtsräte in Amsterdam, London oder New Jersey ihr Vorgesetzter wäre. Geht dies Machtgefühl mit Unzufriedenheit einher, dann steht eine Reformation unmittelbar bevor. Die Unzufriedenheit braucht noch nicht einmal in zu niedrigen Löhnen oder mangelnder Beförderung ihre Ursache haben. Clemenceau sagte einmal voraus, daß das britische Empire in Indien nicht auf den Klippen politischer Ungerechtigkeit zerschellen würde, sondern auf denen der gesellschaftlichen Ehrenkränkung.

Der klassische Fehler des Management (ob Papst, ob Aufsichtsrat), der Reformationen hervorruft, besteht darin, daß zuviel genommen und zuwenig gegeben wird. Wenn die Kirchenfürsten eines Landes feststellen, daß sie alle Arbeiten verrichten und eine Menge Geld an den Vatikan abführen, dafür aber außer Einschränkungen, Vetos, unwillkommenen Anweisungen und einem Strom von Ablaßpredigern, die die Kirche in Verruf bringen, als Gegenleistung nichts erhalten, dann werden sie aufgeschlossen für eine Idee wie *cuius regio, eius religio*, eine Unabhängigkeitserklärung in der Maske einer allgemeinen Behauptung. Stellen die örtlichen Manager eines Ölfeldes fest, daß sie die gesamte harte Arbeit leisten, alle schwierigen Entscheidungen selbst treffen müssen, in hohem Maße zu den Gewinnen beitragen und dafür nichts bekommen als Anfragen, Direktiven, Bestimmungen und einen Strang arroganter europäischer oder amerikanischer Vorgesetzter, die die ganze Firma in Verruf bringen, dann ist die Zeit ebenfalls reif für eine Reformation. Dazu bedarf es nur eines inspirativen Führers, der eine allgemeine Behauptung aufstellt, zum Beispiel, daß das Öl dem Lande gehöre (*cuius regio, eius oleum*), um eine weltweite Bewegung auszulösen. Und das Herausstellen des Wohlstands der Ölgesellschaften und der Armut der ölfördernden Länder würde die öffentliche Meinung tief beeinflussen, wie das Herausstellen der Extravaganzen und des Luxus des Vatikans sie im sechzehnten Jahrhundert beeinflußt hat. Wie bei der Reformation selbst ist eine Reformation um so wahrscheinlicher, je größer die geographische Distanz vom Hauptsitz ist. Die Reformation in Abadan mißlang, weil die Ölgesellschaften, selbst wenn die Perser die Ölfelder selbst hätten leiten können, nur den Absatzmarkt zu schließen brauchten. Doch je mehr der Treibstoffbedarf der nahöstlichen und anderer Entwicklungsländer wächst, desto mehr wird die Macht der ölfördernden Länder wachsen.

Das Verfahren des Zuwenig-Gebens und Zuviel-Forderns zeigte sich als Ursache im Disput zwischen Großbritannien und Rhodesien höchst augenscheinlich. Vierzig Jahre lang hatte Großbritannien nur sehr wenig zur Lösung der internen Probleme Rhodesiens beigetragen, und das Land baute in dieser Zeit seine eigene politische und industrielle Organisation auf, die stark und völlig zureichend ist. Als Großbritannien dann plötzlich sah, wie die Dinge sich entwickelten, versuchte es einzugreifen und seine zentrale Autorität ins Feld zu führen, wie ein Vater, der am Leben seiner Tochter nicht das geringste Interesse zeigt, bis sie eines Tages über Nacht ausbleibt; dann beginnt er gebieterisch aufzutreten. Sie verläßt einfach das Haus; nichts reizt zum Bleiben, was ein Opfer an Unabhängigkeit und die Unterordnung unter die zentrale Autorität rechtfertigte; und sie ist in der Lage, sich selbst zu versorgen. Rhodesien erhielt zu wenig von Großbritannien, als daß es sich gelohnt hätte, sich weiterhin dessen Autorität zu unterwerfen; es war einfach ein Abwägen von Gewinn und Verlust. Der Profit, der aus der Freundschaft mit Großbritannien erwuchs, wurde überwogen durch den Verlust an Freiheit, die Regierungsform selbst wählen zu können. Es ist bei dieser Erwägung ohne Bedeutung, ob Großbritannien vielleicht im Recht war; Tatsache ist, daß es in der Achtung jener, die Rhodesien leiteten, vom Mutterland zu einem irrelevanten Faktor abgesunken war. Als Rhodesien Großbritannien nicht mehr akzeptieren konnte, stellte es dessen Bedeutungslosigkeit heraus.

Wie wird man mit einer Reformation fertig?

Man kann natürlich mit äußerster Strenge dagegen vorgehen, doch ist das wahrscheinlich erfolglos und kann großen, dauerhaften Schaden verursachen. Auch gehören Revolutionäre und Reformer meist zu den fähigsten Kräften des Unternehmens. Ist ihr Führer in der Lage, die radikalste Gruppe in der erfolgreichsten Abteilung des Unternehmens zu leiten, wird er sich wohl kaum reaktionärer Unterdrückung unterwerfen; müßte er gehen, wäre das ein großer Verlust für das Unternehmen; für einen Konkurrenten wäre er zudem von unschätzbarem Wert. Sechs solche Kräfte verschoben dadurch, daß sie ein Unternehmen verließen und in ein anderes eintraten, das Gleichgewicht in der amerikanischen Computerindustrie völlig. Luther war nicht nur ein kraftvoller und erfolgreicher Reformator, sondern auch ein unschätzbarer Verlust für die katholische Kirche; Satan war ein überaus vielversprechender Engel gewesen.

Glücklicherweise ist es ein Charakteristikum der Reformatoren, daß sie ihre Reformen auf friedliche Weise innerhalb der Struktur ihrer Organisation durchzuführen versuchen. Nur wenn das unmöglich wird, beginnen sie zu versuchen, die Organisation von innen heraus zu vernichten, oder laufen zum Gegner über. Walter Chrysler versuchte erst seine Vorschläge bei Durant von General Motors durchzusetzen, ehe er letztlich die Firma Hals über Kopf verließ und sein eigenes Großunternehmen aufbaute. Viele Reformationen hätte man, bevor sie innerhalb einer Gruppe starke Emotionen und außerhalb ihrer ebenso starke entgegengesetzte wachriefen, vielleicht im Keim ersticken können. Muß jedoch eine Gegenreformation durchgeführt werden, so ist die Tatsache zu beachten, daß eine erfolgreiche Gegenreformation auf demselben Boden gedeiht wie die Reformation, der sie begegnen soll. Hat daher ein Großunternehmen unter einem Luther zu leiden, dann sollte es sich nach einem Loyola umschauen. Loyolas Inspiration kam aus der gleichen Quelle wie die Luthers: Verachtung des Luxus, Kritik, nicht am Glauben, sondern an einigen seiner schlechten Praktiker und am Mißbrauch der Lehre, Rücksicht auf einfache Menschen, starke geistige Disziplin und extreme Einfachheit in der Lebensweise. Loyola wurde tatsächlich, allerdings erfolglos, bei der Inquisition denunziert, weil er nicht *rechtgläubig* war — ein Beweis dafür, daß der Gegenreformator den Reaktionären im Establishment genauso verdächtig war wie der Reformator. Tatsächlich liegt der Unterschied zwischen ihnen nur in der Weise, wie sie von ihren Vorgesetzten behandelt werden. Macaulay stellt in einem bekannten Aufsatz fest, daß »die römisch-katholische Kirche eines beherrscht, was noch keine andere Kirche so gut beherrscht hat: den Umgang mit Enthusiasten«. Er versichert, daß Loyola in Oxford eine schreckliche Sezession angeführt haben würde, wohingegen Johanna Southcott in Rom einen Orden barfüßiger Karmeliterinnen gegründet hätte. (Die Kirche beging jedoch einen Fehler und überging Luther.) Jedes Großunternehmen hat seinen Enthusiasten, ja es hängt sogar von ihm ab. Jenen, die die Autorität haben, bleibt die Wahl, ob sie versuchen wollen, die Enthusiasten zu unterdrücken und zu Luthers werden zu lassen, die die Führung ihrer Feinde übernehmen, oder sie zu ermutigen, so daß sie als Loyolas bleiben; sie haben die Möglichkeit, Diplomatie, Mut und Vorstellungsgabe zu beweisen und den Reformatoren eine Aufgabe, Verantwortung, eine Mission zu übertragen, die ihre intellektuellen Fähigkeiten beanspruchen und ihre emotionellen Bedürfnisse voll befriedigen, und sie in der Gemeinde zu halten. Loyola bekam den Auftrag, einen neuen Mönchsorden, den Jesuitenorden, zu gründen und zu leiten. Der Loyola des Großunternehmens kann dadurch zufriedengestellt werden, daß er eine neue Produktgruppe, eine Tochtergesellschaft oder ein Forschungs- und Entwicklungsteam aufbaut und leitet; und selbst wenn er dabei nicht so erfolgreich ist, wie er gedacht hatte, kann es für das Großunternehmen immer noch besser sein zu riskieren, einen gescheiterten Loyola in den eigenen Reihen zu haben, als sich einen erfolgreichen Luther zum Feind zu machen. Es mag für Standard Oil immer noch besser sein, einen Araber oder Lateinamerikaner zum Präsidenten zu ernennen, als eine Verkaufsorganisation einer großen Ölgesellschaft des Irak, Persiens oder Venezuelas zu werden.

8. Kapitel

KOLONISATION

Soll man zentralisieren oder nicht? Die Diskussion darüber wird
andauern, doch das Gewicht der Betonung verlagert sich fortwährend. Derzeit steht die Dezentralisation hoch im Kurs; kein Zweifel, sie wird in einigen Jahren von der Zentralisation überwunden
sein, wenn sich die Nachteile fehlgeleiteter oder exzessiver Dezentralisation bemerkbar machen. Doch die Irrlehre, daß das eine
oder das andere die einzig richtige Weise ist, ein Großunternehmen
zu führen, wird wohl ewig weiterleben.

Zugunsten der Dezentralisation sei gesagt, daß übertriebene
Zentralisation ein verbreiteter Irrtum ist, der einer Organisation
großen Schaden zufügen kann. Den meisten Menschen sind die
Auswirkungen geläufig: die ewig währenden Verzögerungen, während sich das Chefbüro eine Meinung bildet; die ergebnislosen
Bemühungen um die Festlegung allgemeingültiger Gesetze und
Verfahren, die doch immer an der Sache vorbeigehen; die Spitzenkräfte verlieren immer mehr ihr Verhältnis zu den Realitäten des
Alltags; die Menschen, die in engem Kontakt mit der Kundschaft
oder den Produkten arbeiten, müssen Entscheidungen, die sie selbst
aufgrund ihres Wissens und ihrer Erfahrung am besten treffen
können, weniger qualifizierten Vorgesetzten vorlegen; dynamische
Ideen werden tot geboren, weil das Warten auf das Startsignal
zu Frustration geführt hat oder es ohnehin zu spät ist; oder, kommt
eine Bewilligung rechtzeitig, dann mit Vorbehalten und Änderungswünschen, die einen Erfolg nahezu ausschließen. Doch selbstverständlich wirken die Gefahren übertriebener Dezentralisation

im gleichen Maße zerstörerisch: Produktionsziffern werden festgelegt, ohne daß Schätzungen der Verkaufsabteilung berücksichtigt werden; zwei Repräsentanten, einer von der Verkaufsstelle, einer von der Produktionsabteilung, versuchen demselben Kunden das gleiche Produkt zu verkaufen und machen darüber unterschiedliche Angaben; es wird mehr verkauft, als termingemäß geliefert werden kann; gute junge Manager werden in unangemessenen Positionen verschlissen, weil ihre Chefs sie nicht zur Beförderung in andere Abteilungen wechseln lassen wollen und in der eigenen keine Stelle frei haben; und schließlich der allgemeine Mißstand, daß die »Planungsabteilung« ein teurer Witz ist und das Unternehmen soviele politische Konzeptionen hat wie Manager.

Augenscheinlich ist keine der genannten Situationen erstrebenswert; ein Kompromiß, der Elemente beider Möglichkeiten vereint, erscheint ebenfalls nicht sonderlich wünschenswert. Das Ärgerliche liegt darin, daß in vielen Fällen die Debatte, ob Zentralisation oder Dezentralisation besser sei, nur ein Erwägen zweier verschiedener schlechter Arten von Unternehmensführung darstellt. Die erstere zerstörte beinahe Ford, die letztere beinahe General Motors. Werden sie schlecht geübt, schließen sie einander aus; sie können in einem Unternehmen nicht koexistieren. Doch das soll nicht heißen, daß nicht gute Zentralisation und gute Dezentralisation nebeneinander bestehen können, oder daß ein Großunternehmen nicht von beiden etwas haben kann.

Das Wesen guter Dezentralisation kann man sehr gut an der Weise beobachten, in der Staaten Kolonien zu errichten pflegten. Athen und Rom erlangten durch Kolonisation in der Antike Größe, ebenso Venedig und Genua im späten Mittelalter, England und Spanien nach der Renaissance. Es gibt auch andere Möglichkeiten; Unterwerfung zum Beispiel, wenn das eigene Volk ein schwächeres besiegt, dessen Könige sich den Gesetzen des Siegers unterwirft und in eine jährliche Tributzahlung einwilligt. Das kommt einer einfachen Art der Übernahme nahe, bei der man auf die übernommene Firma kaum Einfluß nimmt und nur den Profit abschöpft. Kolonisation ist etwas anderes; sie ist die Erschließung jungfräulichen Landes oder eines Gebietes, das nur spärlich besiedelt und fast völlig unentwickelt ist. Das koloniengründende Land ordnet den Kolonisten an »Macht euch auf den Weg, seht auf die Landkarte, an dieser Stelle ist die Kolonie anzulegen. Von jetzt ab ist alles euch selbst überlassen. Wir wissen auch nicht genau, wo das Land Möglichkeiten bietet, kaum mehr, als ihr es wißt. Aus den Berichten von Reisenden zu schließen, muß es wohl ganz gute Möglichkeiten geben. Ob ihr eine kleine Fischersiedlung bleibt oder eine schöne Stadt wie die unsere aufbaut, liegt ganz bei euch. Innerhalb von drei Monaten könnt ihr auch gerne zurückkommen.

Natürlich helfen wir euch, wenn wir können. Falls ihr Materialien braucht oder bewaffnete Verstärkung, werden wir sie euch senden, falls wir sie entbehren können. Doch verlaßt euch nicht auf uns. Im Grunde sollten wir uns überhaupt nicht einmischen, und ihr müßtet eigentlich genug erwerben, um euren Familien daheim Geld schicken und zu unser aller Wohl zur Erhaltung unserer Armee und Flotte beitragen zu können. Alles in allem habt ihr eine bessere Zukunft vor Augen, wenn ihr geht, als wenn ihr bleibt.«

Wenn ein Großunternehmen eine kleine Produktions- und Marketinggruppe für ein völlig neues Produkt einsetzt oder ein Verkaufsteam in ein Gebiet entsendet, in das es bisher noch nie zu verkaufen versucht hat — in jeder neuen Situation, in der die Chancen unbegrenzt sind und ihre erfolgreiche Nutzung nur von dem jeweiligen Team abhängt — dann ist das Kolonisation. Keinesfalls kann man sie mit der Leitung einer Abteilung innerhalb des Unternehmens vergleichen; der Unterschied liegt im Ausmaß der Freiheit. Das beste Beispiel, das ich für das Gegenteil einer Kolonie anführen kann, ist mir selbst widerfahren. Ich war Leiter einer Programmproduktionsabteilung beim BBC Television Service. Wenn ich einen neuen Produktionsassistenten einstellen oder einem von ihnen eine Gehaltserhöhung geben wollte, dann mußte ich mich an die Personalabteilung wenden; wollte ich einen Assistenten zum Produzenten befördern, war die Stellenabteilung zuständig. Brauchte ich samstags einen Filmredakteur, mußte ich die Filmabteilung fragen. Benötigte ich einen Bühnenbildner, bedurfte es der Zustimmung der Bühnenbildabteilung. Für einen neuen Teppich oder einen weiteren Büroraum war die Inventarverwaltungsabteilung zuständig. Wollte ich die Probenzeiten ändern, mußte ich die Terminplanungsabteilung fragen, und wenn ich der Presse etwas über ein neues Programm mitteilen wollte, mußte ich das über die Publicity-Abteilung tun. Man konnte nichts ohne die Zustimmung der jeweiligen zuständigen Büros in Gang bringen, nicht einmal einem Produzenten mehr zahlen. All diese Budgets waren nicht miteinander verknüpft, und keines oblag meiner Kontrolle. Keiner der Leiter dieser Abteilungen war dem Leiter meiner Gruppe unterstellt, und viele von ihnen hatten einen gemeinsamen Vorgesetzten erst drei oder vier Stufen höher in der Hierarchie. Dreien von ihnen war gemeinsam einzig der Generaldirektor vorgesetzt. Das Gegenteil davon wäre der Besitzer einer kleinen, unabhängigen Produktionsgesellschaft. Er hätte völlige Kontrolle über die Gesamteinnahmen und könnte sie nach eigenem Gutdünken verwenden. Er könnte freie Bühnenbildner, Produzenten und Aufnahmeteams einsetzen und die Erfordernisse des zu produzierenden Programms voll berücksichtigen; er könnte auch nach Belieben Pressekontakte pflegen. Offensichtlich ist der Unterschied im Grad der Freiheit bei diesen beiden Beispielen höchst beträchtlich; je näher jemand dem zweiten Fall kommt, desto eher kann er sagen, daß er eine Kolonie aufbaue. Solange er nicht eine ganze Anzahl dieser Freiheiten genießt, ist er keinesfalls in einer Kolonie.

Verschiedene Gründe sprechen dafür, Manager in Großunternehmen mit der Bildung und Leitung von Kolonialgruppen zu betrauen. Wenn ein Mann weiß, daß sein Gehalt, Erfolg, Ansehen in der Firma und seine Selbstachtung nur vom Erfolg seiner Kolonie bestimmt werden, so wird er sich mehr dafür einsetzen, als wenn er durch seinen Vorgesetzten, den Stellenplan und die Lohntabelle eingeschränkt ist. Auch wirkt sich solche Unabhängigkeit befreiend auf latente und unterdrückte schöpferische Fähigkeiten und Führungsqualitäten aus. Dieses Maß an Unabhängigkeit mag nicht immer zu erreichen sein, da viele Positionen mit anderen allzu eng verknüpft sind; doch eine Reorganisation kann vielfach Stellen schaffen, die ihrer Art nach kolonial sind, und dadurch andere, die es nicht sind, erübrigen. Eine der wichtigsten Ursachen für Kolonisation war die Struktur der konventionellen Managementhierarchie; solche strukturellen Gründe haben auch die Staaten der Vergangenheit veranlaßt, Kolonien zu bilden: nicht der Anreiz von außen, sondern der Anstoß von innen.

Es ist offensichtlich, daß ein Großunternehmen eine Kolonie bilden muß, wenn es in eine neue Richtung gehen oder einen Markt erschließen will. Das ist der Anreiz von außen. Doch es kann genauso wichtig sein, aus internen Gründen Kolonien zu bilden; wegen des Anstoßes von innen, und das scheint weniger leicht einsehbar zu sein. Sehr oft jedoch bildeten Staaten und Städte Kolonien, weil es innerhalb der eigenen Grenzen keine Aussichten oder Land für junge Menschen gab. Rom und Athen waren von Hügeln umgeben, jenseits derer andere Staaten oder Städte lagen, die eine Ausdehnung unmöglich machten. Die einzige Chance, sein Glück zu machen bestand darin, sein Päckchen zu schnüren und in eine Kolonie zu segeln. Die normannische Invasion in England und der Erste Kreuzzug dreißig Jahre später sind beide dem Anstoß von innerhalb zugeschrieben worden. Diesen Anstoß gaben die wachsende Bevölkerung und die unzufriedenen jüngeren Söhne, die bessere Aussichten haben wollten, als das Heimatland sie bieten konnte. Dieser Zwang zum Auswandern bedingte, mehr als ein entlegenes El Dorado, die Kolonisation und wirkte als Ventil, das ein Anwachsen interner Spannungen und Bürgerkriege verhinderte.

Die herkömmliche Managementhierarchie ist einem geographisch eingeschlossenen Stadtstaat vergleichbar. Ein junger Mann kann sich umschauen und die Berge betrachten, die seinen Tatendrang einengen. Zeichnet man eine Skizze der Organisation, so kann man leicht ersehen, daß die Stellen immer knapper werden, je höher man steigt. Auf jeder Stufe bleiben Menschen sitzen. Sie sind nicht unbedingt gezwungen zu gehen, doch müssen sie sich damit abfinden, daß sie über die erreichte Stufe nur eine oder gar nicht hinauskommen. Jedes Jahr verlassen mehr begabte junge Menschen die Universitäten, als es Spitzenstellungen gibt, in denen sie ihre Fähigkeiten beweisen können. Ein Unternehmen mit statischer Hierarchie läßt tatenlos manche von ihnen gehen, wenn sie ihren höchsten Wert für die Firma erreicht haben. Andere kommen gar nicht mehr in solche Positionen wie ähnlich hochbegabte junge Menschen, die zu Zeiten eingestellt wurden, als das Unternehmen selbst noch jung war. Menschen entwickeln sich bis zu dem Niveau, das ihnen in der Jugend abverlangt wird; diejenigen, denen nichts abverlangt wurde, entwickeln sich auch nicht. Einige sinken auch noch weiter ab. Manche Führungskräfte erzählen einem, daß ein Unternehmen nicht zu viele gute Leute haben darf, doch sie irren; es kann. Es kann sie jedoch nicht auf der Höhe ihrer Leistung halten, wenn es ihnen nicht ständig Aufgaben stellt, die ihren Fähigkeiten angemessen sind. Deshalb kann es für eine Firma notwendig werden, Projekte durchzuführen, für die es keine zwingenden Erfordernisse von außen gibt, nur um eine befähigte Belegschaft in der Firma zu halten und zu gewährleisten, daß sie ihre hohen Qualitäten nicht verliert.

Soviel über das Wesen guter Dezentralisation, die Gründung von Kolonien; sie ist jenem Prinzip eng verwandt, das gelegentlich Föderal-Dezentralisation genannt wird, doch kann man ihre Vorzüge und Natur besser umreißen, wenn man die Terminologie der Kolonisation und nicht die der Vereinigten Staaten darauf anwendet. Der Kolonisation selbst wohnt freilich nichts inne, was die Auswirkungen schlechter Dezentralisation verhindert, nämlich die Aufsplitterung und die einander entgegengesetzten Ziele und Praktiken, die unseren Vorfahren zugeschrieben werden. Daher muß gute Dezentralisation mit guter Zentralisation einhergehen. Weit davon entfernt, in indirektem Verhältnis zueinander zu stehen, sind sie direkt voneinander abhängig: Je mehr man von der letzteren hat, desto mehr kann man sich die erstere leisten.

Man könnte entgegnen (wenn ich auch nicht die Absicht habe, hier besonders darauf einzugehen) daß eine Ursache, weshalb das Römische Reich — eine Meisterleistung an Management — so groß wurde und sich so lange halten konnte, darin zu sehen ist, daß es keine Eisenbahn, kein Auto, Flugzeug, Radio, Papier oder Telefon gab; an erster Stelle kein Telefon. Und daher konnte man noch nicht einmal die Illusion einer direkten Kontrolle über einen General oder Provinzgouverneur aufrecht erhalten; man hatte nicht dies Gefühl der Sicherheit, ihn jederzeit erreichen zu können und umgekehrt, wenn ihm die Lage über den Kopf zu wachsen drohte, einfach hinfliegen und die Dinge für ihn ins Reine bringen zu können. Man ernannte ihn, sah seine Kutsche und seine Ausrüstung hinter dem nächsten Hügel oder seine Galeere am Horizont verschwinden, und das war alles. Passierte eine Katastrophe, so würde man nichts davon erfahren, bis nach Monaten ein Bote von Ostia heraufgeeilt oder die Via Apennina heruntergaloppiert käme und berichtete, daß eine Armee vernichtet oder eine Provinz überrannt worden sei. Daher kam es überhaupt nicht in Frage, einen Mann zu ernennen, der nicht durch und durch in seiner Aufgabe aufging. Man wußte, daß alles davon abhing, nur denjenigen zu entsenden, der seine Eignung voll und ganz bewiesen hatte. Aus diesem Grunde war man bei der Auswahl sehr umsichtig. Darüber hinaus vergewisserte man sich, daß er über Rom, die römische Regierung und Armee wirklich alles wußte, bevor er auszog. Wer General wurde, hatte eine lange Lehrzeit in einem der bestausgebildeten römischen Heere hinter sich. Um Gouverneur werden zu können, mußte ein Mann Prokonsul und Konsul gewesen sein, also die höchsten Ämter im Staat innegehabt haben, bevor man ihn mit der Verwaltung einer Provinz betraute. Das gewährleistete, daß man ihm niemals politische Beratung oder Anweisungen geben mußte, wenn er an Ort und Stelle war; es war ohnehin ungewiß, ob er sie überhaupt erhalten würde. Seine Aufgabe mußte ihm in Fleisch und Blut übergegangen sein, bevor er sich auf den Weg machte.

Natürlich kann man ein Imperium nicht ohne Kommunikation führen. Es ist dann kein Reich, sondern nur eine Gruppe kleiner, isolierter Staaten. Die Römer hatten ein hervorragendes Kommunikationssystem. Sie beherrschten und kannten die Seerouten (ein großer Teil des Reiches war maritim) und verfügten über ein ausgezeichnetes Straßennetz. Dadurch konnten sie Heere verlegen, die Garnisonen mit Nachschub an Truppen und Material versorgen und alles tun, was zur Wahrung ihrer Grenzen, der inneren Ordnung und des Reiches erforderlich war. Aber sie lebten nie in der Illusion, nur zum Hörer greifen zu brauchen und die Lage zum Preis eines Ferngesprächs retten zu können.

Generell ist das Telefon ein großartiges Mittel, um Informationen, Rat und Vorschläge über weite Entfernungen zu übermitteln und zu erhalten. Zur Ausübung von Kontrolle taugt es jedoch nicht. Ein verärgerter britischer Admiral grollte nach der Suez-Operation: »Nelson hätte nie einen einzigen Sieg errungen, wenn es damals Fernschreiber gegeben hätte.«

Die gute Art von Zentralisation besteht darin, den Gouverneur oder örtlichen Manager bereits zu »zentralisieren«, bevor er eine dezentralisierte Stellung antritt. Augustinus nannte einmal als einzige Regel für christliche Führung »Liebe Gott und tu, was du für richtig hältst.« Die eigentliche Bedeutung dieses Satzes ist, daß man nichts gegen den Willen Gottes tun würde, wenn man ihn wirklich liebt. Ebenso bekommen Jesuiten von der Leitung ihres Ordens auch nicht dauernd Anrufe oder Memoranden. Das jahrelange, intensive Training in Rom gewährleistet, daß sie in der Lage sind, ihre Arbeit immer in Übereinstimmung mit den Grundsätzen des Ordens zu verrichten, wie lange es auch dauern mag, bis sie einen Jesuiten zu Gesicht bekommen, und wo es auch sei. Sie mögen dauernd ungewohnten Problemen und neuen Situationen gegenüberstehen, sie werden genauso handeln, wie das Ordenshaupt selbst es tun würde, da die interne Struktur des Ordens so wirkungsvoll zentralistisch ist. Diese Konzeption hat vielleicht Reay Geddes, der Generaldirektor von Dunlop, am treffendsten ausgedrückt. Er entwickelte dem Leiter der deutschen Niederlassung, wie er seine neue Fabrik anzulegen habe. »Das Ärgerliche an Ihnen, Mr. Geddes ist, daß Sie bei Ihren Untergebenen keine eigene Meinung dulden«, erklärte der Deutsche. »Meinung, ja«, erwiderte Geddes, »Willen, nein.«

Eines der größten »Zentralisations-Dezentralisations«-Dilem-

79

mas ist von Shell durchlaufen worden. Es wird behauptet, Shell habe eine halbe Million Dollar an McKinsey gezahlt, um das Dilemma beseitigen zu lassen. Wie das Problem tatsächlich entstanden ist, läßt sich schwer sagen, doch Telefon und Flugzeug sind daran mitschuldig. Im wesentlichen ging es darum, ob die geographischen Gebiete (Südamerika, Ferner Osten, etc.) oder die funktionellen Abteilungen (Produktion, Marketing, Tankschiffe, etc.) die Provinzen im Shell-Reich bilden sollten. Offensichtlich hätte Rom die geographische Einheit zur Provinz gemacht. Doch während Shell ihre halbe Million Dollar an McKinsey ausgab, hätte die Gesellschaft auch weitere zwei Pence in einem Anruf im Kriegsministerium investieren können. Die britischen Streitkräfte haben die gleichen Probleme mit ihren Abschnittskommandeuren und ihren Nachschub- und Unterstützungseinheiten — Artillerie, Fernmeldetruppen, Pioniere etc. Wie die Römer und Jesuiten unternimmt die britische Armee große Anstrengungen, um sich zu vergewissern, daß die Abschnittskommandeure die Armee auch als Ganzes begreifen: Dienst in Übersee, in der Heimat, Stabsseminare; alles, um sicher zu gehen, daß die Kommandeure auf sich gestellt die richtigen Entscheidungen, oder wenigstens die besten, die in der Armee bekannt sind, treffen. Die Fernmelder und Artilleristen sind die spezialisierteren und in jedem Falle dienstgradmäßig dem Gebietskommandeur unterstellt, »under command«. Selbst wenn der oberste Fernmeldeoffizier im Kriegsministerium die Leitung an Ort und Stelle übernimmt, steht er »unter Kommando« und muß dem Mann gehorchen, der intern am meisten zentralisiert ist, der von Rom dafür ausgebildet und damit betraut ist, eine Provinz zu regieren. Shell hat zu einer ähnlichen Lösung gefunden und den örtlichen Manager mit diesem Amt betraut. Ein leitender Angestellter hat es einmal, ähnlich Augustinus, so formuliert: »Jeder örtliche Manager hat eine ganze Menge Vollmachten, aber er weiß bei Gott auch, daß er zu einer Firma gehört.«

Noch ein weiteres Argument spricht für Delegation, Dezentralisation in der richtigen Weise, und besonders dafür, Kolonien von beachtlicher Unabhängigkeit zu bilden. Es kann sein, daß eine solche kleine Experimentierabteilung eines Tages die zukunfts- trächtigste des Unternehmens oder sogar seine Rettung wird. Die dezentralisierten, völlig eigenständigen Abteilungen des Christen- tums, die Klöster, schuf St. Benedikt nach dem Grundsatz, daß, selbst wenn außer einer solchen Zelle das gesamte Christentum vernichtet würde, es durch diese eine Zelle doch überleben könnte; und in den dunkelsten Stunden des frühen Mittelalters überlebten dann auch der christliche Glaube und das europäische Gedankengut in den Klöstern Irlands die mohammedanische wie die norman- nische Bedrohung. Das Römische Reich überdauerte den Nieder- gang Roms, weil Konstantin das Zentrum des Reiches bereits in die Kolonie Byzanz verlegt hatte, so wie ein Lochkartenautomaten- hersteller sich gerade noch rechtzeitig ins Computergeschäft rettet, um das Ende der mechanischen Datenverarbeitung überleben zu können. Diokletian jedoch ist es gewesen, der mit der Dezentrali- sation begonnen hatte. Er übte die Regierungsgewalt jeweils von dem Ort im Reich aus, an dem er sich gerade befand oder kämpfte. Er hat bereits vor 1700 Jahren die Lösung des Problems des riesigen, zu groß gewordenen, mit Managern übersetzten, extravaganten, untüchtigen Großunternehmens, das nach und nach seinen Markenanteil verliert, gefunden: Verlege alle vitalen, ent- scheidungsbewußten Mitarbeiter an einen anderen Ort und laß den Rest des Gebäudes zusammenfallen. Gibt es zudem eine vielver- sprechende, starke und eigenständige Tochtergesellschaft, zu der man ziehen kann, dann besteht die Chance, daß der wirklich we- sentliche Teil die Katastrophe überdauert.

9. Kapitel

DIE GRÄSSLICHE SYMMETRIE

Sie entwerfen es vielleicht noch nicht einmal auf dem Papier oder erwähnen es in der Diskussion, doch einem großen Teil der Verwaltungschefs und Manager geistert ein »ideales« Organisationsschema im Kopf herum. Dieses Schema ist das der klassischen Hierarchie, des Stammbaums; ein Mann an der Spitze, drei unter ihm, von denen wieder jeder drei Untergebene hat, und so fort bis ins siebte Glied, wo sich dann 729 Nachwuchsmanager finden.

Dieses Vorstellungsbild klärt wohl kaum die genauen Funktionen der Manager auf den einzelnen Stufen. Doch es geht ganz allgemein von der Annahme aus, daß jeder von ihnen die Arbeit seiner Untergebenen überwacht, Anordnungen von oben und Anfragen sowie Beschwerden von unten weiterreicht. Das soll gewährleisten, daß Untergebene ihren Pflichten korrekt nachkommen und Vorgesetzte die richtigen Informationen für ihre Entscheidungen erhalten. Die Verantwortung ist sorgsam aufgeteilt, so daß einem Manager bei jeder Beförderung etwas mehr davon übertragen wird, bis letztlich einer der ursprünglich 729 untersten an die Spitze gelangt und die Gesamtverantwortung übernimmt.

Diese Art der Organisation hat unwiderlegbare Vorzüge. Die Disziplin ist für gewöhnlich gut, Irrtümer bei Routinevorgängen bleiben kaum unbemerkt, und sofern der Mann an der Spitze eine hervorragende Führungskraft ist, kann er sich die gesamte Organisation sehr rasch völlig unterordnen. Zu ihrem Aufbau braucht man viel Zeit, und sie ist meist dann besonders erfolgreich, wenn es eine große Zahl von Menschen zu überwachen gilt, die alle mehr oder minder die gleichen Arbeiten zu verrichten haben. In dieser Weise sind die meisten Armeen organisiert: Zug, Kompanie, Bataillon, Brigade, Division, Korps, Armee. Wenn es darauf ankommt, innerhalb weniger Stunden eine Million Menschen antreten oder abtreten zu lassen, kann man sich kaum eine bessere Organisation vorstellen. Ich nehme an, daß es der Dienst in den Armeen zweier Weltkriege war, der dieses Organisationsschema so vielen Managerhirnen eingeprägt hat; ungeachtet dessen, daß das An- oder Abtreten von einer Million Menschen innerhalb weniger Stunden zu den Problemen gehört, die sich Managern nur recht selten stellen.

Eine gute Hierarchie dürfte ziemlich narrensicher sein. Es braucht natürlich seine Zeit, bis sie aufgebaut ist; doch während ihrer Bildung wird der Verantwortungsbereich jeder Position genau festgelegt, die Arbeitsverfahren werden ausgearbeitet und spielen sich ein, und wenn die gesamte Hierarchie handeln muß, handelt sie wie ein Mann. Doch hat sie große Nachteile; diese können sie zwar nicht als Form der Kontrolle von Armeen abwerten, lassen sie aber für fast alle anderen Unternehmungen in großem Maßstab heute höchst unzulänglich, wenn nicht gefährlich erscheinen.

Der erste Nachteil liegt in ihrer lähmenden Wirkung auf den menschlichen Geist und Arbeitseifer. Jeder Manager weiß, daß die Chancen 2:1 gegen ihn stehen, wenn es in eine Lücke auf der nächsthöheren Stufe aufzurücken gilt; und wenn er die Position bekommt, muß er auch wieder die Anordnungen eines anderen ausführen. Nur ganz an der Spitze hat er die Freiheit, Entscheidungen selbst zu treffen und nach eigenem Urteil zu planen. Am Anfang seiner Managerlaufbahn stehen die Chancen, an die Spitze zu gelangen, sogar 728:1 gegen ihn. Die Wirkung ist wie die, wenn eine große Anzahl Autos eine Straße entlang fährt, die immer enger wird. Je weiter man kommt, desto mehr Autos müssen von der Straße herunter, bis letztlich eines ankommt. In anderen, menschlichen Begriffen gesprochen, kämpft ein Mensch um Beförderung, Anerkennung und Erfolg bis zu einem gewissen Punkt, an dem jeder früher oder später einsieht, daß er nicht mehr viel weiter kommen kann, was immer er auch unternimmt. Manche scheiden einfach aus; der Großteil der übrigen erreicht den Punkt, an dem sie abschalten und sich sagen: »Der Unterschied, ob ich mich weiterhin abrackere oder es mir leicht mache, beträgt 250 Pfund im Jahr abzüglich Steuern. Unter diesen Umständen lohnt der Versuch nicht.« Sie verschieben ihre Zielsetzung vom maximal Erreichbaren auf das Maß des gerade noch Entschuldbaren. Ihre Energie und ihren Scharfsinn setzen sie ein, um weniger Zeit und Anstrengung aufwenden zu müssen, anstatt nach mehr Macht und Geld zu streben. Den Rest ihrer Zeit im Unternehmen versuchen sie abzusitzen und sich treiben zu lassen.

Offenkundig möchte keine Organisation die Mehrheit ihrer Belegschaft in ein solches Koma versetzen; doch das hierarchische System birgt eine noch größere Gefahr in sich, nämlich zu erstarren. Ohne beachtliche Erfolge in einem der Stadien seiner Vergangenheit kann ein hierarchisches Unternehmen Größe überhaupt nicht erreichen. Doch das hierarchische System pflegt die Qualitäten, die zu seinem Erfolg geführt haben, zu heiligen und zu konservieren; es fährt fort, Männer mit diesen Fähigkeiten einzustellen und zu befördern, selbst dann, wenn sich die Umstände längst gewandelt haben und ganz andere Qualifikationen erfordern. Ein hierarchisches Großunternehmen, das zu Zeiten, in denen billige Produktion die Märkte erschloß, seinen Erfolg begründet hat und groß geworden ist, wird wahrscheinlich Mitarbeiter aus dem Bereich der Produktion in seine führenden Positionen aufrücken lassen. Die Macht des Ego ist so groß, daß Menschen annehmen, Leute von ihrer Art seien letztlich die besten. Müssen andere, wichtige Stellen in einem Aufsichtsrat vergeben werden, dem ansonsten ehemalige Produktionsmanager angehören, so ist es wahrscheinlich, daß weitere Produktionsmanager ernannt werden. Die Probleme mögen sich längst zum Marketing hin verschoben haben, aber es bedarf schon einiger Bescheidenheit, wenn man bemerken soll, daß man selbst für die größten Probleme gar nicht mehr zuständig ist; auch erfordert es nur wenig Scharfsinn, sich selbst zu beweisen, daß es sich nach wie vor im Grunde um Probleme der

Produktion handelt. Man plaudert im Aufsichtsrat über die große Zeit vor dreißig Jahren, als man innerhalb eines Jahres sechs Fabriken reorganisiert und vergrößert und ein Kartell gesprengt hat; man weiß, daß es letztlich auch diesmal die Männer aus der Produktion sein werden, die den Ring durchbrechen.

Es kann gut sein, daß es irgendwo im Unternehmen die Menschen gibt, die das Geschick und Wissen zur Lösung des anstehenden Problems mitbringen. Aber die Hierarchie hat sich so lange in ihren Vorurteilen bestätigt, daß sie es nicht wahr haben mag. Ich zitiere Professor Trevor-Roper [11]:

»Jede Gesellschaft, die von sich annimmt, eine funktionierende Gesellschaft zu sein oder es auch ist, neigt dazu, in sich selbst zu investieren. Eine militärische Gesellschaft neigt dazu, noch militärischer zu werden, eine bürokratische noch bürokratischer, eine kommerzielle noch kommerzieller, da das Ansehen und der Profit von Krieg, Büro oder Kommerz durch Erfolg noch steigen, und Einrichtungen werden ersonnen, um ihn rascher herbeizuführen. Ist eine solche Gesellschaft von einer allgemeinen Krise ergriffen, so wird sie aus den genannten Gründen durch die strukturelle Belastung verstärkter gesellschaftlicher Einbeziehung und Stabilisierung teilweise paralysiert. Die herrschenden militärischen, bürokratischen oder kommerziellen Klassen können ihre Ausrichtung nicht leicht ändern. Ihre gesellschaftliche Führungsstellung und die Institutionen zu ihrer aktiven Erhaltung hindern andere Klassen, die Macht zu erlangen oder die Politik zu ändern.«

Ein hierarchisches Großunternehmen macht umfangreiche soziale Investitionen in die Struktur und die Eigenschaften, die ihm in der Vergangenheit zu Erfolg verholfen haben. Nicht nur die Auswahl der Manager, sondern auch das gesamte Lehr- und Übungsprogramm sind auf das, was einmal gut funktionierte, abgestimmt. Das heutige Großbritannien ist ein hervorragendes Beispiel für diese Art von Starrheit. Seine großen imperialen Erfolge nährten den Glauben, es gebe eine gewisse Spezies von Menschen, denen alles möglich ist; namentlich solche Menschen, die in der Vergangenheit Reiche erfolgreich aufgebaut und verwaltet hatten: couragiert, diszipliniert, zurückhaltend, ehrenhaft, konformistisch, unbestechlich, asketisch, kurz, Führer von Natur aus. Hunderte von Schulen wurden im neunzehnten Jahrhundert gegründet, um solche Menschen hervorzubringen; eine ganze Literatur, vom *Magnet* bis Henty, glorifizierte sie; Prüfungen und Auslesen wurden vorgenommen, um zu garantieren, daß die besten von ihnen in die höchsten Stellungen im Lande gelangten. Nicht nur im Militär und im Colonial Office, sondern auch im Civil Service, der Industrie, im Bankwesen, Börsenverkehr und auf fast allen »Feldherrnhügeln«. Als dann ein Wandel eintrat und sich das Gewicht auf Vorstellungsgabe, Findigkeit, rasches Erfassen, Willensstärke, Risikobereitschaft, technischen und wissenschaftlichen Verstand, Individualismus, Geselligkeit und andere ebenso ungeläufige Fähigkeiten verlagerte, konnte die starre, sich selbst stabilisierende Gesellschaft der herrschenden Klassen in Großbritannien weder weiterhin erfolgreich sein noch glauben, daß solche neuen Fähigkeiten überhaupt zu Erfolg führen könnten.

»Die Talente, die früher in die Regierung eingetreten wären, wenden sich heute mehr und mehr der Modebranche zu«, schrieb Anthony Lewis 1966 in der *New York Times*. Das Ärgerliche ist, daß das Regieren Großbritanniens keine *carrière ouverte aux talents* ist. Die wirklich neuen Exporterfolge, auf dem Pop-Music-Markt und in der Modebranche z. B., wurden von gerade jenen Leuten errungen, die zu einer Aufnahme in die Elite nicht geeignet erschienen. Sie wenden sich neuen Gebieten zu, weil sie aus den alten ausgeschlossen werden. Eine alte Redewendung besagt, daß Friedrich der Große (1712–1786) die Schlacht bei Jena (1806) verloren hat. Das soll heißen, daß das Heer noch zwanzig Jahre nach seinem Tode die zu seiner Zeit erfolgreiche Organisation aufrecht erhielt, anstatt dem Wandel in der Kriegskunst durch Anpassung zu begegnen. Vielleicht geht auch Großbritanniens Niedergang zu Lasten von Cecil Rhodes und Rudyard Kipling.

Falls man Großbritannien für ein unpassendes, um nicht zu sagen tendenziöses Beispiel hält, nehme man die Singer-Näh-maschinen-Corporation. Nach Jahrzehnten des Wohlstands, Erfolgs und internationaler Anerkennung erlebte sie in den fünfziger Jahren einen schrecklichen Niedergang. Donald Kircher, der neue Präsident, dem es oblag, das Unternehmen wieder auf die Beine zu bringen, beschrieb es in Worten, die man ebensogut auf die Azteken, Inkas, Darius' Persien, das Sparta des vierten Jahrhunderts, das China der Manchu-Dynastie oder Spanien nach Philipp II. anwenden könnte: »Der große Erfolg verleitete zu der Annahme, daß alle Antworten bereits gefunden seien und alles, was man zu tun hatte, darin bestand, so zu verfahren wie die Vorgänger. Alles fleischte sich ein. Von außen wirkten keine Einflüsse auf die Firma. Sie zog sich in sich selbst zurück.« [12]

Im Grunde handelt es sich um dieselben Ursachen: den von allen geteilten Dünkel einer sich selbst stabilisierenden Elite und die sich daraus ergebende Unfähigkeit, den Erfordernissen einer völlig gewandelten Situation gerecht zu werden. Gewöhnliche Umwandlungen bringen keine Probleme, solange man ihnen mit den Waffen, die die Soldaten besitzen, durch die Manöver, die sie kennen, die Strategie, die den Generälen geläufig ist, beikommen kann. Wenn die Umwandlung jedoch so grundlegend ist, daß die Werkzeugmaschinen, die Produktionsverfahren, die Marketing-Politik nicht mehr anwendbar sind, dann ist das hierarchische Großunternehmen wahrscheinlich das letzte, das sich von allen wandelt.

Zum Glück ist die Stammbaumhierarchie nicht die einzig mögliche Struktur eines Großunternehmens. Es gibt noch eine andere. Doch obgleich auch sie auf dem Papier dargelegt werden kann, ist sie nicht nur eine Weise der Reorganisation des Mechanismus; sie verlangt ein ganz anderes Verhalten. Ich erinnere mich eines Gesprächs mit einem erfolgreichen Theaterregisseur über die Inszenierung eines Stücks. Ich nahm an, daß er es gewissenhaft studierte, bis er eine genaue Vorstellung davon hatte, wie das Stück beim Publikum ankommen sollte; daß er es dann entwarf und probte, bis die Darsteller letztlich seiner Vorstellung von der idealen Inszenierung so nahe wie möglich kamen. Überhaupt nicht, sagte er. Sicherlich lese er Literatur über das Stück und mache sich Gedanken, doch von der Inszenierung mache er sich nur ein sehr allgemeines Bild. Während der Proben beginne das Stück wirklich zu wachsen, und er entdecke mit den Darstellern gemeinsam immer mehr von seinem Sinn, seinen Nuancen und Möglichkeiten. Meine Methode sperre das Stück in die Grenzen des Vorstellungsvermögens des Regisseurs; seine eigene befreie alle schöpferischen Anlagen des Vorwurfs.

Meine Haltung entsprach der des hierarchischen Chefs; ein Mann entscheidet, was getan werden solle, und alle anderen arbeiten unter seiner Leitung an der Ausführung. Die Haltung des Regisseurs war genau entgegengesetzt; in der Managementsprache nennt man das Zellstruktur. Der Wandel in der Haltung liegt in dem Bemühen, Einschränkungen, Hindernisse, Routineüberwachung und graduell unterschiedliche Verantwortung über Bord zu werfen, anstatt sie zu schaffen. Anstatt vorauszusetzen, daß es im Unternehmen nur einen Mann gebe, der in der Lage ist, uneingeschränkte, volle Verantwortung zu tragen, setzt man voraus, daß es deren mehrere gibt. Anstatt Stellungen zu schaffen, in denen jeder Manager vor einem Vorgesetzten alles, was er tut, verantworten muß, schafft man Stellungen, in denen so viele Manager wie möglich in voller Freiheit ihre eigenen Zellen nach eigenem Belieben arbeiten lassen; natürlich im Rahmen der Politik und des Budgets, die von der zentralen Zelle festgelegt werden; die Zellenleiter können ihr Gehalt und ihre Position in dem Maße verbessern, in dem sie ihre Zelle vergrößern und ertragreich machen, und sind nicht von einer Beförderung in die nächsthöhere Stufe abhängig. Dieses Organisationsschema legte St. Dominikus zugrunde, als er den Dominikaner-Orden gründete: das eigenständige Kloster unter Leitung eines Priors mit dem Hauptquartier des Ordens in Rom, nicht ein ausgearbeitetes hierarchisches System von Abteilungs-, Gebiets- und örtlichen Managern, die um so mehr Verantwortung haben, je weiter sie von den Stellen, an denen die Dinge wirklich passieren, entfernt sind.

Die Maschinenindustrie bietet Beispiele der falschen Weise des Wachstums in großer Zahl. Sie ging aus einer Anzahl kleinerer Zellen (einem Chef mit ein paar Leuten, einer Drehbank, Fräs- und

Bohrmaschine in einem Schuppen) hervor. Doch als sie expandierte, erweiterte sie die Funktionen, anstatt die Zellen zu vervielfältigen. Sie behielt dieselbe zentrale Organisation bei und versuchte fünfzig Fräsmaschinen, siebzig Drehbänke und hundert Bohrmaschinen in der gleichen Weise unter Kontrolle zu halten, in der sie vorher je eine überwacht hatte. Deshalb ist die gesamte Massenerzeugungsindustrie ständig von Unzulänglichkeit, Irrtümern und Abstimmungsschwierigkeiten geplagt. Es ist hochinteressant, daß die letzte Organisationstheorie in der Maschinenindustrie auf ihre Anfänge zurückgeht: Man verläßt die großen Fräsereien und Drehereien und schafft Zellen, die zur vollständigen Fertigung eines Teiles unter Aufsicht eines Mannes ausgerüstet sind. Sie haben einige Exemplare jeder Werkzeugmaschine; die Zellen oder Gruppen sind durch die Art ihrer Aufträge, die Präzision und die Ausstoßmenge klassifiziert: kleine Teile, unpräzis, großer Ausstoß; mittelgroße Teile, präzis, kleiner Ausstoß, usw.; jede Art wird von einem Team von zwölf oder fünfzehn Menschen unter einem Gruppenleiter, der für die Ausführung des Auftrages von A bis Z verantwortlich ist, hergestellt.

Den gleichen Irrtum kann man in anderen Industrien konstatieren; zum Beispiel im Verlagswesen. Ein Verlag mag aus einer kleinen Zellgruppe hervorgehen und wachsen, bis er ein großes Lektorat, eine große Herstellungsabteilung und eine große Vertriebsabteilung hat, und sich Konfusionen, Mißverständnisse und Verärgerung aus Klatsch und Tratsch ergeben. Diese funktionellen Abteilungen können weiter unterteilt werden in Umschlagentwurf, Pressewerbung, Redaktion, Bildbandabteilung usw., bis niemand mehr außer dem Verlagsleiter, der ohnehin überlastet ist, den Werdegang eines Buches verfolgen kann. Oder der Verlag expandiert in der zellularen Weise: Lehrbücher, Belletristik, Geschichte und Biographien. Für jedes Gebiet ist ein Team mit einem Leiter an der Spitze verantwortlich; sie bedienen sich der zentralen Leistungen der Firma, sind aber für ihr Fach voll verantwortlich, vom Ankauf oder Bestellungen von Manuskripten über die redaktionelle Arbeit, Herstellung und Werbung bis zum Verkauf an Buchhändler. Die Zuständigkeitsverhältnisse werden bei zellularem Wachstum vom Markt bestimmt: auf dem Lehrbuchsektor zum Beispiel gewinnen die Mitglieder der Lehrbuchzelle immer größere Erfahrung. Die Zuständigkeitsverhältnisse werden bei hierarchischem Wachstum durch die interne Bequemlichkeit der Organisation bestimmt. Wenn nach einiger Zeit die Lehrbuchabteilung expandiert, kann das entweder nach dem hierarchischen Organisationssystem geschehen (Lehrbuchlektorat, Lehrbuchherstellung, Lehrbuchvertrieb) oder durch Zellteilung nach Marktgegebenheiten (Naturwissenschaft bis 12 Jahre, Englisch und Geschichte über 12 Jahre usw.). Der Unterschied liegt darin, daß der Leiter der Lehrbuchherstellung nur für den technischen Vorgang verantwortlich ist. (»Nicht meine Schuld, es hätte nie in Auftrag gegeben werden sollen, und überhaupt ist dafür auch falsch geworben worden ...«), wohingegen der Leiter der Abteilung Naturwissenschaft bis 12 Jahre für seine ganze Produktion verantwortlich ist.

Sehr viel trägt auch die Blindheit gegenüber der Notwendigkeit zur Delegation im Großunternehmen dazu bei, daß die Einrichtung von Zellstrukturen verhindert wird. Das Bild des mit Arbeit überladenen A, der es ablehnt, seinen unausgelasteten Untergebenen B irgendeine seiner Arbeiten erledigen oder seiner Entscheidungen treffen zu lassen, ist das Klischee einer unüblichen und unbedeutenden Art von Versagen. Das wirkliche Großunternehmensklischee umfaßt A, B und C. Der arme alte B ist gern bereit, an C zu delegieren, doch er fürchtet, daß ihm A Vorwürfe macht, wenn C einen Fehler begeht. Folglich läßt er C alle Entscheidungen referieren, prüft dessen gesamte Arbeit gründlich nach, irritiert ihn dadurch und reibt sich selbst auf. Delegation kann nur dann stattfinden, wenn A dem B versichert, daß manche Entscheidungen C überlassen werden müssen; und trifft C sie falsch, muß das Unternehmen ihn zur Verantwortung ziehen. Mit anderen Worten, es muß sich im Großunternehmen durchsetzen, daß es den Leitern von Zellen erlaubt ist, eigenverantwortlich zu entscheiden; daß man es von ihnen, natürlich im Rahmen der Budgetverteilung und der Unternehmenspolitik, sogar erwartet.

Solange das nicht klargestellt ist, kann auch keine Anhäufung von graphisch dargelegten Organisationsschemata eine Hierarchie in eine Zellstruktur umwandeln.

Selbstverständlich hat auch das Zellsystem gewisse Nachteile. Der Firmenleiter hat keine unmittelbare und rasche Übersicht über die täglichen Vorgänge; sein Einfluß wirkt nur auf die langfristige Planung. Das System wäre für eine kämpfende Armee unzureichend. Doch es hat vier beachtliche Vorzüge.

1. Die Zellstruktur eliminiert die Kommandoebenen-Struktur

Leistungsfähigkeit läßt sich letztlich nur an exponierten Stellen messen. Man findet die Leistungsfähigkeit einer Armee nicht im Hauptquartier, die einer Firma nicht im Chefbüro. An den entlegensten Punkten — am einzelnen Soldaten oder einfachen Legionär, am Mädchen hinter dem Schalter oder am Juniorkaufmann — kann der wirklich maßgebliche Test einer Armee oder Firma durchgeführt werden. Dort trägt alle Unterweisung und Kenntnis wichtiger Fakten und Verfahren Früchte — oder sie verkümmert.

Professor Burns in Edinburgh hat die Hierarchie so beschrieben, daß die Informationen durch eine Reihe von Filtern nach oben gehen und die Verbote und Anordnungen durch eine Reihe von Lautsprechern nach unten gelangen. Im Zellsystem gibt es diese Schichten nicht, und jede Zelle berichtet der zentralen direkt. Manche Zellen sind groß, andere klein. Niemand gibt vor, daß der Leiter einer kleinen Zelle mit dem einer großen in Gehalt und Ansehen auf einer Stufe stehe; in einer Zellstruktur kommt gar nicht erst die Vermutung auf, daß alle, die dem gleichen Vorgesetzten referieren, gleichgestellt seien. So beseitigt man auch die Notwendigkeit, den Leiter einer kleinen Abteilung aus Gründen der Status-Eifersucht (mehr als durch verfahrenstechnische Notwendigkeit bedingt) jemandem unterstellen zu müssen, der mit der Sache nichts zu tun hat.

Man kann Zellen in der Größe von Sixpences und andere in der Größe von Halfcrowns einrichten, wenn das den Beteiligten lieber ist, solange nur alle in direkter Verbindung mit der zentralen Zelle stehen. Der Generaldirektor wird gewöhnlich mit den einzelnen Zellen über eine Gruppe leitender Direktoren verkehren; sie gehören der zentralen Zelle an und vertreten ihn, sind aber keine Schicht oder Stufe für sich. Mit ihm gemeinsam bilden sie den Kommandostab, das Kabinett, das das gesamte Großunternehmen regiert. Die Leiter der Zellen stehen so in direktem Kontakt mit den Männern, die die wichtigsten Entscheidungen treffen; sie müssen nicht erst versuchen, diese Entscheidungen zu entschlüsseln, nachdem diese die verschiedensten Filter passiert haben, in denen sie ihren ursprünglichen Sinn verloren haben, ehe sie bei den Abteilungsleitern ankommen. Auf die gleiche Weise sind die Leiter der Zellen auch mit den Menschen, die im Verkauf, Innen- oder Außendienst tätig sind, direkt verbunden, beaufsichtigen sie und sind für sie verantwortlich. So haben sie die Möglichkeit, eine wichtige Information direkt an die Kommandogruppe weiterzugeben. Durch seinen unmittelbaren Kontakt mit dieser Gruppe kann der Zellenleiter auch viel besser beurteilen, welche Informationen wirklich wichtig sind.

2. Die Zellstruktur erleichtert die laterale Kommunikation

In hierarchischen Großunternehmen stößt man oftmals auf eine Unzahl von Verboten und Verordnungen, die festlegen, wer wem ohne große bürokratische Umstände schreiben oder mit ihm sprechen darf, ohne sich die ganze Stufenleiter hinauf erst die Erlaubnis dazu einholen zu müssen. Im Zellsystem hat es zum Beispiel ein Mitglied der Marketing-Zelle viel einfacher; wenn es mit jemand aus der Produktion oder in den Forschungslaboratorien etwas besprechen will, braucht es nur hinzugehen und es zu tun. Das erbringt fast immer fruchtbare Kenntnisse, Verständnis und Ideen.

Verbote und Verordnungen sind in den meisten Fällen für das Unternehmen als Gesamtheit nicht von Vorteil, obschon sie den Abteilungsbaronen, die ihre Karriere auf eine Politik der *suppressio veri*, vermischt mit gelegentlicher *suggestio falsi*, zurückführen können, sehr gelegen und nützlich sind.

3. Die Zellstruktur setzt Elan frei

Ich hatte einmal fast gleichzeitig mit zwei großen Firmen zu tun, die beide in der gleichen Branche arbeiteten. Eine davon wurde gut und mit fester Hand geführt, warf hohen Gewinn ab, war exakt geplant und funktionierte außerordentlich gut. Die andere hatte gerade mit einer Palastrevolution zu kämpfen und war über lange Zeit schlecht geführt worden; sie stellte einige gute Erzeugnisse her, andere jedoch waren veraltet; sie warf nur wenig Gewinn ab. Für mich gab es keinen Zweifel, in welche sich eine Investition lohnte, und dennoch hätte ich zehnmal lieber in der anderen gearbeitet. Die erste war, kurz gesagt, langweilig. Jedem Mitarbeiter war ein genau und feinfühlig festgelegtes Planziel gesetzt, das er durch harte Arbeit erreichen konnte; alle wurden gut bezahlt, beklagten sich nicht über die Unternehmensführung, doch der ganze Laden machte einen sterilen Eindruck. Die erfolglose Firma war aufregend und lebendig. Leute spielten mit neuen Ideen zu Produkten, die gar nicht in ihr Ressort gehörten; sie diskutierten die Verfahren, kritisierten die Entscheidungen der Unternehmensführung, trafen eigenverantwortlich Entscheidungen, die eigentlich der Leitung oblagen; aber sie waren lebendigere, ausgefülltere Menschen. Nicht alle natürlich, auch bei ihnen gab es eine Anzahl langweiliger und unentschlossener Leute; trotzdem, es war anregend, der Firma anzugehören. Man kann aus dieser Geschichte keine Moral ableiten; besonders, da die gut funktionierende Firma auf Jahre hinaus einen hohen Kapitalertrag abwirft und die erfolglose nicht überleben kann. Doch die erfolgreiche

Firma kann in eine gefährliche Starrheit hineinsteuern und die wirklich brillianten Köpfe ausschließen. Einer meiner Freunde pflegte zu sagen, daß die Stellen, die befriedigen, desto knapper sind, je umfangreicher die Organisation ist; von der zweiten Firma her beurteilt, kann man sagen, daß Stellen, die befriedigen, um so häufiger sind, je größer die Desorganisation ist. Die Zellstruktur rechtfertigt die größten Hoffnungen, den Elan der zweiten Organisation mit dem Ertragserfolg der ersten zu vereinen.

4. Die Zellstruktur zielt mehr durch Vielfältigkeit als durch Konformität auf Erfolg

Anstelle einer einheitlichen Hierarchie, in der sich alle Führungskräfte gegenseitig in ihren Vorurteilen bestärken, gibt es eine Anzahl nahezu autonomer Zellen, deren einzelne Leiter verschiedene Einstellungen und Begabungen repräsentieren. Der Unterschied zwischen der geschlossenen und der liberalen Gesellschaft ist der einer geschlossenen Gesellschaft etwa des Ming-China, Englands um die Jahrhundertwende, Frankreichs zur Zeit Ludwigs XIV. und Ludwigs XV., und der liberalen Gesellschaft etwa der USA. Die geschlossene Gesellschaft ist unfähig, Wandlungen zu begegnen, wird weltfremd, erkennt nicht die Entwicklung der Lage und bricht letztlich zusammen. In der offenen Gesellschaft kann jeder in die höchsten Kreise aufsteigen, sie sind nicht privilegierten Gruppen oder Klassen vorbehalten; sie ist ist wandlungsfähig und kann sich den Verhältnissen anpassen. Treten radikale Wandlungen ein, so gibt es in einem Unternehmen mit Zellstruktur immer einige Zellen, die das sofort erkennen und in der Lage sind, Nutzen daraus zu ziehen. Sie werden die neuen Wachstumszellen, ihr Gewinnertrag gleicht das Absterben anderer Zellen aus, sie üben Einfluß aus und treffen die Entscheidungen für die Zukunft; die Firma bezieht die Revolution ein und reitet auf ihrer Welle, anstatt sich ihr zu widersetzen und von ihr zerschlagen zu lassen.

Zwar kann man eine Zellstruktur auch graphisch darstellen — man zeichne eine Anzahl Kreise, vielleicht verschiedener Größe, die alle mit dem Kreis in ihrer Mitte verbunden sind —, doch ist sie weit mehr eine Geisteshaltung als ein Diagramm. Viele Manager, die ihre Organisation als Stammbaumhierarchie darstellen würden, arbeiten tatsächlich auf eine dem Zellsystem weitaus verwandtere Weise. Die hierarchische Verhaltensweise offenbart sich in Redensarten wie: »Dieses Memorandum muß über mich laufen«, »Ich muß benachrichtigt werden, wenn jemand aus Ihrer Abteilung hierher kommt«, »Wenn Sie mit meinem Untergebenen sprechen wollen, muß ich anwesend sein«, und das Zell-Verhalten wird sichtbar in Äußerungen wie: »Warum geben Sie ihm das nicht selbst?«, »Ich brauche doch nicht bei diesem Treffen dabei zu sein, nicht wahr?«, »Kommen Sie wieder zu mir, wenn Sie neue Munition brauchen«, »Vielleicht wäre es besser, wenn Sie erst einmal bei den Marketing-Leuten nachfragten?«.

Der Unterschied zwischen Zellstruktur und hierarchischem System ist wie der von Tag und Nacht; er äußert sich besonders im Gefühl der Sicherheit oder Unsicherheit bei den Managern. In einer Hierarchie sind die meisten Manager von denjenigen, auf deren Meinung ihre Reputation sich letztlich gründet, durch einige Schichten Vorgesetzter getrennt. Daher haben sie das Gefühl, daß sie nach dem beurteilt werden, was aus Memoranden, den Äußerungen Vorgesetzter oder auf Konferenzen über sie gefolgert werden kann. Das macht sie zu Eindruckschindern, da sie nach ihrem Auftreten beurteilt werden. Sie argwöhnen, daß jede Kenntnis ihrer Handlungen als Beweis gegen sie verwandt werden könnte; und wenn sie einmal sehen, daß einer ihrer Untergebenen mit dem Chef spricht, bekommen sie bereits Magenschmerzen. Im Zellsystem gibt es diese isolierenden Schichten nicht, der Chef oder sein Kabinett in der Zentralstelle sprechen mit allen Zellenleitern und vielen von deren Vertretern; so haben die meisten Manager das Gefühl, mehr nach ihrer persönlichen Wirkung beurteilt zu werden als nach den Aussagen anderer oder dem Anschein, den sie auf dem Papier erwecken.

Es ist schwer, über die Zellstruktur zu schreiben und nicht in den Geruch zu kommen, sie allen großen Firmen anraten zu wollen; sie ist in der Tat nicht für alle geeignet. Eines der schwierigsten Probleme der Führung von Großunternehmen besteht darin, die finanziellen Vorteile der Größe zu erzielen, ohne die verwaltungstechnischen Vorteile, die ein kleines Unternehmen hat, zu opfern. Die wohl beste Art, dies zu erreichen, besteht darin, aus den Köpfen der Manager das hierarchische Denkmodell zu beseitigen; oder ihnen wenigstens einen Begriff von Zelle und zentraler Zelle, von Kloster und Ordenshauptquartier, von Kolonien und Mutterland als mögliche Alternative zu vermitteln.

10. Kapitel

DER SCHÖPFERISCHE MANAGER

Es läßt sich heute nicht mehr ändern, doch »Manager« ist ein beleidigendes und schmälerndes Wort. Im Unterton meint es jemanden, der vom Besitzer eingesetzt wird, um den Betrieb in Gang zu halten, während der Besitzer nicht anwesend ist. »Direktor« hat eine Aura der Wohlhabenheit, und sogar »Arbeiter« hat eine schmucklose Würde; Manager jedoch klingt fast wie eine Beschönigung von Aufseher. Er denkt weder, noch führt er aus, er ist eben bloß ein Manager. Ich nehme an, das geht auf die Zeit zurück, als er tatsächlich nur ein Manager war. Der Mühlen- oder Minenbesitzer wollte, daß ein und derselbe gleichbleibende Arbeitsvorgang an verschiedenen Orten ständig und gleichzeitig ausgeführt wurde; alle Arbeitsstätten konnte er selbst nicht überwachen, und so stellte er jemanden aus der Arbeiterklasse ein, der in seiner Abwesenheit dem Betrieb vorstehen konnte und der in der Lage war, die unangenehmeren Tätigkeiten des Arbeitgebers auszuüben.

Natürlich können Worte ihren Sinn ändern und über ihre ursprüngliche Bedeutung hinauswachsen. Aber manchmal benutzen sie diejenigen, die von ihnen bezeichnet werden, als eine Zuflucht und bewahren so ihre pejorative Nebenbedeutung. »Verwalter« läßt sich hierfür als treffendes Beispiel anführen. Bedienstete in Behörden und in großen Unternehmen haben sich viele Jahre lang hinter diesem Wort verschanzt und den Begriff der Verwaltung in einem verschleiernden Sinn angewandt, um zu rechtfertigen, daß sie Spitzengehälter beziehen, ohne eine Führungsfunktion auszuüben. Heute scheint die Gefahr zu bestehen, daß sich Manager hinter dem Wort »Management« verschanzen, um zu verhindern, daß schöpferische Kraft von ihnen gefordert wird. Zweifellos ist es wahr, daß auch das Wort Kreativität einen wenig wünschenswerten Beigeschmack bekommt. Langmähnig, clever, verantwortungslos, Leute, die der Manager mit Samthandschuhen anfassen muß, weil sie sich nur schwer einordnen lassen, die launisch, aber dennoch in irgendeiner Weise notwendig, sogar unentbehrlich sind. Sie bilden eine Art Kolonie privilegierter Exzentriker: »Die kreativen Knaben werden mir das Kind schon schaukeln«, »Damit sind die Kreativen zu mir gekommen«, »Er ist ein prima Kerl, aber, na ja, du weißt doch, wie diese kreativen Leute sind«. Dem Manager kommt es ungeheuerlich vor, daß die Zukunft des ganzen Geschäfts auf einer so wankelmütigen und nicht durchschaubaren Grundlage ruhen soll, wie sie es scheinbar tut. Er führt schließlich den Titel des Managers; der hat bestimmt nicht den Makel der Kreativität und ist das beste Argument gegen eventuell von ihm verlangte schöpferische Kraft.

Im Gegensatz zum Verwalter würde ein Manager eine Bezeichnung als Leiter keinesfalls ablehnen: Teamleiter, Gruppenleiter, Projektleiter, alles völlig akzeptable Begriffe. Einen »Verwalter« könnte es erschrecken, aber einen Manager beglückte die Vorstellung, Chef zu sein. Und dennoch macht der Führung, besonders in den höchsten Spitzen, ein Wandel mehr und mehr zu schaffen. Die Zeiten, in denen eine Firma über drei Generationen Waschwannen, Badewannen und Schachtdeckel in drei immer gleichen, geheiligten Arten gewinnbringend absetzen konnte, sind vorüber. Wandel ist zum Hauptproblem des Top-Management geworden. Planungen des Firmenwachstums müssen auf projektierte Wandlungen des Wohlstands, des Geschmacks, der Technologie, der Nachfrage, Geburtenrate, der Gewohnheiten, der Bevölkerungsverteilung, Energieversorgung, Rohmaterialproduktion und anderer Überlegungen abgestimmt werden. Wie sich diese Faktoren wandeln, so muß es auch das Vorgehen der Firma tun, um den Verhältnissen gerecht zu werden. Wandel kann aber nur von zweierlei Art sein, entweder imitativ oder kreativ. Man kann sich in einer Weise wandeln, in der sich bereits andere Menschen gewandelt haben, oder man kann es auf eine neue Weise tun. Man kann nachfolgen oder führen. Man kann warten, bis man herausgefunden hat, wie andere Unternehmen mit Veränderungen fertig geworden sind oder sie durch Vorausplanung für sich ausgenutzt haben, und wie sie dann verfahren, oder man kann sich selbst etwas Originelles ausdenken, auf das andere noch nicht verfallen sind. Wenn man das tut, ist man im besten Sinne des Wortes schöpferisch. Wandel ist kein Nebengleis der Führungsarbeit, er ist das Kernmoment von Führung überhaupt. Einen Mann, der die Dinge in dem Zustand belassen hat, in dem er sie vorfand, als »große Führungspersönlichkeit« zu bezeichnen, wäre ein Widerspruch in sich selbst. Ein Führer kann die Landkarte Europas, die Frühstückssitten eines Volkes oder die Kapitalstruktur eines Ingenieurunternehmens verändern; in jedem Fall ist Veränderung das Kernmoment von Führung, und Veränderungen als erster durchzuführen, macht Kreativität aus.

Kreativität braucht, wie es in der öffentlichen Meinung der Fall ist, überhaupt nichts mit langen Haaren und schmutzigen Fingernägeln zu tun haben, sondern kann genausogut mit grauen Flanellanzügen und Nadelstreifen in Verbindung gesehen werden. Kreativität ist nicht wie Knie mit Gummigelenken oder Telepathie ein seltenes Attribut des Menschen; sondern sie ist eine ganz normale Begabung wie Intelligenz oder Fingerfertigkeit, wie man sich von jedem Lehrer von Erstkläßlern bestätigen lassen kann. Wenn die meisten Lehrer Achtzehnjähriger das bezweifeln, so wirft das ein Licht auf unsere Erziehungsmethoden, nicht auf die Kinder. Ein großer Teil der Manager sind in der Tat schöpferische Menschen, doch die meisten Menschen neigen bei einer solchen Feststellung dazu, stutzig zu werden, weil Manager nicht wie Maler oder Dichter aussehen. Das tun die meisten *guten* Maler oder Dichter auch nicht, da wir gerade bei ihnen sind, doch es gibt eine präraffaelitische, stereotype Vorstellung, der gleichzukommen von schöpferischen Menschen einfach erwartet wird.

Arthur Koestler erklärt Kreativität in *Der göttliche Funke* [13] als Ergebnis einer Bisoziation; dabei werden zwei unzusammenhängende Fakten oder Ideen zu einer einzelnen, neuen Vorstellung verbunden. Natürlich ist Bisoziation ein Grundbestandteil großer Kunst, wenn sie von einem großen Künstler praktiziert wird. Die beiden unverbundenen Vorstellungen, daß eine Armee eine andere schlägt und ihre Fahne dort aufstellt, wo zuvor die der anderen Armee gestanden hat, und die der Blässe des Todes, die dem Gesicht eines sterbenden Mannes das Blut entzieht, hat Shakespeare auf folgende Weise schöpferisch vereint:

> »Noch bist du nicht besiegt: der Schönheit Fahne
> Weht purpurn noch auf Lipp' und Wange dir;
> Hier pflanzte nicht der Tod sein bleiches Banner.« — [14]

Bisoziation kann auch zu einer Entdeckung führen; so geschah es, als Newton über die Anomalien in den Planetenbahnen nachdachte und im Garten einen Apfel fallen sah; so stieß er auf die Gravitationstheorie. Oder sie kann zu einer Erfindung führen. Koestler zitiert den Fall Gutenbergs, der, als er nach Reproduktionsmöglichkeiten für das geschriebene Wort suchte, sah, wie Wein in einer Presse gekeltert wurde, und plötzlich die Druckpresse als Lösung seines Problems vor Augen hatte.

Dies sind spektakuläre Beispiele für Kreativität. Nur wenige schöpferische Ideen von Managern dürften wohl solch dauerhaften Ruhm erlangen. Doch schöpferische Ideen werden zu allen Zeiten entwickelt. Zum Beispiel das einfache Problem, das ein Kino-Parkplatz mit sich bringt: Die wirtschaftlich errechnete Parkgebühr liegt bei zwei Schillingen pro Wagen, doch das Kinounternehmen möchte Besucher dadurch werben, daß es nur einen Sixpence berechnet. Wie aber soll es ermitteln, welche Parkplatzbenutzer auch die Vorstellung besuchen? Allen ins Kino folgen? Sie fragen, aber den Gerissenen nicht glauben? Die Antwort, die ein schöpferischer Manager fand, lautete: allen Fahrern zwei Schillinge berechnen und ihnen einen Parkschein geben, aufgrund dessen jeder von ihnen für die laufende Vorstellung die Differenz zu den Sixpence als Ermäßigung erhält. Diese Lösung mag sich mit dem Gedankenflug von Shakespeare und Newton nicht messen können, sie ist aber deshalb in ihrer Art nicht weniger schöpferisch.

Die universelle Natur von Kreativität wurde mir klar, als ich vom Fernsehen weggegangen war und mich mit einem Projekt befaßte, das die genaue Untersuchung einer Maschinenfabrik verlangte. Das Fernsehen genießt den Ruf, viele schöpferische Menschen zu beschäftigen, der Maschinenbau nicht. Nunmehr aber wurde mir nach etwa einer oder zwei Wochen klar, daß ein Fernsehprogramm und ein ingenieurtechnisches Produkt im wesentlichen den gleichen Entwicklungsprozeß durchlaufen und die verantwortlichen Menschen nahezu über die gleichen Fähigkeiten verfügen müssen. Dem Entwurfsingenieur wird in ein paar allgemeinen Sätzen umrissen, was er entwickeln soll: Für mittelgroße Rasenflächen einen leichten, kleinen Motormäher, der etwa dreißig bis fünfunddreißig Pfund kosten soll und von dem wöchentlich etwa zweihundert Stück verkauft werden können. Solche Angaben erhält auch der Fernsehautor oder Produzent: Er soll eine Thriller-Serie entwerfen, die zweimal wöchentlich zwischen 18.30 und 19.00 Uhr ausgestrahlt werden kann, zehn bis fünfzehn Prozent des Publikums anspricht und nicht mehr als 4.500 Pfund pro Woche kosten soll. Der Ingenieur wie der Autor gehen nach Hause, lesen ein bißchen zum Thema, diskutieren über die Aufgabe, überprüfen vielleicht diesen oder jenen Punkt und legen schließlich einen Entwurf vor. Ist dieser vielversprechend, erhält der Ingenieur den Auftrag zu einem Prototyp, und Fernsehautor und Produzent sollen eine Mustersendung herstellen. Wenn sie damit erfolgreich sind, stehen beide vor dem gleichen Problem: Es ist durchaus bewiesen, daß diese klugen Burschen — nachdem sie viel Zeit, Fähigkeiten und Hirnschmalz investiert hatten — ein Programm/ Modell, das den Anforderungen gerecht wird, herstellen können; aber können die Mitarbeiter im Studio, die Fertigungsingenieure für die Serienproduktion zu den veranschlagten Kosten die gleiche Qualität garantieren? So geht die Fabrik an die Entwicklung der Serienfertigung, und die Fernsehgesellschaft genehmigt fürs erste eine Folge von sechs Sendungen; während dieser Zeit werden schiefe Gags eliminiert und Veränderungen vorgenommen, die die Fließbanderzeugung erleichtern.

Natürlich sind die Unterschiede der Vorbildung, des Wissens und Fähigkeiten der beteiligten Menschen riesig, doch die Anforderungen an ihre Kreativität sind die gleichen: Trotzdem werden Menschen, die irgendwie literarisch schöpferisch tätig sind, als »kreative Menschen« anerkannt, diejenigen, die auf mathematischem oder technischem Gebiet schöpferische Leistungen vollbringen, jedoch nicht. Und genauso, wie manche Manager sich hinter dem Begriff »Manager« verschanzen, um sich der Verantwortung der Kreativität zu entziehen, verstecken sich manche schöpferischen Menschen hinter dem Wort Kreativität, um zu entschuldigen, daß sie ihr Budget überziehen, die Termine nicht einhalten und nie verfügbar sind, wenn sie gebraucht werden. Doch es müssen keinesfalls die besten von ihnen zu sein, die das tun. Nach meiner Erfahrung sind Leistungsfähigkeit und Tüchtigkeit genauso Attribute der hervorragendsten schöpferischen Menschen, wie Kreativität ein Attribut der besten Manager ist. Jene, die ihre Kreativität vorschützen, um ihre Faulheit zu verbergen, sollten in ihren »poetischen Lizenzen« einen entsprechenden Vermerk erhalten.

Der wichtigste schöpferische Akt war jedoch sowohl im Falle des Rasenmähers wie in dem des Fernsehprogramms bereits vollzogen, bevor der Ingenieur und der Autor überhaupt mit ihrer Arbeit begannen: der Einfall, daß für ein solches Produkt ein Bedarf besteht und ein Gewinn zu erzielen ist, wenn man es liefert. Ist diese Vorstellung falsch, so wird das Produkt ein Mißerfolg, wie gut die darin investierten schöpferischen Ideen auch sein mögen. Der Mann, der für diese Idee die Verantwortung trägt, ist der Manager — der schöpferische Manager. Das heißt nicht, daß er alle Ideen selbst haben muß, oder die meisten von ihnen. Um jedoch auf einem Gebiet arbeiten zu können, auf dem soviel von Kreativität abhängt, muß er seine eigenen schöpferischen Fähigkeiten ständig in Alarmbereitschaft halten. Bereits die Entscheidung für eine von mehreren Alternativen ist schöpferisch. Zwar ist dies nicht notwendig kreativ: Es gibt schöpferische wie unschöpferische Arten des Entscheidens. Ein einfaches Beispiel gibt der Bildredakteur, der ein Bild vom Times Square haben möchte, um eine Geschichte oder einen aktuellen Bericht zu illustrieren. Von vierzig Photos, die ihm aus dem Bildarchiv vorgelegt werden, sucht sich der unschöpferische Geist dasjenige aus, das ihm am besten zu passen scheint. Der schöpferische Redakteur schafft sich zuerst eine Vorstellung von der Art der Stimmung und Information, die das Bild vermitteln soll, und sieht sich dann alle vierzig Photos darauf hin an, ob eines von ihnen paßt. Vielleicht eignen sich einige, vielleicht aber auch keines, und dann wird er einen Photographen der Redaktion beauftragen oder bei Agenturen anfragen. Oder denken Sie an die Reinigungsfirma, die eine Anzahl Lieferwagen bestellt: Da sie Abendgarderobe auf Bügeln hängend transportiert, muß der Laderaum eine lichte Höhe von mindestens 1,5 m haben. Der unschöpferische Geist wählt aus dem Angebot solcher Wagen denjenigen Typ, der den Erfordernissen am besten gerecht wird; der schöpferische jedoch hat eine genaue Vorstellung von dem, was er benötigt, und diese Vorstellung schließt nicht jene teure Breite und Motorstärke ein, die normalerweise bei der genannten lichten Höhe ebenfalls gegeben sind. Er sucht nach einem schmalen, leichten Wagen, der jedoch innen 1,5 m hoch ist; folglich bewegt er den Autohersteller, auf seinen billigsten Lieferwagen ein erhöhtes Dach zu setzen und spart dadurch nicht nur einige tausend Pfund, sondern noch viel mehr an Benzin, Unterhaltungskosten, Garagenmiete, Steuern und Amortisation.

Besonders beim Überprüfen von Vorschlägen anderer müssen Manager ihr schöpferisches Talent beweisen. Der unschöpferische Manager prüft Vorschläge nur in ihrem gegebenen Rahmen — vielleicht stellt er die vorgeschlagene Lösung in Frage, doch nicht das Problem als solches, das er lösen soll. Der schöpferische Manager durchdenkt das Problem selbst und arbeitet das eine oder andere Element, das jede Lösung beinhalten muß, heraus, ehe er sich mit den einzelnen Vorschlägen beschäftigt. So kann er herausfinden, daß die vorgeschlagene Lösung in sich zwar stimmt, ein Teil der

Problemstellung jedoch übersehen oder ausgelassen wurde. Der unschöpferische Geist ist zwar in der Lage, falsche Lösungen zu erkennen, doch es bedarf des schöpferischen, falsche Problem- und Fragestellungen herauszufinden. Das ist besonders wichtig, wenn man an die Art von Vorschlägen und Entwürfen denkt, die in zahlreichen Unternehmen erörtert werden. Ich habe selbst eine ganze Anzahl solcher Entwürfe geschrieben und erhalten. Dabei wurde mir klar, daß die tatsächliche Begabung nicht darin liegt, eine Lösung des Problems, das man hat, zu finden, sondern die Problematik der Lösung zu erkennen. Die Lösung ist einfach: die Summe der Mittel, durch die man seine eigene Macht, Sicherheit, Freiheit und Stellung vergrößern und verbessern möchte, während man unwillkommene Verantwortung und Arbeiten abgibt. Die Begabung zeigt sich darin, all dies so erscheinen zu lassen, als handle es sich um die unvermeidlichen Schritte zur Lösung eines einzigartigen und schwerwiegenden Problems, das die ganze Abteilung oder Firma bewegt.

Ein weiterer höchst wertvoller Kunstgriff ist der: »Entweder wir müssen eine verringerte Wachstumsrate hinnehmen, oder der Marketing-Abteilung erheblich erweiterte Vollmachten zugestehen.« Der schöpferische Geist fängt sofort an, einige noch nicht erwogene Alternativen zu erdenken; der unschöpferische neigt dazu, gleich in die Falle zu gehen.

Wenige Manager würden die Notwendigkeit dieser Art von Urteil und Verhalten anzweifeln, doch wenn man sie kreativ nennen würde, schöpften sie sofort Verdacht, man stelle sie mit einem weichlichen Art Director oder einem überspannten Schriftsteller auf eine Stufe. Dennoch sprechen Historiker ganz selbstverständlich vom schöpferischen Staatsmann. Diesen Begriff hat A. J. P. Taylor auf Churchill und Lloyd George angewandt. Wenn wir einmal soweit sind, Kreativität nicht als eine mutationsbedingte Mißbildung, sondern als selbstverständliche Eigenschaft einer ausgewogenen Persönlichkeit anzusehen, werden wir vielleicht auch einen Manager kreativ nennen können, ohne daß das Wort als Beleidigung — vielleicht sogar als Kompliment aufgefaßt wird.

11. Kapitel

SCHÖPFERISCHER VERKEHR

Kreativität war in der Industrie zu keiner Zeit ein unwesentlicher Faktor, doch hatte sie noch nie eine solche Bedeutung wie heute. Der Grund dafür ist einfach: das Tempo des Wandels, der Veränderung. Auf zwei Gebieten beherrscht der Wandel das Denken des Industriellen, des Managers: Auf dem der Technologie und dem des Marktes, was er erzeugen kann und was Menschen kaufen wollen, Angebot und Nachfrage. Der technische Fortschritt eröffnet ihm ständig neue Möglichkeiten: Entweder kann er neue Techniken, Herstellungsverfahren, Werkzeuge und Materialien verwenden, oder alte zu neuen, niedrigen Preisen zur Herstellung neuer Produkte benutzen. Die Nachfrage der Verbraucher ändert sich ebenfalls ständig in dem Maße, in dem die Menschen wohlhabender werden und sich neue Produkte leisten können oder der technische Fortschritt ihnen ältere oder bessere erschwinglich macht. Es kommt ein Zeitpunkt, an dem zum Beispiel die Kosten der Kunststofformung sinken und die Arbeits- und Transportkosten steigen, an dem es dann billiger ist, Milch in Kunststoff-Einwegflaschen statt in Pfandflaschen aus Glas zu vertreiben. Es kommt ein Zeitpunkt, an dem die Preise von Tonwiedergabegeräten sinken und der Markt für Heimkinoeinrichtungen wächst, an dem es gewinnbringend wird, Filmeinrichtungen mit Synchronton allgemein anzubieten. Es kommt ein Zeitpunkt, an dem die Druckkosten in Großbritannien steigen und die europäischen Frachtraten sinken, an dem es billiger wird, englische Bildbände in der Tschechoslowakei herstellen zu lassen. Ja, aber es muß schließlich jemand darauf kommen. Alles wird klar, wenn man nur die beiden wirklich relevanten Fakten betrachtet und nichts sonst; aber für die Menschen in der Industrie sind das nur zwei von Tausenden von Fakten, die ihnen ständig gegenwärtig sein müssen. Die zwei wesentlichen Fakten zu verbinden und ein neues Produkt zu schaffen oder den Preis eines alten Produkts zu senken, erfordert einen Akt der Bisoziation, eine schöpferische Handlung; und zu einer schöpferischen Handlung bedarf es eben einer kreativen Persönlichkeit.

Daher ist es zwangsläufig wichtig zu wissen, unter welchen Bedingungen schöpferische Menschen am besten arbeiten und wie die Entwicklung guter, neuer Ideen gefördert werden kann. Wenn auch die allgemeine Vorstellung von dem kreativen Menschen als Einzelwesen vorherrscht, dem Maler in seinem Atelier, dem Dichter in der Mansarde, so gehören dennoch zwei dazu; ein männlicher und ein weiblicher Teil, Vater und Mutter. Der Nachwelt erscheint die Decke der Sixtinischen Kapelle als ein alleiniges Werk des Michelangelo; doch bevor er mit der Arbeit begann, führte er eine langwierige Diskussion mit seinem Patron, Papst Julius II., dem Auftraggeber des Bildes, und wechselte mit ihm über fünfzig Briefe. Diese Erörterungen gingen um wichtige praktische Fragen: Größe, Thema, dargestellte Figuren, den Entwurf im allgemeinen und so weiter. Edgar Wind [15] führt aus, daß es außer der Zeit, in der der Künstler ohne Störung und allein arbeiten muß, um sein Kunstwerk zu schaffen, davor eine Zeit gibt, in der er der Ideen, Fakten, Anleitung und praktischen Vorschläge bedarf. Im Falle der Sixtinischen Kapelle sorgte Julius II. für diesen Teil, wirkte als Vater, während Michelangelo als Mutter fungierte.

Nur wenige der wohlhabenden Großunternehmen, die für ihre neuen Gebäude Skulpturen oder Fresken in Auftrag geben, bemerken überhaupt, daß Patronat mehr bedeutet als einem anerkannten Künstler Schecks auszustellen. Daher stehen vor beeindruckenden Gebäuden oft solche befremdlichen, belanglosen Stein- und Eisengebilde. Zwar beschäftigen nur wenige Industrien Menschen wie Julius II. und Michelangelo, aber sie benötigen die gleiche schöpferische Paarung, um neue Formen zu entwerfen und Pläne hervorzubringen.

Der Vorgang ist tatsächlich dem Geschlechtsverkehr in beunruhigender Weise verwandt. Der männliche Teil, der Vater, sagen wir der Leiter der Produktionsplanung, bringt den Samen in Form der Idee, und er läßt den Fachmann der Projektentwicklung zu sich kommen. Das Zusammentreffen wirkt auf beide stimulierend. Nach einigen einleitenden Worten rund ums Thema steigt die Spannung, bis der Samen der Idee vom männlichen Teil herausgeschleudert und vom weiblichen Teil empfangen worden ist; dann ruhen beide in einem Stadium euphorisch kreativer Erschöpfung aus und gehen miteinander aus, um einen zu trinken. Doch die Idee beginnt bereits, sich im weiblichen Teil, in der Phantasie des Designers, zu entwickeln und zu wachsen. Er geht fort und nährt sie, während der männliche Teil, der schöpferische Manager, die notwendige Nahrung, Unterstützung und Geborgenheit gewährleistet, bis das Geisteskind geboren ist. Obgleich das Produkt noch ein Kind ist, muß der Vater darauf achten, daß es gut erzogen und geschult wird, während die Mutter weiterhin auf sein Wachstum und seine Ernährung achtet, bis es letztlich ein fertiges Produkt in den Läden ist und sie es seinen Weg in der Welt allein zurücklegen lassen können.

Vielleicht sollte hier rasch klargestellt werden, daß es sich um eine Parallele in dem Entwicklungsprozeß, nicht in der Natur der Dinge handelt. Der Vergleich soll keinesfalls besagen, daß jemand, der eine Idee entwickelt, die ihm ein anderer eingepflanzt hat, von weiblicher Natur sei. Im Gegenteil, die Menschen, die am besten Anregungen empfangen können, sind auch jene, die sie am besten anderen einpflanzen können. Der schöpferische Prozeß vollzieht sich immer in beiden Richtungen; jemand, der eine kreative Idee von jemand anderem empfängt, muß oftmals eine Reihe weiterer schöpferischer Menschen befruchten, ehe ein fertiges Produkt herausgebracht werden kann. Natürlich gibt es in der Industrie auch keine schöpferische Monogamie. Ein Männchen kann eine ganze Anzahl Weibchen befruchten, und es gibt viele schöpferische Deckhengste in der Industrie; sie spielen weit mehr die Rolle des Mannes als die des Weibes. Zu ihnen gehören einige der besten Manager.

Ärgerlich ist nur, daß die Rolle des Deckhengstes von denen, die mit der Produktion zu tun haben, nicht recht verstanden und gewürdigt wird, weil der Anteil der Stute am Nachkömmling allen im Unternehmen klar ist. Ihnen fällt vielleicht auf, daß der Sprößling keine Rennen gewinnt, wenn die Stute mit einem anderen Hengst zusammengebracht worden ist, wenn der Designer in einer anderen Abteilung arbeitet. Ich habe erfahren, daß Hengste in der Industrie unterbewertet werden — man vergleiche nur die Preise für Hengste und Stuten auf Vollblutauktionen miteinander. Noch andere Lehren lassen sich ableiten: Zum Beispiel darf man nicht zwei Hengste gleichzeitig mit denselben Stuten zusammenbringen, wenn man Unannehmlichkeiten vermeiden will. Wünscht man eine bestimmte Art von Nachkömmling, so kreuze man die richtige Stute mit dem richtigen Hengst; wenn man Lastwagen für den Mittleren Osten bauen will, dann sollte sich der Designer erst mit dem Verkaufsleiter für den Mittleren Osten beraten, ehe er sich zur Entbindung an sein Zeichenbrett zurückzieht.

Auch führt nicht jede Paarung zu einer Empfängnis, nicht einmal dann, wenn nichts unternommen wird, um sie zu verhindern. Findet die Empfängnis aber doch statt, so hat sie manchmal Totgeburten und verkrüppelte Kinder genauso wie gelegentliche Abtreibungen zur Folge. Viel hängt von den eugenischen Faktoren, von der Qualität der Stute und des Hengstes ab, viel aber auch davon, weshalb überhaupt die Entscheidung getroffen wurde, ein Kind zu zeugen. Um Veränderungen gerecht zu werden, natürlich: Aber welche Art von Veränderung gab den Impuls für diese Entscheidung?

Es gibt zwei Wege, um nach einer neuen Idee zu suchen: nach innen oder nach außen zu blicken, zu untersuchen, was man herstellen kann oder was die Menschen wünschen, was man liefern kann oder was gefragt ist. Es scheint auf der Hand zu liegen, daß gute Produkte sich am Bedürfnis, das nach ihnen besteht, orientieren müssen; sie müssen sich aus den Wünschen der Menschen ergeben und nicht daraus, daß man sie herstellen kann. Gewiß würde niemand eine neue Fabrik gründen, ohne sich vorher klar zu sein, daß für deren Produkte auch ein Bedarf besteht. Viel stärker als neue Firmen sind jedoch die älteren der Häresie ausgesetzt, sich an ihren Produktionsmöglichkeiten zu orientieren. Den klassischen Fall lieferte die britische Baumwollindustrie, die sich beinahe dadurch selbst zerstörte, daß sie in Begriffen dachte, was sie liefern konnte. »Wir spinnen und verweben Baumwolle« war ihr Leitgedanke, und alle neuen Ideen mußten aus ihm abgeleitet werden — es hatten Ideen zu sein, mit deren Hilfe die Baumwolle verkauft wurde, welche die Fabriken produzierten. Doch »Wir spinnen und verweben Baumwolle« ist eine Feststellung, die sich aus dem nach innen gerichteten Blick ergibt, aus dem Denken in Webstühlen und Spindeln. Man überließ es anderen, neue Strick- und Webverfahren sowie Chemiefasern zu entwickeln. Hätte die Baumwollindustrie nach außen auf ihren Markt geblickt, so wäre sie zu einer anderen Feststellung gekommen, nämlich: »Menschen tragen Kleider«. In diesem Fall hätte sie von Anfang an gewirkte Stoffe und Chemiefasern in ihr Produktionsprogramm einbezogen.

Für das Ausgehen von Marktgegebenheiten und nicht von denen der Produktion ist der Krieg Preußens gegen Österreich eines der besten Beispiele. Bismarck sagte nicht: »Da habe ich nun eine Armee, wie kann ich sie einsetzen, um Preußen zu einer ebenso großen Macht zu machen wie Österreich?« Er beschritt den anderen Weg und entschied, daß die Einigung der norddeutschen Staaten unter Preußens Führung zu diesem Ziel führen müsse; zu dieser Einigung hielt er wiederum einen Sieg über Österreich für erforderlich. Nachdem er so bestimmt hatte, was der Markt erforderte, befragte er seinen Produktionsmanager über die Möglichkeiten, das Produkt herzustellen, oder, um es genauer zu formulieren, er fragte General von Moltke, ob es sich herstellen ließe. Moltke erwiderte, daß es möglich sein müsse, wenn Frankreich neutral bliebe und man sich mit Italien verbündete. Bismarck handelte diese Bedingungen aus, und Moltke entwarf seinen Plan. Mit anderen Worten, die Nachfrage wurde als das Gegebene vorausgesetzt und das

Angebot darauf abgestimmt. Selbstverständlich muß die Fabrik das Produkt erzeugen können, wenn auch die gute Idee dazu aus den Marktgegebenheiten erwächst, genauso wie eine schlechte Idee, wenn sie an der Fabrikation orientiert ist, für ein Produkt brauchbar sein kann, das ein paar Menschen kaufen. Die Frage lautet nur, was man als unveränderlich und was als veränderlich annimmt; ob man sagt: »Wir können unsere Fabrikation nicht umstellen, also laßt uns versuchen, die Menschen zum Kauf unserer Produkte zu überreden«, oder ob man sagt: »Gut, die Menschen würden so etwas sicherlich gern haben, also stellen wir es her«.

Wenn zwischen Angebot und Nachfrage kein rechtes Verhältnis besteht, hat man offenbar keine andere Wahl, als das eine zu ändern, um es dem anderen anzupassen. Ärgerlich ist daran nur, daß eine Änderung des Angebots viel Überlegung, Arbeit und Risikobereitschaft bedarf. Sie kann eine Neuausrüstung von Fabriken, Umschulung des Verkaufsstabes, Einrichtung einer neuen Forschungsabteilung, Marktforschung, Veränderung der Personalstruktur und eine ganze Reihe anderer komplizierter und mühsamer Arbeiten bedeuten. Deshalb ist auch die Aussicht, die Nachfrage dem Angebot anpassen zu können, so verlockend, und einem großen Teil der Werbebranche geht es gut, weil von ihr behauptet wird, das könne die Lösung sein. Sicherlich kann die Werbung ein Angebot mit einer Nachfrage verbinden und wahrscheinlich auch eine latente Nachfrage wecken; doch gibt es keinerlei Beweise dafür, daß sie einen Bedarf schaffen kann, der nicht schon vorhanden ist. Die andere Art, die Nachfrage zu wandeln, ist von Galbraith [16], Vance Packard [17] und anderen beschrieben worden: Veränderung der Form- und Farbgebung, der Verpackung; man aktiviert einen Faktor, der Dinge strukturell, geschmacklich oder modisch rasch veraltet erscheinen läßt. Das ermöglicht Fabrikation und Angebot beizubehalten, während man nur die graphische Abteilung zu reorganisieren braucht. Augenscheinlich funktioniert das Verfahren, wenigstens zeitweise; doch gibt es noch eine andere Möglichkeit, diejenige nämlich, Produktion und Angebot umzustellen. Eine schwedische Zigarrenfabrik, die starke Absatzeinbußen erlitt, hätte große Summen in die Werbung stecken können, um die rückläufige Nachfrage nach Zigarren zu beheben. Statt dessen investierte sie eine kleinere Summe in die geniale Umwandlung in eine Fischkonservenfabrik und begab sich auf ein Gebiet, auf dem die Nachfrage ständig zunahm.

Vielleicht liegt die wertvollste Fähigkeit des schöpferischen Managers darin, daß er in der Lage ist, versteckte oder schlummernde Bedürfnisse zu ermitteln; sich etwas auszudenken, das die Menschen nicht haben, aber gerne hätten, und das seine Firma zu einem Preis herstellen könnte, den zu zahlen sie bereit sind. Marktforschung hilft in dieser Hinsicht wenig: Menschen können zwar über Dinge, die sie benutzt haben, Vergleiche anstellen und sie beurteilen, aber sie können nicht auf schöpferische Weise über Dinge sprechen, über die keine klaren Vorstellungen bestehen. Sicherlich, in der Fernsehprogrammforschung wurde die Frage: »Welche Art von Programm würden Sie gerne sehen?«, in derselben Weise beantwortet wie die Frage: »Welche Art von Sendungen hat Ihnen bisher am besten gefallen?« Um sich solche Ideen einfallen zu lassen, muß man die Wünsche, die man selbst hat, ermitteln. Noel Cowards Rezept zur Erheiterung des Publikums war geradeheraus und einfach: Schreib, was dir Spaß macht, und wenn es beim Publikum nicht ankommt, dann sieh dich rasch nach einem anderen Beruf um. Jeder Manager ist auch Konsument; die Autofirma wird von Leuten geleitet, die Autos fahren, die Schuhfabrik von Menschen, die Schuhe tragen, die Restaurationskette von Leuten, die außer Haus essen. Das Geheimnis liegt darin, den Konsumenten in sich selbst zu entdecken und phantasievoll darüber nachzudenken, was er gerne hätte und nicht hat. Der Fernsehproduzent ist der erste Betrachter seines Programms; er sieht es vor seinem geistigen Auge ablaufen, ehe noch irgend ein anderer es überhaupt sehen kann. Die kühle Kalkulation von eventuellem Erfolg oder Mißerfolg, die sich nur auf Marktforschung und Analysen stützt und nicht auf persönlichen Gefühlen beruht, mag zwar zu manchen Zeiten Sicherheit gewährleisten, wird aber nur sehr selten zu echten großen Gewinnen führen. Auch ist es richtig, daß der Konsument in uns selbst Geschmacksrichtungen vertreten kann, die nicht repräsentativ sind, doch ein Teil des Erlernens seines Geschäftes besteht darin, daß man Elemente, die vom Geschmack der meisten Verbraucher abweichen, ausfiltert und diejenigen auswertet, die mit dem Geschmack der Allgemeinheit übereinstimmen.

Es gibt noch einen anderen Aspekt für ein Großunternehmen, in dem die ständige Veränderung eine ständige kreative Aufwertung erfordert: seine eigene innere Gliederung, mit der es das produziert, was es benötigt, mit den Mitteln, über die es verfügt. Sparten, Strukturen, Routine, Konferenzen, Formularvordrucke, Standardakten und -verfahren gewinnen auf gewisse Weise immer mehr Eigenleben. Sie mögen dem Ankauf von Rohmaterial, der Verteilung auf die Produktionsstätten der Marketingpraxis, der Produktionssteuerung durchaus zur Zeit ihrer Einführung dienlich gewesen sein; doch all diese Dinge können sich ändern, und trotzdem bleiben die Organisation, die Konferenzen, der standardisierte Austausch von Fakten und Zahlen, die gleichen und werden zu einem Hemmnis der Arbeit. Ein gutes Spiel heißt »ohne Vorgabe anfangen«; bei ihm muß sich das Management fragen, wie es seine laufende Produktion mit dem vorhandenen Mittel *und nichts sonst* organisieren würde. Es gibt so und so viel pro Woche zu produzieren mit diesen Fabriken und dem gegebenen Kapital. Organisiere es.

Die Ergebnisse können wie eine Erleuchtung sein, selbst wenn sie die Menschen nur mit den Wahrheiten konfrontieren, die sie vor sich selbst verheimlichen. Eine große britische Ladenkette betrachtet ihre gesamte innere Organisation ständig unter dem Aspekt: »Warum sollten wir sie beibehalten?« Diese Frage ist weit schöpferischer als die Frage: »Warum sollten wir sie ändern?« Eine kleine Anekdote berichtet von einer Vorführung der Königlichen Artillerie vor europäischen Beobachtern in den fünfziger Jahren dieses Jahrhunderts. Die Besucher waren von der Schnelligkeit und der Präzision einer Abteilung der leichten Artillerie zutiefst beeindruckt, doch einer der Beobachter fragte, welche Aufgabe denn der eine Mann habe, der während der ganzen Vorführung stramm daneben stand.

»Es ist Nummer sechs«, erklärte der Adjutant. — »Zählen kann ich selbst. Aber warum ist er da?« — »Das ist seine Aufgabe. Nummer sechs steht ständig stramm.« — »Warum besteht dann die Abteilung nicht aus fünf Leuten?« — Niemand wußte es. Es bedurfte umfangreicher Nachforschungen in alten militärischen Übungshandbüchern, um seine Aufgabe herauszufinden; doch letztlich gelang es.

Er war derjenige, der die Pferde zu halten hatte.

12. Kapitel

ERZIEHUNG ZUR KREATIVITÄT

Gerade geht eine Ära zu Ende, in der etwa achtzig Prozent der Menschen, die in der Landwirtschaft, der industriellen Fertigung und Rohstofferzeugung tätig waren, in ihrem gesamten Arbeitsleben nicht mehr abverlangt wurde als ihre Zeit, ihre Muskelkraft und ein kleiner Teil ihrer geistigen Kräfte: Ihre Tätigkeiten in den Büros, in den Bergwerken, den Einzelhandelsgeschäften und auf den Feldern hatten Routinecharakter. Es ist durchaus möglich, daß künftige Generationen auf die Arbeitsbedingungen während der ersten Hälfte des zwanzigsten Jahrhunderts mit dem gleichen fassungslosen Entsetzen zurückblicken werden, mit dem wir heute an die Kinderarbeit im frühen neunzehnten Jahrhundert denken. Die Befreiung von der Routine durch Übertragung abstumpfender Arbeiten an Computer, Transportgeräte, mechanische und automatisierte Maschinen im Bergbau und der Landwirtschaft und an numerisch gesteuerte Werkzeugmaschinenzentren wird sich wohl als eine so umfassende Wohltat, wenn vielleicht auch nicht für den einzelnen, erweisen, wie die gesamte Gesetzgebung von Owen, Shaftesbury und Fielden. Sicherlich werden einige Routinearbeiten beibehalten werden müssen, so wie es ja auch früher manche geistig anregende Arbeit gegeben hat, doch wird sich das Gewicht eindeutig verlagern.

Diese Verlagerung wird sehr viel klarer die Fähigkeiten offenbaren, von denen der Erfolg in der Industrie abhängt. Initiative, Schwung, Originalität und Kreativität werden wie ein Skelett, von dem das Fleisch entfernt worden ist, sichtbar werden, als Charakteristika, die mehr noch als je zuvor benötigt werden. An erster Stelle dürften Originalität und Kreativität stehen. Das Routinepersonal, die kleinen Angestellten, ungelernte oder wenig ausgebildete Arbeiter werden nicht länger nur als Bodensatz zu fungieren haben, der es den Menschen über ihnen ermöglicht, den Anschein zu erwecken, wertvolle Managementarbeit zu leisten, indem sie einfach Krankmeldungen und innerbetriebliche Querelen unter Kontrolle halten. Das ist keineswegs eine erschreckende Aussicht, da es noch enorme Reserven ungenutzter schöpferischer Fähigkeiten gibt, die zur Zeit außerhalb der Arbeit in einer Vielzahl von Hobbies befriedigt werden, die die Fähigkeiten für die Arbeit selbst aktiviert, die so für den Arbeiter viel befriedigender und für den Arbeitgeber nutzbringender ausfallen würde. Das kann man sogar in den höchsten Positionen feststellen, an dem Staatsbeamten mit Orden und Ehrenzeichen, der jeden Tag das Kreuzworträtsel der *Times* löst, weil es die einzige geistige Herausforderung in seinem Beruf darstellt, der zwar seine Zeit quantitativ ausfüllt, aber nicht qualitativ, denn er beansprucht den besten Teil seines Gehirns kaum.

Wieviel Originalität und Kreativität man findet, wenn man sie sucht und bezahlt, läßt sich z. B. an der schnellen Entwicklung von Fernsehen, Werbung, Formgebung und Pop-Music nach 1945 ablesen. Vor dem Krieg beschäftigten diese Branchen nur einen Bruchteil ihrer heutigen Belegschaften. Das läßt sich nicht auf eine neue Gattung kreativer Menschen zurückführen, sondern darauf, daß diese neuen Berufe der heutigen Generation Ventile schöpferischer Fähigkeiten öffneten, die bei ihren Eltern ungenutzt blieben. Man darf annehmen, daß vergleichsweise die Industrie ihren Ingenieuren nicht genug Spielraum zur Entfaltung schöpferischer Möglichkeiten läßt. Hervorragende Ausnahmen wie das Moulton-Fahrrad sprechen mehr für den Umfang an Möglichkeiten als gegen meine Annahme. Letztlich hätte das Moulton-Fahrrad bereits viel früher produziert werden können. Es bedurfte nicht eines technischen Durchbruchs, sondern nur der schöpferischen Idee eines lebendigen Ingenieurgeistes. Eine große Anzahl von Fabrikanten verläßt sich auf die Kreativität von Werbeleuten. Sie versuchen, ihr Produkt durch irgendwelche Gefühlsmomente, die sie beim Verbraucher wecken, gegenüber Konkurrenzprodukten abzuheben, von denen es sich sonst nicht unterscheidet. Ich habe nie begriffen, weshalb so viele Firmen Werbeagenturen engagieren. Ich bin der Ansicht, daß der Werbemann von Anfang an am Produkt selbst mitarbeiten sollte, so daß sich die wünschenswerten und zum Kauf anregenden Qualitäten im Produkt selbst niederschlagen würden, anstatt sich auf seine Kommerzialisierung zu richten.

Im Zuge der Rückläufigkeit unqualifizierter Arbeit und der Verbreitung schöpferischer Berufe fällt dem Erziehungssystem eine schwere Aufgabe zu: Die Aufgabe, junge Menschen zu bilden, deren Geist in Kreativität, Originalität und kritischem Fragen geschult ist, aufbauend auf einem hohen Niveau naturwissenschaftlicher Ausbildung. Auf diesem Gebiet wird meiner Ansicht nach das britische Schulsystem eher als auf jedem anderen versagen, wenn man von wenigen rühmlichen Ausnahmen absieht. Meine Bedenken beziehen sich nicht auf alle Grundstufen; hier ist der Einfluß Froebels, der Montessori und Pestalozzis beste Garantie dafür, daß Kreativität und Originalität zumindest in den ersten Schuljahren ermutigt und freigesetzt werden. Die Schwierigkeiten beginnen, wenn die Schatten der Prüfungen auf die heranwachsenden Jungen und Mädchen fallen. Dies wurde mir auf beängstigende Weise klar, als ich einige Monate lang in der Fernsehproduktion Bewerber auf ihre Eignung testen mußte. Die meisten hatten Schule und Universität absolviert, das Gros mit einigem Erfolg. Sie waren beachtenswert höflich, und ich nehme an, daß sie in ihren Fächern recht gut Bescheid wußten. Doch bei fast allen vermißte ich jeden Funken von Originalität und von schöpferischen Ideen, von kritischem Denken. Keiner wollte etwas neu oder auch nur Gewohntes anders machen. Ja, sie sähen sich Fernsehsendungen an. Ja, sie fänden sie sehr gut. Ja, sie würden gern für das Fernsehen arbeiten. Über das, was sie dort im besonderen gern tun würden, hätten sie noch nie nachgedacht. Nein, Kritik hätten sie zu den Programmen, die sie kannten, nicht zu äußern. Nein, sie seien nicht der Meinung, daß irgendeine Art von Programmen, die es noch nicht gab, gemacht werden sollte. Nein, sie meinten auch nicht, daß eine Art von Programmen zu häufig gesendet würde. Sie würden am liebsten für dieses oder jenes Programm arbeiten. Nein, sie wüßten nicht, was das erfordere, aber das würde ihnen sicher noch jemand sagen.

Diese jungen Menschen waren, ich wiederhole es, Absolventen mit guten Zeugnissen angesehener Hochschulen. Was passiert war, ist ziemlich einfach: Vom Zeitpunkt ihrer Aufnahme in das heute noch übliche Schulsystem von gestern wurde all ihre Originalität und Kreativität entweder unterdrückt oder ignoriert. In Geschichte oder Englisch wollte sich niemand ihre unreifen und wahrscheinlich schlecht fundierten Meinungen, Interpretationen und Kommentare auch nur anhören. Es sollte nur herausgefunden werden, wie gehorsam sie die Standardauffassungen reiferer Geister akzeptieren und reproduzieren konnten. Niemand wollte wissen, was sie über Hamlet dachten, man wollte nur hören, was Johnson, Hazlitt, Bradley und Caroline Spurgeon darüber gesagt hatten. Aber Originalität und Kreativität sind kein ewiges Feuer, von einigen höchst schöpferischen Menschen einmal abgesehen. In vielen Fällen läßt es sich allzu leicht auslöschen. Wenn man zehn Jahre lang die angehäufte Weisheit von Generationen darüber gießt, dann ist es kein Wunder, wenn die Flammen verlöschen. Hinzu kommt eine widerwärtige Geisteshaltung, die vom herrschenden Prüfungssystem noch begünstigt wird; jene Haltung, in der man nur darauf wartet, daß einem gesagt wird, was man als nächstes zu tun hat, daß man einen präzisen Lehrplan, einen Stundenplan und seine Prüfungstermine einzuhalten hat und auf irgend jemanden hofft, der gewährleistet, daß man auch alles genau einhält. Die Lebensweise der Schüler herkömmlicher Schulen ist für zehn Jahre auf Hindernisrennen programmiert, auf eine Serie von Hindernissen und einen Jockey, der sie auf dieser Bahn dressiert und trainiert. Es verwundert nicht, daß »in den Ernst des Lebens hinaus« entlassene Schüler keine eigenen Vorstellungen mehr davon haben, was sie überhaupt wollen, sondern nur auf einen neuen Jockey warten, der sie über einen anderen Parcours führt. Wenn ihnen dann dämmert, daß es für sie keinen Jockey mehr geben wird, daß es ihre eigene Aufgabe ist, Hindernisse gekonnt zu überspringen, dann sind sie verdutzt und hilflos.

Prüfungen verlieren an Bedeutung, wenn die Schulzeit einmal vorüber ist. Eine der wenigen schulischen Aktivitäten, die Ähnlichkeit mit dem Arbeitsleben haben, ist das Schultheater; eine Planaufgabe, die viel Überlegung, Vorbereitung und Arbeit erfordert, die Menschen mit den verschiedensten Begabungen und Fähigkeiten voll in Anspruch nimmt, die sich Schritt um Schritt entwickelt und an dem Tag, an dem das Stück der Öffentlichkeit vorgeführt werden soll, endgültige Form annimmt. Dem liegt auch die gleiche wechselseitige Abhängigkeit zugrunde: Plötzlich gewinnen einzelne und bis dahin verborgene Fähigkeiten der jungen Leute an Bedeutung, etwa ein Bühnenbild bauen, Kostüme entwerfen, Requisiten besorgen oder die Beleuchtung bedienen, lebensnah behaftet mit dem Risiko des Mißlingens wie bei einem industriellen Projekt: Das Licht kann ausgehen, die Kulissen zusammenstürzen, die Spieler ins Stottern geraten. Eine andere Methode, von gleichem erzieherischen Wert wie das Schultheater, ist die Übung an einem gemeinsamen Vorhaben: Die ganze Klasse oder Schule soll z. B. herausfinden, wie das Leben in ihrer Stadt vor hundert Jahren ausgesehen haben mag. Die »Ingenieure« rekonstruieren Modelle alter Industrieanlagen, die »Fotografen« und die »Künstler« zeichnen auf, was erhalten geblieben ist, und sammeln alte Stiche und Fotografien, die Handwerker bauen Modelle des ehemaligen Stadtzentrums, die literarisch Begabten stellen ein Buch über die Aspekte des damaligen Lebens zusammen, die »Historiker« recherchieren über Vorkommnisse und Personen der Zeit, und für Eltern und Interessierte wird eine Austellung zusammengestellt. Das ist anspruchsvolle und lohnende Arbeit für die praktisch Begabten, und die wissenschaftlich Interessierten reizt es sehr, neue Erkenntnisse zu entdecken und zu vergleichen, anstatt nur zu versuchen, ein bißchen von dem, was andere bereits entdeckt und aufgezeichnet haben, kritiklos unassoziiert auswendig zu lernen. Das Ärgerliche ist, daß die cleveren Kinder, die Eltern und Erzieher diese Art des

Lernens geringschätzen, daß sie sie für reinen Luxus halten. Sie denken nur an Prüfungen und Berechtigungsscheine.

Im Laufe der Jahre haben sich die Prüfungen von sinnvollen Stichproben zu starren Systemen dessen gewandelt, was die Schüler lernen müssen, unabhängig davon, wie langweilig sie es finden und wie gern sie andere Dinge lernen würden; Prüfungen sind zum privaten Meßgerät des Erfolgs oder Versagens von Schulen, höheren Schulen und Hochschulen geworden. Nur wenige Lehrer sind von dem herrschenden Schulsystem begeistert, doch kaum einer ist in der Lage, es zu ändern. Hier haben wir den klassischen Fall einer Änderung der Nachfrage, um dem Angebot gerecht zu werden, der Weigerung, das Produkt zu ändern. Statt dessen wird in verdrehter Logik versucht, den Markt dem Produkt anzupassen. Da es keine Konkurrenz gibt, bleibt das System bestehen. Es gibt zwar auch Abweichungen und Experimente; die York Universität hat einen Fragebogen, in dem die Studenten innerhalb von zwei Wochen angeben müssen, welche Ausbildungsmöglichkeiten sie benützen wollen. Das ist immerhin ein Anfang. Doch sieht sich die Industrie normalerweise einem Ausstoß von Examinierten gegenüber, denen sorgfältig und systematisch jede Kreativität abgewöhnt worden ist.

Fragte man heute Examinierte, weshalb sie überhaupt einen Universitätsgrad erworben haben, so würden manche — es grenzt an Ironie — antworten: »Um einen guten sicheren Posten zu bekommen.« Es wäre interessant zu fragen, ob nicht eines der modernen Mammutunternehmen das System überwinden sollte. Erziehung ist zuguterletzt eine Funktion fortschrittlicher sozialer Gruppen, und der starke Bedarf universeller Bildung ging um 1860 von den Arbeitgebern aus, die des Lesens, Schreibens und Rechnens kundige Helfer brauchten. Angenommen, ein modernes Großunternehmen würde Vierzehnjährigen von hoher Intelligenz Studienplätze an den Universitäten garantieren und ihnen eine große Auswahl hochbezahlter Stellungen bieten, die sie antreten, wenn sie 21 Jahre alt werden. Dann könnte das Mammutunternehmen das Spiel »Achtung-fertig-los-Start!« spielen, also ein

Lehrprogramm zusammenstellen, durch das die Schüler in allen wichtigen Fächern instruiert würden und das erforderliche Grundwissen erwürben, das sie aber auch zu originellem Arbeiten und Denken zwänge. Sie müßten Forschungsobjekte ausdenken, die Arbeit anderer planen und koordinieren, Projekte leiten und tatsächlich in einer Form geistigen Trainings jene Arbeit tun, die von ihnen ohnehin verlangt wird, wenn sie die Universität verlassen. Wenn Hochschullehrer das Verfahren überwachten, wäre es akademisch, zugleich aber kreativ, weil auf Originalität und Initiative ebensoviel Gewicht gelegt würde wie auf die Übung von Gedächtnis, Intelligenz und Urteilskraft. Zweifellos gibt es in der Industrie und im Schulwesen viele Menschen, die nichts lieber täten, als die Fesseln der Prüfungen abzuschaffen und ein System wirklicher Ausbildung für 14- bis 21jährige zu planen. Vielleicht werden sie eines Tages Gelegenheit dazu haben. Einmal werden wir damit aufhören müssen, systematisch Jasager und Konformisten zu erziehen und damit beginnen, Kreativität auszubilden, kritisches Denken einzuüben.

13. Kapitel

SCHÖPFERISCHE GRUPPEN

Zwar hat Kreativität in der Industrie große Bedeutung; doch es wäre unüberlegt und gefährlich zugleich, wollte man annehmen, sie sei die einzige wünschenswerte Eigenschaft, oder die ideale Firma bestehe ausschließlich aus schöpferischen Menschen. Der Erfolg von heute geht normalerweise auf die Kreativität von gestern zurück, und im laufenden Geschäft wird immer der leistungsfähige Manager gebraucht werden, der zwar keine eigenen originellen Ideen hat, aber die Geschäftsabläufe gewinnbringend und gut in Gang halten kann, wenn sie einmal ausgedacht und in die Wege geleitet sind. Das ist die Art von Manager, für die die überwiegende Mehrheit der Managementbücher geschrieben worden ist, und dem habe ich nichts hinzuzufügen. Man sollte den Problemkreis des Managements nicht ausweiten, sondern eher konzentrieren. Das Top-Management einer Firma sollte sich um den Erfolg von morgen Gedanken machen, so wie Montgomery am Abend vor der Schlacht bei El-Alamein intensiv über die Italieninvasion nachdachte. Der Erfolg von morgen gründet sich auf die Kreativität von heute. Es ist daher wichtig zu wissen, was man tun und wie man handeln muß, um zu schöpferischen Ideen zu kommen, oder ob es genügt, nur die richtigen Leute zu finden, einzustellen, gewähren zu lassen und dann die Hände faltet und betet.

Vielleicht wird es eines Tages möglich sein, wissenschaftliche Gesetze zur Entwicklung schöpferischer Ideen festzulegen, doch der Tag ist noch fern. Vergleicht man jedoch verschiedene schöpferische Vorgänge, so findet man ein Muster, das sich zu wiederholen scheint; das Muster zeigt einen »Gruppenführer«, der selbst eine starke schöpferische Persönlichkeit ist und der mit einer Kerngruppe um sich herum ein kreatives Team zu bilden versteht. Das ist keineswegs die einzige Möglichkeit, Umwandlungen herbeizuführen oder für sich auszuwerten. Diese Art und Weise scheint aber zu allen Zeiten ganz besonders erfolgreich gewesen zu sein, denn von Karl dem Großen über Heinrich II. bis zu Lenin und John F. Kennedy lassen sich viele Beispiele nennen. Wenn die Gruppe erfolgreich ist, wächst sie in manchen Fällen, bis sie sehr groß zu sein scheint. Doch bei genauerem Hinsehen bemerkt man, daß nur wenige Leute zum zentralen Kern gehören, wie groß die Macht und Verantwortung anderer in besonderen und begrenzten Bereichen des Unternehmens auch sein mag. Solche Gruppenbildung kann man deutlich in Kunst, Wissenschaft, Militärgeschichte, bei Sozialreformen und in vielen anderen Bereichen des Lebens finden. Auch in der Industrie trifft man auf sie, wenn auch weniger häufig, soweit ich das überblicke. Wer jemals in unmittelbarer Nähe einer derartigen Gruppe gearbeitet hat, kann ähnliche Gruppenformierungen sofort erkennen. In Gesprächen mit Gruppenmitgliedern und weiteren Mitarbeitern und aus Beobachtungen werden schnell charakteristische Merkmale deutlich, die von anderen Gruppen bereits bekannt sind.

1. Die Autorität des Leiters steht außer Frage und ist unangefochten

In einer erfolgreichen Gruppe wird vom Leiter oftmals in einem Ton unkritischer Bewunderung gesprochen, die an Ehrfurcht grenzt und Außenstehende rasend macht. Die Merkmale eines schöpferischen Leiters sind so wichtig, daß sie gesondert behandelt werden müssen. Hier genügt der Hinweis darauf, daß es ohne den kreativen Leiter keine schöpferische Gruppe geben kann. Er ist der »Leitstern« mit seinen »Satelliten«. Im Umgang mit ihren weiteren Mitarbeitern können die »Satelliten« ihrerseits zu »Sternen«

werden. Ich brauche nicht zu betonen, daß es für die Mitglieder-
zahl einer Gruppe keine feste Regel gibt. Überrascht wäre ich aber,
auf einen Leiter zu treffen, der mit mehr als fünf Mitarbeitern
einen zentralen Kern bildet; drei scheinen eher die Norm zu sein.
Eine Gruppe kann auch mehr Mitglieder haben, die gleichermaßen
Vertrauen genießen und ebenfalls fähig sind; nur der zentrale
Kern muß klein sein.

2. Im zentralen Kern findet Dialog statt

Diesen Begriff kann man niemandem schnell erläutern, der ihn
nicht selbst erfahren hat, doch ist es ein wichtiger Begriff. Dialog,
wie wir ihn hier verstehen, scheint ein Ergebnis langer Sitzungen,
Diskussionen oder Debatten mit wenig förmlichem Charakter zu
sein. In diesen Sitzungen werden Stellungnahmen, Ideen, Richtlinien, Zielvorstellungen und Möglichkeiten so lange diskutiert
und durchgearbeitet, bis über Methoden, Produkte, Märkte und
über alles, womit das Unternehmen sich befaßt, Einhelligkeit erzielt ist. Den Impuls zu diesen Gesprächen gibt normalerweise das
Gefühl der Unzufriedenheit mit dem, was von anderen Menschen
in Unternehmen getan oder nicht getan wird. Ähnliches geschieht
auch außerhalb schöpferischer Gruppen, nur mit dem Unterschied,
daß ein kreatives Team im Dialog positive, konstruktive und ori-
ginelle Ideen entwickelt. Diese Ideen mögen noch nicht ausgereift
sein, aber es handelt sich immerhin um Ideen und nicht nur um
eine Kette von Beschwerden. Und wenn die Ideen erst einmal im
Laufe von Monaten ausgegoren und ausgearbeitet sind, schaffen
sie Grundlagen für weiterführende Dialoge. Diskussionen auf
einer so breiten Basis von gemeinsamen Überzeugungen enden
gewöhnlich mit Übereinstimmung, mit verstärkter Einsicht in die
Arbeitsweise oder Leistungsfähigkeit der Gruppe oder bringen sogar neue Ideen, die man untersuchen oder entwickeln kann. Daraus ergibt sich erneuter Dialog auf noch breiterer Basis. Hierdurch

wird es für einen Neuling sehr schwierig, in den zentralen Kern vorzudringen, denn es gibt viele von allen geteilte Überzeugungen, die nach einer gewissen Zeit den Charakter von stillschweigend akzeptierten Voraussetzungen annehmen und nur sehr schwer zu entdecken und zu entschlüsseln sind. Gruppen erscheinen Außenstehenden immer exklusiv und zunächst auch unbeliebt, weil Gruppenmitglieder vorzugsweise einheitlich argumentieren.

3. Schöpferische Gruppen müssen ausgelastet sein

Sie geben nicht ihr Bestes, wenn man sie in ein Landhaus sperrt und ihnen sagt: »Habt Ideen!« Es ist durchaus nicht außergewöhnlich, daß Shakespeare seine Stücke schrieb, als er zum Ensemble Lord Chamberlains gehörte; es ist genau das, was man erwartet. Diese Theatergruppe war ein schöpferisches Team, geführt von Richard Burbage. Von dieser kreativen Gruppe wurden fortwährend neue Inszenierungen zu den verschiedensten Anlässen gefordert. Wir wissen, welche erstaunlichen Leistungen dabei vollbracht wurden. Der Erfolg der Gruppen stand, wie in vielen anderen Fällen auch, nicht nur in einem Verhältnis zu den Fähigkeiten ihrer Mitglieder, sondern auch zu den an sie gestellten Anforderungen. Jede schöpferische Gruppe gehört dahin, wo die Arbeit getan wird: in die Ideenschmiede und in die Werkstatt des Denkens.

Große Anforderungen fördern gute Ideen. Wenn man sich einem toten Punkt nähert, wenn etwas Besonderes dringend erledigt werden muß, wirkt sich das auf den schöpferischen Geist befreiend aus. Auf schöpferische Gruppen läßt sich das Prinzip »Ausschußware« nicht anwenden. Wenn man zehn Gruppen beauftragt, eine Idee zu liefern, von den zehn Ideen eine auswählt und die restlichen verwirft, kann man nicht das Beste aus den Gruppen herausholen; ihr Gefühl für Nachdrücklichkeit ist durch zehn geteilt. Es ist besser, wenn eine einzelne Gruppe weiß, daß sie die Verantwortung allein tragen muß, wenn sie weiß, daß alles davon abhängt, ob sie eine gute Idee liefert oder nicht, und daß Gutes wie Schlechtes in Produktion geht, weil nichts anderes da ist. Leonidas und seine Spartaner hätten bei den Thermophylen in dem Bewußtsein, daß neun Regimenter aus anderen Städten in Reserve stehen, bestimmt nicht so tapfer gekämpft.

Leistungsforderung ist auch für die Moral wichtig. Kreative Gruppen verbrauchen viel Energie. Oft arbeiten sie hart, lange und bis spät in die Nacht, und sie können nicht überwacht, auf Pünktlichkeit und Leistungsquantum hin überprüft werden wie diejenigen Mitarbeiter, deren Arbeit mehr Routinecharakter hat. Oftmals ist Überwachung ohnehin unmöglich. Wenn die Moral gut ist, sind Kontrollen überflüssig, da die Arbeit zu einer Quelle der Befriedigung wird. Deshalb reagieren schöpferische Gruppen auch mehr als andere auf Ermutigung und Anerkennung. Doch am positivsten reagieren sie auf Erfolg, auf den sichtbaren, objektiv meßbaren Erfolg ihrer Arbeit. Das ist das einzige, was ihre Moral wirklich hebt, und weil eine hohe Moral für eine schöpferische Gruppe lebenswichtig ist, deshalb ist eine entsprechend hohe Anforderung an ihre Leistungskraft genauso wichtig.

Die dritte Notwendigkeit für Leistungsforderung wirkt als eine Art Rückkopplung. Wenn es den Dialog fortzusetzen gilt, müssen laufend neue Daten geliefert werden; auch muß ein ständiger Lernprozeß stattfinden. Nur durch eine kontinuierliche schöpferische Produktion können Verbesserungen gefunden, neue Fakten sichtbar werden, kann das Bewußtsein erweitert und können Überzeugungen anhand neuer Beweise revidiert oder genauer formuliert werden.

4. Der Leiter einer schöpferischen Gruppe muß größtmögliche Autonomie haben

Er kann die Ideen der Gruppe auf eigene Verantwortung verwirklichen. Wenn sie erst jemand anders übermittelt werden müssen, werden sie weder mit dem gleichen Verständnis, noch mit dem gleichen Vertrauen und der gleichen Begeisterung in die Tat umgesetzt. Natürlich arbeitet die Gruppe um so bereitwilliger in dem Wissen, daß es ihr Leiter ist, der die Idee tatsächlich selbst verwirklicht, der nicht erst losgehen muß, die Idee an den Mann zu bringen.

5. Schöpferische Gruppen müssen wachsen, oder sie verkümmern

Haben sie ein neues Projekt erfolgreich gestartet, befriedigt es sie wahrscheinlich wenig, sich noch länger mit der Leitung des etablierten Objekts zu befassen. Der bloße Umstand, daß sie in der Lage sind, es zu starten, ist Beweis genug, daß sie viel zu gut sind, es — zuguterletzt als Vollbeschäftigung — auch noch zu leiten. Sie brauchen als ständigen Ansporn die Herausforderung wachsender Verantwortung. Sie benötigen bessere Hilfsmittel, ein größeres Budget, mehr Personal und ebenso auch angemessene persönliche Beförderungen und Gehaltserhöhungen, damit ihre Moral auf der Höhe bleibt. Gibt man ihnen dieses alles, dann darf man annehmen, daß sie in der Lage sind, eine lange Zeit erfolgreich zu bleiben; vielleicht wachsen sie von einer kleinen Sektion zu einer Abteilung und darüber hinaus zu einer Tochterfirma heran und werden vielleicht letztlich zur Managementgruppe des Großunternehmens.

Der Gedanke, daß Mitglieder schöpferischer Gruppen versetzt und zu Leitern eigener schöpferischer Gruppen gemacht werden können, ist ziemlich reizvoll. Das scheint jedoch nicht möglich zu sein. Sie können zwar gute leitende Angestellte abgeben. Die einfache Tatsache jedoch, daß sie unter einem schöpferischen Leiter hervorragend arbeiten, beweist, daß sie selbst nicht die Begabung zum schöpferischen Leiter besitzen. Die Mitglieder müssen die Arbeitsweise ihrer Gruppe gründlich kennen. Die Voraussetzungen zur Mitgliedschaft sind Kreativität und Urteilskraft. Kreativität bedeutet Originalität des Geistes, die Fähigkeit, eigene Ideen zu entwickeln, die nicht Plagiate der Ideen anderer Menschen sind.

Bei der Auswahl der Mitarbeiter kommt es weniger darauf an, solche mit guten Ideen zu finden, als solche mit originellen Ideen. Die zweite Voraussetzung heißt Urteilskraft. Es ist die Fähigkeit, gute Ideen von schlechten zu unterscheiden; sie entwickelt sich als ein Ergebnis der Erfahrung dessen, was, in Begriffen des Marktes gesprochen, erfolgreich ist, und was nicht. Ein schöpferischer Leiter muß natürlich beide Eigenschaften haben und darüber hinaus noch eine dritte: die der Führungskraft. Er muß andere schöpferische Menschen inspirieren können. Diese Fähigkeit besitzt ein Gruppenmitglied kaum.

6. Hat man den schöpferischen Leiter aus einer Gruppe entfernt, gleicht sie allmählich einem erloschenen Vulkan

Auch bei einem richtigen Vulkan braucht es einige Zeit, bis man merkt, daß er erloschen ist. Nach und nach wird es erst klar, daß er nicht mehr brodelt, obwohl er immer noch tätig scheint. Unsere Gesellschaft kennt viele erloschene Vulkane: Vereine, Magazine, politische Gruppen, Fernsehprogramme, die einmal wichtig und aufregend waren und die, nachdem ihr Ruhm verblaßt ist, nunmehr ein ruhiges Routinedasein führen. Das Reformgesetz von 1831/32 schuf einen Gärstoff in der englischen Gesellschaft; doch der Reform Club, der bis in unsere Tage weitervegetiert, bringt kaum noch moderne Ideen hervor. Daraus ergibt sich die Folgerung: Will eine Firma einen Konkurrenten schwächen, so erreicht sie das am sichersten und billigsten, wenn sie seine schöpferischen Gruppen zerstört und den Leitern dieser Gruppen, oder besser noch ihnen und einigen ihrer engsten Mitarbeiter, lukrative und reizvolle Positionen im eigenen Stab anbietet. Dabei ist es nicht wichtig, ob das Unternehmen die neuen Mitarbeiter überhaupt benötigt, wenn sie sich auch im Idealfall als wertvolle Stärkung der eigenen Macht erweisen sollten; wichtig ist es, den Konkurrenten dieses schöpferischen Menschen zu berauben.

Das heißt nicht, daß man ihnen die Projekte nicht vorzuzeichnen braucht; sie benötigen Details darüber, welches Produkt gefordert ist, welches Budget, welche Fabrik und welche Arbeitskapazität zur Verfügung stehen, wie der Terminplan beschaffen ist. Aber je umfangreicher ihre Freiheit in diesen Dingen ist, um so wahrscheinlicher ist auch ihr Erfolg. Die Menschen neigen dazu, Dinge zu ersinnen, die sie selbst zustande bringen können; in die Projekte, die eine schöpferische Gruppe sich ausdenkt, bringen sie wahrscheinlich alle Fähigkeiten, Erfahrung und Interessen der Gruppenmitglieder mit ein. Sie werden kaum ein Produkt ersinnen, dessen Erfolg von metallurgischen Faktoren abhängt, wenn niemand in der Gruppe sich auf diesem Gebiet auskennt. Daraus folgt, daß das Ergebnis schöpferischer Paarungen, die Bisoziation, um so variabler sein wird, je mehr verschiedenartige Vorkenntnisse die einzelnen Mitglieder anzubieten haben. Gehören sie zu konträren Richtungen, können sie sich nicht in jedem Falle paaren; doch wenn sie alle nahezu die gleiche Vorbildung haben, grenzt die Ausübung des Verkehrs an Inzest, und der Nachkömmling ist wahrscheinlich erbkrank.

Die Aufzählung einiger charakteristischer Merkmale einer schöpferischen Gruppe liefert natürlich noch keine Formel zu ihrem Aufbau. Es hat auch zu allen Zeiten schöpferische Menschen gegeben, die ohne äußeren Anreiz, ganz für sich allein, gearbeitet haben. Die großen Industrieunternehmen brauchen die brillante Erfindung. Sie benötigen aber auch ständig neue schöpferische Ideen, die vielleicht nicht so umwälzend sind, die aber genügend produktiven Schwung besitzen, um aus einer Erfindung ein Produkt werden zu lassen. In den dreißiger Jahren hat Chester Carlson seine physikalischen Erfahrungen auf dem Gebiet der photoelektrischen Leitfähigkeit bisoziiert mit einem Teil derjenigen Erfahrungen, die er als Patentanwalt gewonnen hat, nämlich dem Bedarf an Kopien von Dokumenten. So kam er auf die Idee der Xerographie und führte die Experimente dazu in seiner Küche durch. Doch erst 1960 begann das Xerographieren die Büros und Archive zu revolutionieren. Die schöpferische Gruppe unter Joseph C. Wilson bei der Haloid Corporation verhalf dieser brillanten Idee zu einer Revolution; Xerox lieferte eine der großen industriellen Erfolgsstories des Jahrzehnts. Bei der rapiden Geschwindigkeit des Fortschritts in Wissenschaft und Technik kann es heute eine Menge Erfindungen und Entwicklungen geben, die deshalb ungenutzt bleiben, weil es nicht genügend schöpferische Gruppen gibt, die fähig sind, sie auszuwerten. Erfindungen werden nicht zwangsläufig voll ausgewertet. Die Byzantiner erfanden das Uhrwerk und benutzten es nur, um den Kaiser frei in der Luft schweben zu lassen und Besucher damit zu beeindrucken; die Tibetaner entdeckten den Turbinenantrieb und nutzten ihn einzig und allein in ihren Gebetsmühlen. Das Bindeglied zwischen der Erfindung oder der Entdeckung eines Prinzips und ihres Nutzens zum Wohle des Menschen (sei er Aktionär oder Benutzer) ist gewöhnlich eine Industriefirma und innerhalb dieser Industriefirma eine schöpferische Gruppe, die die Möglichkeiten wahrnimmt und ausnutzt. Kombiniert man ein so einzigartiges Prinzip wie Xerographieren mit einer schöpferischen Herstellungsgruppe, erübrigen sich schöpferische Werbeleute, Verpackungsdesigner oder Public-Relations-Firmen. Alles, was man benötigt, ist ein dickes Auftragsbuch.

14. Kapitel

DER YOGI UND DER KOMMISSAR

Hat man die Bedeutung schöpferischer Gruppen als Agenten des Wandels und Wachstums im Großunternehmen oder im Staat erkannt, ist es nicht nur wichtig zu verstehen, wie sie arbeiten und unter welchen Umständen sie die besten Aussichten auf Erfolg haben; es ist ebenso wichtig zu wissen, wie man ihnen anfangs auf die Beine helfen kann. Das Verfahren ähnelt dem der Kolonisation. Man kommandiert eine Gruppe ab, setzt ihr ein Planziel, das sie erreichen soll, und gibt ihr die Hilfsmittel, die dem Erreichen dienen; danach läßt man ihr beim Verfolgen des Ziels möglichst viel Freiheit und Autonomie. Wie vergewissert man sich aber, daß man keine unschöpferische Gruppe zusammengestellt hat? Woran kann man das erkennen? Zuerst einmal muß man ihre Kreativität als gegeben annehmen: Ist ihr Leiter ein schöpferischer Mensch, wird auch die Gruppe schöpferisch sein. Man stellt nie die ganze Gruppe zusammen, sondern benennt den Leiter und überläßt ihm die Auswahl der Mitglieder. Ohne ihn ist die Gruppe nicht schöpferisch. Verläßt er sie, hört sie auf, eine schöpferische Gruppe zu sein. Man kann zwar Menschen in die Gruppe beordern, doch ist das riskant; die Gruppe arbeitet am erfolgreichsten, wenn alle Kernmitglieder vom Leiter ausgewählt worden sind. Erstens weiß er am besten, welche Menschen er braucht, und zweitens wird er sich mehr anstrengen, einen Mann, den er selbst ausgewählt hat, in die Gruppe einzuschmelzen, als einen, der ihm zugeteilt worden ist. Der Erfolg seiner Leute wird die Richtigkeit seines Urteils belegen; das spornt mehr an, als die Richtigkeit des

Urteils eines anderen zu beweisen. Daher ist es notwendig zu wissen, wie ein schöpferischer Leiter beschaffen sein soll, um ihn innerhalb der eigenen Organisation ausfindig zu machen. Ist er dort nicht zu finden, muß man ihn suchen und einstellen. Dann kann man die Voraussetzungen schaffen, unter denen er sein Bestes leistet.

Laut Koestler besteht das Wesen des schöpferischen Leiters darin, sowohl Yogi als auch Kommissar zu sein. Vielleicht bedarf diese Formulierung einer näheren Erklärung, fordert sie doch, daß ein schöpferischer Leiter zwei entgegengesetzte Charakterzüge in seiner Person vereint, die beide für Großunternehmen wichtig sind. Man kann keinen Menschen als reinen Yogi oder reinen Kommissar bezeichnen, aber die meisten Menschen lassen sich einem der beiden Begriffe zuordnen. Der Yogi ist der kontemplative Typ, der Deuter. Man findet ihn meistens in Forschungs- und Entwicklungslaboratorien. Einige der besten und erfolgreichsten Produkte lassen sich auf seine originellen Ideen zurückführen. Aber er ist unfähig, etwas zu organisieren oder zu leiten; meistens muß ihn seine Sekretärin sogar noch anleiten. Stellen Sie ihn an die Spitze einer Abteilung oder einer kleinen Sektion, wird er zweifellos versagen; mehr noch, er wird seine Stellung hassen. Ein in vielen großen Organisationen verbreiteter Fehler ist darin zu sehen, daß sie keine gesonderte Gehalts-Stufenleiter für ihre Yogis haben. Die Stufenleiter würde die Yogis anspornen, die Dinge selbst in die Hand zu nehmen, wenn sie mehr verdienen oder weiterkommen wollen. Ihr Fehlen aber frustriert und entmutigt sie nicht nur, es hindert sie sogar daran, ihre besten Eigenschaften für die Firma einzusetzen; statt dessen setzen sie ihre schlechtesten ein.

Der Kommissar dagegen ist ein Mann des Handelns. Stellen Sie ihn einer nachlässigen Abteilung vor, so wird er sie in kürzester Zeit ausmisten, sie auf Trab bringen und zu sinnvollem und tüchtigem Arbeiten anhalten und völlig seiner Autorität unterordnen. Er hat sein Leben lang keine einzige eigene Idee gehabt und ist unfähig, die Voraussetzungen, unter denen seine Abteilung oder die Firma arbeitet, zu durchschauen. Er bringt sein Schiff auf Hochglanz, befiehlt Volldampf voraus, geht auf den Kurs, der ihm auf den mitgegebenen Karten vorgezeichnet ist, und folgt ihm genau und mit ganzer Kraft. Da er über den Rand seiner Karten oder die Bordwand hinaus nicht sehen kann, würde er genau auf einen Eisberg zuhalten, wenn einer auf seiner Route auftauchte. Moloch war ein Kommissar.

Gute Kommissare sind das Rückgrat jener Organisationen, bei denen große Routineleistungen von vielen Menschen vollbracht werden müssen. Obwohl man der Kreativität immer mehr Bedeutung zumißt, werden Kommissare zu allen Zeiten gebraucht, um gewinnbringende Unternehmen richtig in Gang zu halten. Sie müssen weder angespornt noch gehetzt werden, denn sie arbeiten aus eigenem Antrieb. Sie genießen es, Arbeitsabläufe zu beschleunigen; sie finden ihre Erfüllung darin, umherzueilen und Arbeiten zu erledigen. Das Ausführen, nicht das Überdenken geleisteter Arbeit, ist der Quell ihres Vergnügens. Sie sind Lokomotiven und können eine Menge Waggons ziehen oder viele Reisende befördern; alles, was sie benötigen, ist eine geregelte Versorgung, eine Versorgung mit Geld, Status, Anerkennung —; dann ist ihr Motor nahezu unverwüstlich. Doch die Schienen müssen andere für sie legen, die auch den Bestimmungsort ihrer Züge festsetzen; sie selbst sind nicht in der Lage, ihr Ziel selbst auszuarbeiten. Hat man ihnen aber einmal einen Fahrplan und ein Ziel angegeben, braucht man nicht mehr zu befürchten, daß sie ihr Tempo verringern oder aus den Schienen springen.

Gute Yogis und gute Kommissare gibt es nicht übermäßig viele; demzufolge sind Menschen, die beide Talente verbinden, noch seltener. Trotzdem ist es wichtig, diesen Typ genau zu kennen. Obgleich jene großartige Kombination von brillantem Denker und entscheidungsfreudigem Mann der Tat in jeder Generation höchstens einmal vorkommt, finden sich doch in jedem Großunternehmen Menschen, die diese Talente in weniger ausgeprägter Form in sich vereinigen. Oft werden solche Menschen nicht richtig erkannt, andere wieder haben diese Talentkombination in jüngeren Jahren besessen, eine der beiden Eigenschaften ist bei ihnen jedoch aus

Mangel an Gelegenheit und Ermunterung verkümmert. Es ist aber gerade die Kombination dieser beiden Eigenschaften, die den Menschen in doppelter Weise Einsicht verleiht und sie dadurch zur Führung schöpferischer Gruppen befähigt.

Die Wichtigkeit dieser doppelten Einsicht erklärt sich aus den Schwierigkeiten, die Yogis und Kommissare normalerweise haben, einander gegenseitig zu verstehen, und doch müssen bei jeder gestellten Aufgabe beider Fähigkeiten eingesetzt werden. Man weiß ja, daß Yogis Vorgesetzte brauchen, die sie als Yogis anerkennen, und Kommissare von gleich starken Kommissaren angeleitet werden müssen. Nur der Mann, der selbst beide Eigenschaften in sich vereint, kann die gegensätzlichen Typen aufeinander abstimmen; er verleiht den Yogis genügend Spielraum für ihre Ideen, die die Kommissare dann in Produkte umwandeln. Natürlich tut er noch viel mehr: Da er selbst zu einem Teil Yogi ist, versteht er, wie Yogis denken und arbeiten. Er weiß, welche Art von Ideen man von ihnen erwarten kann und welche nicht. Er kennt die Bedingungen und Umstände, die der Entstehung von Ideen förderlich sind, und die, die sie behindern. Er kann unterscheiden, wann Yogis geistig an einen toten Punkt geraten und wann sie einfach faulenzen. Schließlich kann man Menschen nicht zwingen, gute Ideen zu erzeugen. Man kann zwar ihre Anwesenheit an bestimmten Orten zu bestimmten Zeiten verlangen; man kann ihnen die gewöhnliche Art von Verrichtungen, zu denen sie fähig sind, abnötigen; man kann aber nicht Originalität und Kreativität erzwingen. Yogis brauchen Ermutigung, Ansporn, den zündenden Funken; ein unschöpferischer Geist kann einen schöpferischen einfach nicht anregen; der schöpferische Verkehr findet nicht statt.

In gleichem Maße versteht der schöpferische Leiter natürlich den Kommissar. Er weiß, wieviel er ihm abverlangen kann, welche Arten von Freiheitsbeschränkungen und Einschränkungen lästig und welche willkommen sind, wann er mit Rat und Tat beistehen und wann er den Kommissar sich selbst überlassen muß. Wie aus eigenen Erfahrungen weiß er, wie er einen Yogi und wie er einen Kommissar behandeln muß. Darüber braucht er sich nicht erst in

Büchern zu informieren. Ein schöpferischer Leiter wird beispielsweise einen Kommissar nie vor seinen Untergebenen korrigieren. Er wird das nicht deshalb unterlassen, weil ihm gesagt worden wäre, er solle das nicht tun, sondern weil er es selbst in der Vergangenheit gehaßt hat, vor seinen Mitarbeitern korrigiert zu werden. Innerhalb einer schöpferischen Gruppe wird mancher Leiter mehr Yogi als Kommissar, der andere mehr Kommissar als Yogi sein; am besten ist es, wenn der Leiter auf beiden Gebieten begabter ist als alle anderen. Doch ist das nicht unbedingt erforderlich. Er muß nur so stark sein, daß die Yogis wie die Kommissare ihn jeweils als einen der Ihren respektieren und darüber hinaus jeder Yogi in ihm auch den Kommissar und jeder Kommissar in ihm den Yogi schätzt. Nur das zählt. Er allein besitzt etwas, das keiner der anderen sich anrechnen kann: den Überblick über das gesamte Verfahren und nicht nur über Sektionen und Teilaspekte.

Solche Menschen trifft man selten in Großunternehmen: Weshalb? Gibt es so wenige Menschen mit der Kombination dieser Eigenschaften? Oder findet man sie andernorts, nur nicht in Großunternehmen? Oder gibt es sie vielleicht tatsächlich auch in Großunternehmen, aber ihre Qualitäten verkümmern dort, weil ihnen der Spielraum fehlt, weil die richtige Struktur nicht vorhanden ist, sie so einzusetzen, wie sie eingesetzt werden sollten? Diese Fragen lassen sich offenbar nicht beantworten. Ich meine, es werden genug Menschen mit diesen Eigenschaften geboren, die dann eben keinen richtigen Einsatz finden. Denn es gab eine Zeit, da traf man auf diese Menschen viel häufiger als heute. Das war vor hundert Jahren und noch etwas früher; wir bezeichnen sie als *Unternehmer*.

Der Unternehmer besaß die doppelte Einsicht. Er verstand, wie Produkte entworfen und hergestellt werden, und er wußte, wie man ihren Verkauf und ihre Produktion organisieren mußte. Er war der Mann, der die industrielle Revolution auslöste. Frankreich und England waren damals wissenschaftlich wie technologisch auf dem gleichen Stand. Intellektuell lagen die Franzosen in Europa in Führung. Trotzdem fand die Revolution zuerst in England statt. Ein Franzose, Tresaguet, ersann ein Verfahren zur Verbesserung von Straßen, doch der Engländer MacAdam wandte es in seinem Heimatland viel eher an als die Franzosen. Der Franzose Leblanc erfand die Methode, aus Salz durch Behandlung mit Schwefelsäure Soda herzustellen; in großen Mengen wurde Soda jedoch alsbald in England für die Seifen-, Glas- und Textilindustrie produziert. Ein Franzose, Berthollet, perfektionierte 1785 das chemische Bleichen; doch Tennant machte 1799 in England das einträgliche Geschäft daraus. Ein Deutscher erfand im siebzehnten Jahrhundert ein Verfahren, um aus einer Mischung von Schwefel, Salpeter und Wasser Schwefelsäure zu gewinnen; aber Dr. John Wood kommerzialisierte es und senkte den Preis von zwei Pfund auf zwei Shilling pro Tonne; und John Roebuck verbilligte die Säure noch weiter, indem er für die Behälter an Stelle von Blei Glas verwandte. Er senkte den Preis sogar auf zweieinhalb Penny pro Tonne.

Die Unternehmer des ausgehenden achtzehnten und des neunzehnten Jahrhunderts packten eine naturwissenschaftliche Revolution beim Schopf und verwandelten sie in eine industrielle. Sie waren die Bienen im Garten, die Hefe im Bier, der Zünder an der Bombe. Die Firmen, die sie gründeten, waren nicht krisenfest und hielten sich oft nicht lange. Aber sie bildeten die tausend kleinen Baronien, die heute von den riesigen modernen Großunternehmens-Königreichen erobert oder integriert sind. In einem Fabrikunternehmen sahen diese Industriellen etwas Riskantes, Bescheidenes und vielleicht Zeitweiliges; heute ist es etwas Riesiges und Dauerhaftes. Und trotzdem besteht immer noch eine Tendenz, es eher als einzelnes Unternehmen anzusehen, das nur einem Unternehmer Platz bietet, denn als ein Feld, auf dem eine Anzahl Unternehmer fruchtbar wirken kann. »Aus den meisten erfolgreichen Firmen ist das Unternehmertum im alten Sinne verschwunden«, vermerkt der Präsident der Anglo-Neufundländischen Entwicklungsgesellschaft mit einiger Befriedigung. [18] Doch ich vermute, daß nur der altmodische Typ des Unternehmers verschwunden ist, der bereit war, Kapital aufzunehmen, der das Risiko nicht scheute. Der Typ selbst hat sich erhalten, nur haben diese Menschen heute in den meisten Unternehmen keine Möglichkeit zur Entfaltung.

Vielleicht ist es der organisatorische Faktor, der am meisten die Entwicklung modernen Unternehmertums behindert, die Kluft zwischen Entwurf auf der einen und Produktion und Verkauf auf der anderen Seite. Der wichtigste Wesenszug des Unternehmers oder schöpferischen Leiters ist seine Fähigkeit zu koordinieren, eine Synthese aller drei Gebiete zu schaffen. Er hat ein Gefühl für die Bedürfnisse der Menschen (der empfindsame Konsument in ihm selbst), für das, was die Leute kaufen wollen, und für das, was man den Konsumenten verkaufen kann; er hat die Einsicht des Yogi in die schöpferischen Vorgänge, er weiß, zu welchen Entwürfen er den Designer mit Geduld und Liebe bewegen kann; und er hat den Verstand des Kommissars, weiß, wie im Rahmen von Budget und Terminplan produziert werden kann. Aber diese unterschiedlichen Aufgaben in den Großunternehmen fordern, daß fast alle Menschen in der Firma entweder Marketingvorstellungen oder Designvorstellungen oder Produktionsvorstellungen, jedoch niemals eine Vorstellung von der Gesamtheit des Unternehmens haben. Wenn man so hoch gekommen ist, daß einem alle diese Gebiete obliegen, ist man gewöhnlich Generaldirektor; und er hat viel zu viel zu tun, um alle schöpferischen Ideen im Unternehmen zu entwickeln, oder alle Gruppen, die sie bearbeiten, zu leiten, selbst wenn er die Zeit hätte, die Ideen zu ersinnen.

In der ersten Zeit der industriellen Revolution waren es Männer mit Sinn für Markt, Produktion und Entwurf, die das Wachstum vorantrieben. Man sieht das ganz deutlich an den neuen Erfolgstypen von damals. Es waren nicht die Gebildeten, sondern die aufstrebenden *Parvenü*-Industriellen, die Fabrikanten, die Männer der Städte. Da sie in Handel und Gewerbe arbeiteten, genossen sie kein gesellschaftliches Ansehen; viele von ihnen waren Protestanten, die nicht der anglikanischen Kirche angehörten und deshalb nicht an den Universitäten und Public Schools zugelassen wurden. So gingen sie eben an die Dissidenten-Akademien und studierten statt Griechisch und Latein Geschichte, Naturwissenschaften und Mathematik; Studienfächer, von denen die Gentlemen damals noch nichts gehört hatten. Sie taten sich durch unabhängiges Denken und ein rastloses Forschen nach den Zusammenhängen hervor. Da sie in jeder Hinsicht eine Minorität bildeten, religiös, gesellschaftlich und auch durch die Tatsache, daß sie für Nicht-Gentlemen erstaunlich wohlhabend waren, schlossen sie sich an-einander. Vielfach gründeten sie Gesellschaften, deren berühmteste die Lunar Society in Birmingham war. Sie traf sich ab 1770 all-monatlich am Montag nächst Vollmond zu intellektuellen und so-zialen Diskussionen. Die Gesellschaft war ein geistiger Nährboden; neue, besonders naturwissenschaftliche und technologische Ideen wurden ausgetauscht und diskutiert. Der Gedankenaustausch fand hier unter praktischen, hart geschäftsmännisch denkenden Men-schen statt, die wußten, wieviel die Produktion von Gegenständen kostet, wie man sie herstellt und was man dazu braucht. Wedg-wood gehörte der Lunar Society an; ebenso Erasmus Darwin, der Dichter und Naturforscher; Boulton, der Fabrikant, und sein Kol-lege Wall, der Erfinder; auch der Chemiker Keir und Withering, der medizinische Neuerer. James Watt besuchte die Gesellschaft. Außerdem Benjamin Franklin, der bereits Experimente mit der Elektrizität anstellte und später die Vereinigten Staaten mitgrün-dete, gehörte ihr an.

Natürlich spuckte diese Gruppe Ideen aus wie ein Maschinen-gewehr. Wedgwood besprach sich mit Watt über Wärme und ent-wickelte dann eine neue Art keramischen Thermometers, das in seinen Keramikbrennöfen funktionierte. Nach einer Diskussion über Metallegierungen ging Keir hin und entwickelte einen rost-freien Bolzen für die Fabriken seines Freundes. Watt erfand auf Aufforderung der Lunar Society eine Kopierpresse. Dort ent-wickelte er seine Dampfmaschine und brachte sie zu geschäftlichem Erfolg. Dort machte er auch seinen zweiten großen Fortschritt, den weniger bekannten der Umwandlung von gradlinig gerichteter Kraft in Drehbewegung; es ist so einfach, wenn man es kennt: nur eine Verbindungsstange und eine Kurbelwelle. — Aber niemand hatte bis dahin daran gedacht. Jedesmal war es ein einzelner, der seine Markterfahrungen mit Kenntnissen neuer wissenschaftlicher und technischer Entdeckungen verband und sich mit dem Unternehmerelan für Herstellung und Verkauf einsetzte; jeder gab der industriellen Revolution einen kräftigen Stoß nach vorn.

Ist dieser Menschenschlag ausgestorben? Ist die Gußform dazu zerbrochen? Ich kann das nicht glauben. Ich neige viel eher zu der Annahme, daß es solche Menschen noch gibt. Sie entwickeln innerhalb ihrer Abteilungen weniger revolutionierende Ideen zur Produktionsreife oder zum Marketing eines bereits entworfenen Produkts. Ihre Entwurfsideen werden vielfach vom Marketing abgekanzelt oder durch Erkenntnisse aus der Produktionsentwicklung abgewandelt. Mag sein, daß diesen Menschen die Atmosphäre in Großunternehmen zu stickig und bedrückend vorkommt; daß sie abwandern und Industrieberatungen, Werbeagenturen und kleine Verlage gründen, Pop-Gruppen managen oder sich auf irgendein Gebiet verlegen, auf dem sie ihre Gaben zusammen mit dem Kapital, das sie aufnehmen, einsetzen können. Ich bin davon überzeugt, daß es sie nach wie vor gibt, aber daß die Großunternehmen sie nicht haben wollen. Oder daß sie sie gar nicht verdienen.

15. Kapitel

DIE VISION

Jenes besondere Verständnis für das Gesamtunternehmen, das den schöpferischen Leiter, den Yogi-Kommissar auszeichnet, kann auch falsch sein; es kann auf mangelhaften Fakten, falsch interpretierten Beweisen oder auf einfacher Fehlkalkulation beruhen. Sogar wenn es genau die Sache trifft, braucht es nicht allzu bedeutungsvoll oder von langer Dauer zu sein. Aber von Zeit zu Zeit erzielt einer jener schöpferischen Leiter einen Volltreffer, und daraus kann ein Großunternehmen erwachsen, das in der ganzen Welt bekannt wird; der Start oder das plötzliche Aufstreben vieler Großunternehmen läßt sich auf einzelne Männer zurückführen, auf den Gründer, den Chef, den »Alten« und auf seine plötzliche Einsicht, seine momentane Vision. Die Pläne selbst brauchen dann vielleicht Jahre zur Ausarbeitung und Vervollständigung, häufig bedürfen sie aller möglichen Zusätze und Veränderungen, aber sehr oft konnte der »Alte« selbst die Dinge zu der Zeit in die Hand nehmen und überwachen, als ihm die Idee zum Unternehmen kam.

Vision ist vielleicht ein hochgestochener Ausdruck für etwas, das man einfach als gute kommerzielle Idee bezeichnen könnte; aber der Begriff umschreibt sowohl die blitzartige Einsicht wie den dauerhaften Grundsatz, der dem Gründer und vielleicht sogar seinen Nachfolgern Leitfaden sein kann. Lord Marks gründete Marks and Spencer, als ihm die einfache bisoziative Idee gekommen war, daß der Durchschnittskäufer in der High Street vielleicht höhere Preise für seine Kleidung bezahlen würde, wenn ihre Qualität besser wäre. Es gelang ihm durch Anwendung wissenschaftlicher Methoden und Entdeckungen Qualitätskleider zu Preisen herzustellen, die für die Käufer noch erschwinglich waren. Selbst nach seinem Tode blieben diese beiden Glaubensgrundsätze — Vertrauen in den Massenmarkt für Qualitätsware und Fabrikation von Einzelhandelsgütern mit wissenschaftlich entwickelten Mitteln — Eckpfeiler des Unternehmens Marks and Spencer. Diese Einstellung hat einen beachtlichen theoretischen wie praktischen Überbau; beispielsweise ließ sie erkennen, welche Güter sich in dieser Form für den Einzelhandelsverkauf eignen. Lebensmittel? Ja. Drogen und Medikamente? Nein. Welche Art der Werbung gehört dazu — wenn überhaupt geworben werden muß? Welche Grundsätze sollten die Auswahl der Belegschaft, der Lieferanten, die Festsetzung der Gewinnspannen, die Plazierung von Verkaufsräumen leiten? Welche Zahl an Geschäften ist richtig? Sollte man auf dem Kontinent Geschäfte eröffnen oder dorthin exportieren? Es stellen sich immer neue Fragen; die Antworten werden mit dem Hammer der Vernunft auf dem Amboß der Erfahrung geschmiedet, und im Laufe der Jahre bildet sich ein umfangreicher Schatz an Lehren. Doch den Grundstein legte bei Marks and Spencer jener Junge aus Manchester, der tagsüber an Vaters Marktstand arbeitete und abends mit befreundeten Naturwissenschaftlern diskutierte und der plötzlich auf das völlig neue, unerforschte Gebiet des durch Wissenschaft ermöglichten Einzelhandels mit qualitätvollen Massengütern stieß.

Marks errichtete eines der wenigen homogenen, organisch gewachsenen Imperien. Joe Hyman von Viyella hatte eine andere Vision. Er fand in England eine zersplitterte, unfähige, heruntergekommene Baumwollindustrie vor, die aus einer Unzahl kleiner Familienbetriebe bestand. Unproduktiv investierten sie Kapital, gingen beim Einsatz von Maschinen und von Arbeitskraft unwissenschaftlich vor, Gefühl und Tradition rangierten vor Logik und Kalkulation, kurz, sie hielten sich nur mühsam über Wasser. Hyman hatte die Vision einer neuen, geeinten, integrierten Textilindustrie; einer, die reorganisiert werden müßte, um den neuen, expandierenden Märkten gewachsen zu sein; einer Textilindustrie, die die vielen kleinen, unrentablen Verbraucher fallen ließ und sich um die wenigen großen, rentablen bemühte; die unrentable Kontore schloß und unnötigen Grundbesitz abstieß und die Kapital in Fabriken und Maschinenausstattung investierte, wo es auch wirklich den besten Ertrag brachte. Das Ergebnis war die Viyella International Federation, die innerhalb von zehn Jahren um mehr als das Achtfache ihrer ursprünglichen Größe wuchs und die Hälfte der britischen Baumwollindustrie völlig umwandelte. Hyman hatte die schöpferische Vision und die Führereigenschaften, um sie zu verwirklichen. Zum klassischen Beispiel einer rationalisierenden und vereinigenden Vision, zum Modell für alle, die sich die Bildung eines industriellen Imperiums durch Übernahmen und Fusionen zum Ziel gesetzt haben, wurde Bismarck. Er sah sich einer zersplitterten und unzulänglichen Konföderation deutscher Staaten gegenüber. Manche davon waren unabhängig, manche halb abhängig, einige gehörten zur Habsburger Monarchie, viele von ihnen waren klein und rückständig. Er aber hatte eine einzige deutsche Nation vor Augen, in der alle deutschsprachigen Kleinstaaten mit Ausnahme von Österreich unter der Führung Preußens vereint wären. Dieser Gedanke war durchaus nicht so selbstverständlich, wie er im Nachhinein scheinen mag. Die Kleinstaaten hätten ebenso gut unter Österreichs Führung vereint werden, oder sie hätten auch eine unabhängig funktionierende Konföderation bilden können. Der Wunsch nach einem geeinten Deutschen Reich war nicht neu, aber Bismarck begnügte sich nicht mit Wünschen. Er sah, wie es sich realisieren ließ.

Bismarck ist als Kommissar so berühmt geworden, daß der Yogi in ihm häufig übersehen wird. Tatsächlich aber führte er in der Zeit zwischen seinem vierundzwanzigsten und zweiunddreißigsten Jahr das Leben eines Landjunkers. Er las viel, korrespondierte viel, reiste gelegentlich; am öffentlichen Leben jedoch nahm er kaum Anteil. Vorher hatte er versucht, Staatsbeamter zu werden, erwies sich jedoch als einer jener tatkräftigen jungen Menschen, die sich in großen Organisationen nicht lange wohlfühlen und sie zur spürbaren Erleichterung beider Teile rasch wieder verlassen. Auf die Jahre der Kontemplation folgte ein hervorragendes bisoziatives Training; erst sammelte er umfangreiche Erfahrung auf dem Gebiet der Produktionsmittel und ihrer Probleme, dann studierte er die verschiedenen Märkte. Dem Studium der Produktion dienten die Jahre in der deutschen Innenpolitik, als er Abgeordneter im preußischen Landtag und Gesandter im Bundestag in Frankfurt war. Elf Jahre lang argumentierte er, debattierte und stimmte ab, registrierte die Stärken und die Schwächen seiner deutschen Kollegen, beobachtete, was sie ermunterte und was sie verdroß, was sie hinnehmen und wogegen sie Widerstand leisten würden. Dann wechselte er sozusagen von der Produktion in den Verkauf über; in den drei Folgejahren bereiste er die Märkte. Er war als Botschafter in Rußland und Frankreich, ging auf eine Mission nach Österreich und besuchte England. Als Generaldirektor gewann er dann die nötige Einsicht in die Stärke und die Schwäche, in die Hoffnungen und Ängste seines Landes und der anderen Mächte. Innerhalb von neun Jahren schuf er aus dem kleinen Staat Preußen die große deutsche Nation.

Von Anfang war sich Bismarck nicht nur über die endgültige Form und Größe seiner Organisation im klaren, sondern auch ihren Marktanteil, das neue Gleichgewicht der Kräfte in Europa. Das bedeutete, daß er jede Fusion oder Übereinkunft zwischen seinen Hauptrivalen Rußland und Frankreich unterbinden mußte. Deshalb tat er sein Bestes, um sich mit Rußland gutzustellen und dessen Übereinkommen mit Frankreich zu verhindern. Als sich die Rivalen zu guter Letzt doch noch verbanden, um das Deutsche Reich 1914 zu zerschlagen, war Bismarck bereits sechzehn Jahre tot; sein Werk war in die Hände einer viel schlechteren Managementgruppe übergegangen.

Bismarck hatte seine preußische Vision verwirklichen können, und dennoch endete sie nach seinem Tode in einer Katastrophe. Warum? Trug sie von Anfang an einen Todeskeim in sich? Oder teilten Bismarcks Nachfolger nicht seine Vorstellungen? Fehlte ihnen das Verständnis für Prioritäten, so daß sie Vorfälle als bloß bedauerlich erachteten (wie die französisch-russische Entente), die er bereits als katastrophal angesehen hätte? Das ist anscheinend eine Frage, die die Historiker beantworten müßten. Trotzdem stoßen wir gerade hier auf einen bedeutenden Aspekt, bei dem Bismarcks Führung versagt hat. Wir meinen das Übermitteln der Vision, der Vorstellung.

Es ist schwierig genug, einen Menschen zu finden, der visionäre Kraft mit der Fähigkeit verbindet, seine Vorstellung zu verwirklichen. Soll aber das Unternehmen seinen Austritt überleben, muß er noch mehr tun: Er muß seine Vorstellung übermitteln. Er muß wie ein starker Sender sein, der mit hoher Leistung eine Trägerfrequenz ausstrahlt, auf die sich seine Nachfolger, seine Mitarbeiter und sein Managementteam einstimmen können. Nicht zufällig gehören dieser Kategorie schöpferischer Leiter oftmals emphatisch veranlagte Menschen an, die im Verurteilen wie im Gutheißen heftig und wankelmütig sein können. Man muß die Energie, die sie ausstrahlen, im Verhältnis zu der Deutlichkeit sehen, mit der ihre Signale empfangen werden, und zu der Entfernung, die sie überbrücken. Natürlich kann es sein, daß der Chef nur Weisungen und Verbote sendet; selbst wenn er das nicht tut, wird es entfernteren Managern, die die Mitteilungen nur durch Verstärkung über verschiedene Relaisstationen empfangen können, so vorkommen. Soll die Organisation seinen Abgang überdauern und sich weiterentwickeln, muß er seine visionäre Vorstellung und seine Einsicht voll und ganz der größtmöglichen Anzahl Menschen innerhalb der Organisation übermitteln.

Bei dieser Art der Übermittlung kommt es darauf an, daß der Boß die Mitarbeiter auf seine Signale entsprechend einstimmt, daß er sie »zentralisiert« und heranbildet, die fundamentalen Realitäten seiner Vision zu begreifen. Ob die Übermittlung stattgefunden hat oder nicht, läßt sich beispielsweise leicht bei Kosteneinsparungen sagen. Schon die Tatsache, daß trotz ständiger Vorsicht und Wachsamkeit plötzlich Kosteneinsparungen notwendig werden, ist gewöhnlich schon der Beweis für Stümperei. Dennoch kommt es gelegentlich zu unvorstellbaren Krisen, die dringende und drastische Ausgabenverringerungen erfordern. Schlechte Einsparungsaktionen beginnen normalerweise mit dem Rundlauf, daß alle Ausgaben um zehn Prozent zu kürzen seien. Das wirkt sich dann so aus, daß billigeres Kohlepapier und schlechtere Bleistifte gekauft, notwendige Renovierungen oder Möbelkäufe zurückgestellt werden, nur um sagen zu können: »Wir haben alles nur Mögliche herausgewirtschaftet, wir können auch nicht einen weiteren Penny sparen.« Im Gegensatz dazu beginnt eine wirkliche Einsparungsaktion ganz oben; sie gehört mit zu der Vision. Der Chef macht sich erst einmal selbst eine Vorstellung davon, wie die Organisation trotz einer zehnprozentigen Einsparungsmaßnahme am besten überleben und vorwärtskommen könne. Vielleicht bedeutet das, eine größere Expansion aufzuschieben, eine ganze Abteilung aufzulösen, die Aufgabe eines Produkts, eines bestimmten Kundendienstes oder eine Revision der Pläne des gesamten Unternehmens für die Folgejahre. Eines der spektakulärsten Beispiele für diese Art von Kosteneinsparung hat Admiral Sir John Fisher, »Jackie« Fisher, im Marineministerium durchexerziert. Von 1904—10, und noch ein zweites Mal, von 1914—15 war er Erster Seelord. In dieser Eigenschaft lieferte er eines der unmißverständlichsten Beispiele dafür, was schöpferische Führung bedeutet. Jahr für Jahr verbesserte er trotz drastischer Einsparungsmaßnahmen Leistungsfähigkeit und Kampfkraft der britischen Flotte [19]. Dazu befähigten ihn seine eigene schöpferische Vorstellung von einer Marine, die erheblich von der Marine abwich, die er bei seiner Ernennung vorfand. Er verschaffte der Marine eine Überlegenheit und organisierte sie so, daß sie die deutsche Flotte schlagen konnte. Der Unterhalt eines halben Dutzends Fregatten in jedem Hafen von Mombasa bis Hongkong erschien ihm als fragwürdiger Luxus. Er rückte den Bau von Dreadnoughts, Schlachtschiffen mit weit größerer Geschwindigkeit, Bewaffnung und Feuerkraft, als die alten Schiffe sie besessen hatten, an die erste Stelle. Leidenschaftlich und heftig bekämpfte er all das, was er als Luxusausgaben empfand. In kurzer Zeit hatte sich der Stab der Admiralität auf sein unüberhörbares Signal eingestimmt und teilte Fishers Vorstellung von einer kleineren, aber schlagkräftigen Kampfmarine, die von nun an auf einige wenige Schlüsselpositionen des Erdballs verteilt würde, während man bis dahin aus Traditionsgründen eine riesige Prestigeflotte finanziert hatte, die über die sieben Meere verstreut war. Obwohl immer mehr Dreadnoughts vom Stapel gelassen wurden, senkten Fishers Maßnahmen die Ausgaben der Marine von Jahr zu Jahr. Zur wirtschaftlichen Sparsamkeit bedarf es nicht eines Kalkulators, sondern eines Menschen mit Vorstellungsgabe.

Unerhebliche und knauserige Einsparungsaktionen zeugen von mangelnder Vorstellungsgabe oder dem Unvermögen, Vorstellungen zu übermitteln. Als weiteres Zeichen für diesen Mangel kann man es ansehen, wenn häufig »Regelungen« zu allen möglichen Punkten erbeten werden, zu denen neue Anordnungen gar nicht erforderlich sind. Und je weiter hinunter diese »Regelungen« weitergegeben werden müssen, um so schwächer kommt das Signal an, auch dann, wenn es tatsächlich einmal eine wichtige Mitteilung zu übertragen gilt. In solchen Firmen handeln und entscheiden die unteren Manager (oder tun es auch nicht), daß das Top Management aus dem Entsetzen gar nicht mehr herauskommt. Das ist nicht auf Dummheit zurückzuführen, sondern einfach darauf, daß nicht wahrgenommen wird, was in der Firma jeweils gerade vorgeht. Ich erwähne den Fall einer Firma, die ihren größten und empfindlichsten Kunden auf die Vorführung des Produkts, das sie ihm für einige hunderttausend Pfund verkaufen wollte, über eine Stunde warten ließ, weil im Vorführsaal noch Dachpfannen angebracht wurden. Diese Arbeit hätte in der Nacht zuvor längst erledigt sein können, aber der Verwaltungsmanager konnte ohne vorherige schriftliche Genehmigung nur Überstunden bis zu zehn Pfund vertreten; in diesem Fall hätte es jedoch sechzehn Pfund gekostet; deshalb verschob er den Abschluß der Arbeiten auf den nächsten Morgen. Sicher, er wußte, daß einige hohe Tiere kommen würden, aber was konnte er schon machen?

Das Schlimmste an diesem Beispiel ist, daß in solchen Firmen die Initiative immer mehr erlahmt. Ein starkes und klares Signal von oben bietet dagegen den großen Vorteil, daß sogar ziemlich junge Manager, die einmal darauf eingestimmt sind, gute, unabhängige Entscheidungen treffen können, ohne Verwirrung zu stiften. Sie können telefonische Rücksprachen bestätigen und Anfragen beantworten, sogar der Presse gegenüber. Ihre Antworten werden vernünftig und bestimmt klingen und nicht übervorsichtig und ausweichend, denn sie wissen ja genau Bescheid, was gerade vor sich geht. Dem leitenden Angestellten geistert doch ständig die »letzte Instanz« im Kopf herum: Wird der Aufsichtsrat meine Entscheidung gutheißen, wenn sie ihm zu Ohren kommt? Wenn er aber sein Geschäft versteht und darauf völlig eingestimmt ist, wird er fast immer die richtige Antwort kennen. Wenn nicht, wird er sie wohl niemals wissen und sich daher so vorsichtig und unentschlossen verhalten, wie eben möglich. Einstimmung und Wissen wirken sich auch in anderer Hinsicht aus: Der leitende Angestellte kennt genau seinen Rang in der Hackordnung, die sich in jeder Gesellschaft herausbildet. Eine der häufigsten Fragen, die in Zeiten der Auseinandersetzungen in den Hirnen leitender Angestellter herumgeistern, lautet: Wenn ich zum Chef gehe und sage: »Entweder geht X, oder ich gehe«, wer geht dann? Je genauer ein leitender Angestellter die Antwort für jeden angenommenen Wert X kennt, desto sicherer fühlt er sich. Wenn er meint, die Antwort sei falsch, kann er kündigen; er mag durchaus recht damit haben, daß er geht; vielleicht ist es im langfristigen Interesse der Firma sogar besser, daß er ausscheidet. In derartigen Fällen sind es nicht die dazwischenliegenden Manager, die zählen; um was es geht, ist das voraussichtliche Urteil der höchsten Instanzen. Das Urteil ist nicht deshalb von Wert, weil der Fall jemals vor die höchste Instanz kommen könnte, sondern deshalb, weil der Fall selbst sich löst, ehe er überhaupt zu einem Problem werden kann, weil jeder weiß, wie das Urteil ausfällt. Das ist eine der häufigsten Ursachen, weshalb junge leitende Angestellte Regelungen und Entscheidungen erbitten. Nicht weil sie unbedingt anderer Meinung sind, sondern weil sie sich auf die Trägerfrequenz einzustimmen versuchen, weil sie die zugrundeliegende Konzeption begreifen wollen. Jede Anweisung der Unternehmensführung manifestiert deren zentrale Vorstellung (oder auch das Fehlen einer solchen Vorstellung), sie bedarf aber für Notizen vielleicht einer Interpretation. Fragen wie: »Warum versuchen wir nicht, in die Spitzengruppe unseres Marktes vorzudringen?« oder: »Warum führen wir diesen Auftrag in Einzelfertigung und nicht am Fließband aus?« sind trotz ihres scheinbar kritischen Untertons nichts anderes als der Versuch, zu einem besseren Verständnis zu gelangen. Beantwortet man derartige Fragen gewissenhaft und vollständig und führt die Diskussion, die diese Frage ausgelöst hat, fort, so kann dadurch die Vision, die die Spitze beherrscht, auf die gesamte Firma übertragen werden: eben durch den Dialog, wie bereits ausführlich dargestellt. Andernfalls kann die Vision, die Vorstellung, das Verständnis auch blockiert werden, wenn man einfach antwortet: »Weil ich das sage, und nun gehen Sie an die Arbeit.«

Natürlich kann es auch sein, daß die Unternehmensführung gar keine Vorstellung hat und daß eine Entscheidung einfach schlecht ist. In solchen Fällen bleibt wohl keine andere Antwort übrig als: »Gehen Sie an die Arbeit.«

16. Kapitel

RUHM UND RÜCKKOPPLUNG

Shakespeare, der tiefste Einsicht in so viele Winkel der menschlichen Herzen hatte, scheint seltsamerweise die Wesensart des Führers nie verstanden zu haben. Man bekommt diesen Mangel an Verständnis bei ihm auf verschiedene Weise zu spüren, an keiner Stelle jedoch so deutlich wie in der Rede, die er Heinrich V. am Abend vor Azincourt in den Mund legt. Ihr Tenor unterstreicht die unwillkommene Bürde der Verantwortung, die das Königtum mit sich bringt, spricht von dem »harten Stand, dem großen Zwillingsbruder« und wie reizlos und bedeutungslos das Zeremoniell als Entgelt für den König ist. Hier äußert sich die typische Ansicht des Yogis vom Kommissar; er sieht nur Verdruß und Verantwortung in der Arbeit, sonst nichts. Eine solche Haltung wirkt bei einem schwachen, grüblerischen König wie Heinrich VI. durchaus verständlich, nicht aber bei einem kühnen und stürmischen Führer wie Heinrich V. Aber Shakespeare war in erster Linie Yogi. Ihn beherrschte der Gedanke an jene Zeit, »wenn alle die Beine und Arme und Köpfe, die in einer Schlacht abgehauen sind, sich am Jüngsten Tag zusammenfügen und schreien: ›Wir starben da und da‹«. Niemals beherrscht diese Vorstellung einen Kommissar; als Marlowes Tambourlaine ausruft:

> »Ist's nicht von höchstem Ruhm für einen König
> als Triumphator durch Persepolis zu ziehen?«

formuliert er damit die Vorstellung, die den Kommissar leitet und ihn ermuntert.

Noch heute ist ein klein wenig von der ermunternden Wirkung des Königstums zu spüren, wenn auch nicht gerade bei einem konstitutionellen Monarchen. Der Präsident oder Aufsichtsratsvorsitzende eines Großunternehmens kommt dagegen heutzutage nicht mehr in diesen Genuß. Nur der unternehmensfreudige Industrielle, der schöpferische Führer, dem eine kleine Firma gehört, besitzt noch etwas von jener unabhängigen Autorität.

Er ist oberster Heerführer, leitet Verkaufskampagnen und entscheidet über Produkte; zudem ist er Premierminister und legt die langfristige Politik fest, hat das Amt des Außenministers inne, der die wichtigsten Verhandlungen mit Lieferanten und Kunden führt; er steht an der Spitze der Staatsverwaltung und überwacht die gesamte innere Organisation; und er ist Lordoberrichter, vertritt den Appellationsgerichtshof. Wirtschaftswissenschaftler stellten fest, daß Inhaber kleinerer Fabrikationsfirmen eine ausgeprägte Abneigung zeigen, Kapitalanleihen zu Expansionszwecken aufzunehmen, für die sie Anteile ihrer Firma verpfänden müßten. Sicherlich hält sie nicht Mangel an unternehmerischem Ehrgeiz davor zurück, sondern die Furcht vor dem wahren Leiden eines konstitutionellen Königtums: nicht mehr allein für alles verantwortlich zu sein. Gerade diese Selbstherrlichkeit begrüßen und genießen sie doch. Hypotheken bedeuten aber eine fremde Beteiligung an der Kontrolle des Unternehmens, ein Managerteam. Sie verwandeln Autokraten in konstitutionelle Monarchen. Davor schrecken jene Unternehmer zurück. Macht ist für sie Freiheit. Ihnen kommt nicht die Shakespearsche Vorstellung von einem Menschen, der eine Bürde abschüttelt, in den Sinn, sondern die Vorstellung von einem Menschen, der geradewegs in ein Gefängnis hineinspaziert. In einem bestimmten Sinne ist es sogar leichter, Chef zu sein als Manager. Chef und Manager müssen erfolgreich sein, müssen Ergebnisse erzielen. Doch der Chef kann im Rahmen der Gesetze und Tarifverträge alles tun, was ihm beliebt, der Manager aber hat noch Vorgesetzte, die er erst dazu überreden muß, ihm die Voraussetzungen zu schaffen, unter denen er erfolgreich arbeiten kann. Er muß die gleichen Eigenschaften haben wie ein Chef, zudem aber auch noch Diplomat sein; er darf sich nicht mit seinen Vorgesetzten verfeinden. Der Chef hat keine Vorgesetzten; er wird zwar zu Kunden und Interessenten höflich sein müssen, aber nicht, weil er deren Untergebener ist. Er ist eben deshalb Chef, weil er nicht zum Untergebenen geschaffen ist.

Die persönlichen Eigenschaften und Motive des schöpferischen Leiters, des Unternehmers, lassen sich nicht verallgemeinern; sie unterscheiden sich sicherlich in manchen Punkten, in Geschmack, Gewohnheiten, Benehmen, Glauben. Und dennoch gewinnt man den Eindruck, daß diesen Männern einige recht präzise definierbare Charakteristika gemeinsam sind, die auf eine kraftvolle Persönlichkeit schließen lassen. Dieses kraftvolle Bewußtsein der eigenen Persönlichkeit ist nicht weiter verwunderlich; einen Betrieb aus kleinsten Anfängen erfolgreich aufzubauen, sei es innerhalb eines Großunternehmens, sei es eine unabhängige Gründung, bedarf es besessener Anstrengungen. Ferien, Ersparnisse, Hobbies, Ehefrauen, Kinder, Schlaf, alles wird den Erfordernissen des Unternehmens geopfert. Shakespeare mag annehmen, Pflichtgefühl und Verantwortungsbewußtsein seien die treibenden Kräfte. Ich meine, ein selbstbewußtes Ego, das sich mit Erfolg oder Mißerfolg des Unternehmens identifiziert, ist ein stärkerer Antrieb. Es zeigt sich oft als Verlangen nach Anerkennung, als eine Art Eitelkeit, die wie Arroganz wirkt und leicht verletzlich ist; die Wunden aber sind nur der Ansporn zu noch verzweifelteren Anstrengungen. Ein leichter bis ausgeprägter Verfolgungswahn scheint ebenfalls mit dieser Art Ego einherzugehen, ein Gefühl, daß alle diejenigen, die nicht vernichtend geschlagen werden, sich in gemeinsamem Haß als Feinde verbünden. Sowohl Bismarck als auch Fisher kannten nur Freunde oder Feinde, ein Phänomen, das von Menschen, die schöpferischen Leitern begegnen, häufig erwähnt wird. Sie lieben oder hassen viel unvermittelter als andere Menschen. Doch all das spornt sie noch mehr an, es läßt sie Freuden geringschätzen und ein arbeitsames Leben führen. Ruhm ist ihr Ansporn, wie Milton sagt. Die Römer fanden dafür Anerkennung und gestanden ihren erfolgreichen Generälen Siegeszüge zu. Ein Tag wurde zum Feiertag erklärt, das Volk säumte die Straßen, und der siegreiche General führte zu Pferd seine Truppen durch die Straßen bis zu jenem Triumphbogen, der ihm auf ewig gewidmet wurde; den Truppen folgte ein großer Zug Gefangener und Kriegsbeute. Drohte ein General in der libyschen Glut oder im dakischen Regen zu erlahmen, brauchte er nur seine Augen zu schließen, um die Huldigung der begeisterten Menge, das ewige marmorne Denkmal seiner Eroberungen vor Augen zu sehen. Nicht für Rom, sondern um seines eigenen Ruhmes willen beflügelte das seine Kräfte. Das Verlangen nach öffentlichem Beifall wird in unserer modernen Gesellschaft längst nicht mehr genügend befriedigt. Ein paar Zeitungsartikel, eine Ordensverleihung durch die Regierung, vielleicht ein Adelstitel auf Lebenszeit, nehmen im Leben der modernen Industriekapitäne bestenfalls den Platz ein, den der Siegeszug einst für den römischen General bedeutete.

Egoismus, Eitelkeit, Eigennutz, Verlangen nach Anerkennung und leichte Verletzlichkeit sind natürlich nicht allzu hervorstechende Charaktereigenschaften schöpferischer Leiter; manch einer, der sich dieser Eigenschaften mehr bewußt ist, hält sie auch besser unter Kontrolle; trotzdem treten sie auch dann noch in irgendeiner Weise hervor. Dessen ungeachtet versammeln diese Menschen fast immer eine treu ergebene Gruppe um sich. Ein Grund dafür ist ihre starke persönliche Anziehungskraft; ein anderer ist, daß sie ein Ziel vor Augen haben, eine Aufgabe, etwas zu schaffen; das reizt die meisten Menschen, und viele können dem nicht widerstehen. Die Leiter kennen ihr Ziel, und die, die für sie arbeiten, arbeiten nicht nur für ihr Geld, sondern auch für die Sache, der sie dienen. Die Führer bemühen sich darum, gerecht zu sein, und verhalten sich ebenso loyal, wie man ihnen loyal begegnet. Doch paradoxerweise fühlen sich diejenigen, die in ihrer unmittelbaren Nähe arbeiten, immer etwas unsicher. Sie würden dem Leiter überallhin folgen, trotz der ständigen Befürchtung, er könnte sie austauschen, was sie ihm jedoch nicht übelnehmen. Miltons Formulierung des Verhältnisses zwischen Adam und Eva, »Er für Gott allein, sie für Gott in ihm«, trifft oft auf den Leiter und seine

Gruppe zu. Die Gruppe folgt ihm als der Inkarnation ihres Ideals, aber er verfolgt nur sein eigenes Ziel. So sehr der Leiter seine Gruppe, sein Team oder seine Anhänger auch schätzt, sie dürfen ihm nicht in die Quere kommen, und sie dürfen in der Verfolgung des großen Ziels auch nicht nachlassen. Und weil bei ihm alle anderen Bedürfnisse — Heim, Familie, Vergnügen —, verglichen mit der großen Aufgabe, so schwach ausgeprägt sind, setzt er das gleiche bei ihnen voraus. Einsprüche wie: man brauche etwas Freizeit oder müsse vor Morgengrauen daheim sein, läßt er nicht gelten. Das Verhältnis zum Leiter hat durch seine Intensität und durch seine Ansprüche oft etwas vom Wesen der Liebe an sich; Menschen, die einmal zu einer Gruppe gehörten und sie verließen, werden wie Ex-Mätressen angesehen, die aufgegeben haben. Die Leidenschaft ist erstorben, aber die Erinnerung an die Intimitäten läßt sich nie ganz auslöschen.

Häufig hört man über jene Leiter die Klage, sie würden sich zuviel in Details einmischen, die sie anderen überlassen sollten. Teilweise tun sie das, weil sie niemandem voll vertrauen. Da sie als einziger eine vollständige Vorstellung haben, können sie selbst beim vertrautesten Mitarbeiter nie ganz sicher sein, ob er die Bedeutung aller Überlegungen voll versteht. Doch es gibt noch einen Grund; ein Projekt kann schon an einem winzigen Detail scheitern, zum Beispiel am Preis, Termin oder an der mangelnden Qualität. Der Leiter wird daher alles unentwegt selbst überprüfen, da sein ganzes Ich so sehr am Ergebnis hängt. Und der wirklich schöpferische Leiter versteht sein Geschäft bis ins Detail. Er weiß, wieviel Zeit wichtige Dinge beanspruchen, was sie kosten, wo man sparen kann und welches Risiko man dabei eingeht. Auf höchster Ebene wird nur der mit Millionen erfolgreich umgehen, der zuerst mit Hunderttausenden, Zehntausenden und Tausenden gerechnet hat. Eine Million Pfund bedeuten einem gar nichts, wenn sie einem in den Schoß gelegt werden; nur wer sich zielbewußt hocharbeitet und die vorangegangenen Stadien des Aufstiegs durchlaufen hat, kann mit den Millionenbeträgen einmal richtig umgehen. Spenser sagt:

»Wie darfst du größere Geheimnisse erfahren,
der selbst die kleinsten noch nicht kennt?
Schlecht beherrscht die großen, der die kleinen nicht
erfassen kann.«

Eine schöpferische Gruppe erfolgreich zu leiten, kann einen Rauschzustand auslösen. Die Gefahr lauert dort, wo der Leiter der Versuchung erliegt, an seinen eigenen Mythos zu glauben, an unheimliche Gaben, die er besitzt, und daran, daß er ein Übermensch sei. Schließlich meint er, dafür beachtliche Beweise zu haben: den Erfolg des Unternehmens, die Vernichtung von Konkurrenten, die offensichtliche Bewunderung, die ihm als fähigem, geistreichem Menschen zuteil wird; vielleicht gibt es für ihn überhaupt kein Versagen. Solche Trunkenheit ist verlockend, doch sie tötet den Lebensnerv. Dieser Lebensnerv muß erhalten und empfindsam bleiben, selbst wenn er schmerzt; denn der Schmerz ist die Warnung vor größerer Gefahr.

Dieser sechste Sinn ist in Wirklichkeit der Rückkopplungsmechanismus; er ist eine Seite des empfindsamen, leicht verwundbaren Ichs. Den Molochs, den einfachen Kommissaren mangelt es häufig an derartiger Rückkopplung; deshalb brauchen sie auch Anleitung von oben. Der Mann an der Spitze jedoch kommt ohne diesen Nerv nicht aus. Dieser sechste Sinn empfängt schon sehr schwache Signale, wenn etwas nicht in Ordnung ist. Die anderen mögen restlos zufrieden sein, sie leiden ja auch nicht so sehr darunter, wenn etwas schiefgeht. Der Mann aber, der durch seinen Fehlschlag am meisten leidet, wird auch am meisten vor ihm auf der Hut sein; und deshalb lauscht er angespannt auf jede Warnung. Es braucht nur der leichte Unterton in der Stimme eines wichtigen Kunden am Telefon zu sein, ein zufällig im Geschäft aufgeschnappter Gesprächsfetzen, eine Verkaufsziffer, die etwas höher hätte ausfallen sollen: Zeichen, die andere nicht beachten, selbst wenn sie sie überhaupt wahrnehmen würden. Dem schöpferischen Leiter aber fällt die Lücke auf, er macht sich Sorgen deshalb und überlegt, wie er sie schließen kann; wie er Verbesserungen vornehmen kann, ehe die Scharte für andere sichtbar wird.

Es ist das Paradox am Leiter, daß er ohne Vertrauen und ohne Zweifel nicht erfolgreich sein kann. Sein Vertrauen ist wichtig für die Moral der gesamten Gruppe; an schwarzen Tagen ist es seine strahlende Gewißheit, die sie munter hält. Trotzdem muß er alles, was er tut, in Frage stellen oder beargwöhnen; er muß ständig so wachsam sein, daß er bereits das erste Anzeichen eines Irrtums oder Versagens wahrnimmt, er muß seinen Rückkopplungsnerv so empfindlich wie möglich erhalten. Dazu gehört auch, daß er die Kritik seiner Untergebenen genau beachtet. Den ungeduldigen Autokraten, umgeben von servilen Jasagern, gibt es in der Literatur häufiger als in der Wirklichkeit. Es gibt zwar Leiter, die ihren Rückkopplungsnerv abtöten, weil der Erfolg sie vergiftet oder die zahlreichen Hiobsbotschaften zu schmerzlich sind; Hitler ist ein Beispiel dafür, Napoleon und vielleicht auch Henry Ford. Dann aber läßt gewöhnlich ein verhängnisvoller Zusammenbruch nicht mehr lange auf sich warten. Der Sieg in der Schlacht um England wurde dem Umstand zugeschrieben, daß Dowding und Park sich gegen Churchill durchzusetzen vermochten; ihre Gegenspieler in Deutschland aber nicht gegen Göring. Man möge das als Beweis dafür ansehen, daß Churchill Rückkopplung zu würdigen wußte und Göring nicht. [20] Häufig ist der erfolgreiche schöpferische Leiter gewillt, auf jedermanns Kritik zu hören, vom Vizepräsidenten bis hinunter zur Putzfrau. Seine Untergebenen geraten dann vielfach in Rage, wenn sie entdecken, aus welcher untergeordneten Quelle Beschwerden über sie stammen.

Schwierig wird es, wenn die Wurzeln eines Fehlers schon in der Idee oder Entscheidung des Leiters gesteckt haben. Wie kann ein Mann, dessen Eitelkeit, dessen Ich seine treibende Kraft ist, einsehen und zugeben, daß die Schuld bei ihm liegt? Marcus Wallenberg, der große schöpferische Bankier — ein Industrieller, auf den ein großer Teil der industriellen Erfolge Schwedens zurückgeht —, machte hierzu eine interessante Bemerkung. Er ist Aufsichtsratvorsitzender von mehr als zehn Großunternehmen und gehört den Aufsichtsräten von einigen fünfzig weiteren an. In seiner Jugend war er ein international bekannter Tennisspieler und legte den allergrößten Wert darauf, im Leistungswettkampf an der Spitze zu liegen. Ist man das erst einmal gewöhnt, meint er, und nicht bereit, sich mit geringen Erfolgen zufriedenzugeben, wird man sich nie auf das Wetter oder schlechte Bodenverhältnisse herausreden; auch nicht auf das größere Glück des Gegners. Man muß die eigene Spielweise völlig nüchtern analysieren und Fehler und Schwächen ausfindig machen. Wenn möglich, muß man sie korrigieren, ansonsten sein künftiges Spiel so anlegen, daß Schwächen, die nicht zu beseitigen sind, wenigstens nicht sichtbar werden. Wallenberg glaubt, aus diesem Training seiner Jugendzeit eine der wichtigsten Lehren gewonnen zu haben, die Lehre nämlich, bei sich selbst die Ursachen des Versagens zu suchen. Junge Menschen schwören natürlich auf die Richtigkeit ihrer Entscheidungen und Vermutungen, auf die hohe Qualität ihrer eigenen Ideen und Vorstellungen, auf die Unfehlbarkeit ihrer Menschenkenntnis. Solche Aktien sind aber für den schöpferischen Leiter eines Unternehmens auf die Dauer zu unsicher. Einmal wird es für ihn Zeit, solche Einzelanteile abzustoßen und sein Ego in den Gesamtkatalog des Unternehmens — und nur in ihn allein — neu zu investieren. Sein Ego findet Befriedigung darin, wenn das Unternehmen floriert. Es stößt sich keinesfalls an dem Gedanken, möglicherweise in der Vergangenheit einen Fehler gemacht zu haben. Im Gegenteil, sein Ego findet sogar eine weitere Befriedigung darin, großherzig zu sein, Irrtümer zuzugeben. Ein schwerwiegender Fehler in einem frühen Stadium der Karriere eines Leiters kann dessen Unternehmereigenschaften in hervorragender Weise mitprägen. Das BBC-Fernsehen brachte an einem ersten April einmal eine Scherzsendung: einen Film über die italienische Spaghetti-Ernte, in dem lächelnde Bauernmädchen große Büschel Spaghetti von Bäumen ernteten. Einer der vielen, die auf diesen Scherz hereinfielen, war der Generaldirektor der BBC selbst. Ich glaube, das war ein Gewinn für ihn. Später erklärte er, das hinge damit zusammen, daß er auch lange geglaubt habe, Erdnüsse wüchsen auf Bäumen. Als er aber entdeckte, daß sie in der Erde wachsen, sah er plötzlich ein, daß lebenslang gehegte Vermutungen, die nicht durch kritische Beobachtungen bestätigt sind, falsch sein können. Bei dieser Gelegenheit mag ihm diese Erkenntnis nicht viel genützt haben, aber im Prinzip ist sie vernünftig.

Neben dem sechsten Sinn, der absoluten Notwendigkeit des Erfolgs und anderen Führungseigenschaften braucht ein schöpferischer Leiter unbedingt Zeit. Alle anderen Eigenschaften liegen in seinem Charakter begründet, diese eine aber nicht. Will man etwas Dauerhaftes schaffen, ist der Zeitfaktor von allergrößter Bedeutung; die Arbeitszeit muß lang bemessen sein, und man muß einen Betrieb viele Jahre führen. Raschen Erfolg kann man in einem oder zwei Jahren erzielen, doch fast alle großen Industriekapitäne haben viel länger an ihren Bauwerken gearbeitet. Alexander der Große vollbrachte innerhalb von acht Jahren nahezu Wunder, aber das Reich seiner Träume zerbrach nach seinem Tod. Kaiser Augustus dagegen hatte vierundvierzig Jahre Zeit, die zersplitterte römische Republik zu dem größten Weltreich auszubauen, das uns bekannt wurde. Ebenso verfuhr Alfred Sloan im Laufe von dreiundzwanzig Jahren mit General Motors; er formte aus einer aufgesplitterten Kette von Unternehmen eines der größten Industriereiche, die es jemals gab. Oft können die Menschen an der Spitze erst nach Jahren übersehen, ob ihre Entscheidungen falsch oder richtig waren. Es braucht auch Zeit, um Schlüsselpositionen mit Menschen eigener Wahl zu besetzen; es braucht Zeit, um das Vertrauen und den Respekt der Kollegen zu gewinnen; es braucht Zeit, alte und schlechte Verfahren aufzugeben, um mit neuen, besseren beginnen zu können. Hat man genug Zeit, nimmt diese Zauberformel Gestalt an: Man wandelt sich als Neuling unter Veteranen allmählich zu einem Veteran unter Neulingen. Zu den größten Glücksfällen einer Firma zählt der, lange Zeit einen vorbildlichen Leiter zu haben. Drei erstklassig leitende Direktoren können Wunder wirken, wenn jeder seine Stellung ein Drittel Jahrhundert behält. Dieser Umstand ließ erst aus einem winzigen, unbedeutenden Emirat in Kleinasien das Osmanische Reich entstehen; es überdauerte sechs Jahrhunderte. [21]

Drei starke leitende Direktoren, Heinrich VII., Heinrich VIII.

und Elisabeth I., [22] schufen das britische Weltreich aus einer in Gruppenfehden zersplitterten Insel. Trotz eines kurzen blutigen Zwischenspiels formten sie es zu einer geeinten und blühenden Nation, zum Sieger über die spanische Armada und betrieben weltweiten Handel und Kolonisation. Wie ein Blick auf die katastrophale vierzigjährige Herrschaft Heinrichs VI. zeigt, genügt eine lange Amtsperiode allein noch nicht. Doch ohne sie hat keine der anderen Eigenschaften eines schöpferischen Menschen Gelegenheit, sich voll zu entfalten.

17. Kapitel

DIE SCHRECKENSKAMMER

»Alle glücklichen Familien ähneln sich« — schreibt Tolstoi am Anfang von *Anna Karenina* — »jede unglückliche Familie ist es auf ihre eigene Weise.« Es mag richtig sein, daß alle guten Führer einander ähneln, während jeder schlechte auf seine persönliche Art und Weise schlecht ist; genauso wie es eben nur eine Gesundheit, aber viele verschiedene Krankheiten gibt. Man trifft aber so oft auf gewisse Typen schlechter Führer, wie sie in Staats- und Unternehmensführung häufig vorkommen, daß es die Mühe lohnt, einige von ihnen zu erwähnen. Einmal als abschreckendes Beispiel; darüber hinaus aber auch, weil man anhand verletzter Prinzipien allgemeine Gesetzmäßigkeiten leichter darstellen kann als an Prinzipien, die unangetastet bleiben.

In Kapitel 16 habe ich bereits die Hitler-Napoleon-Henry-Ford-Typen als schlechte Führer bezeichnet, weil sie ihren sechsten Sinn unterdrückten. Ein Führer, der sich mit Ja-Sagern umgibt, gleicht einem Piloten, der sich im Blindflug auf Instrumente verläßt, die ihm anstelle ihrer wahren Messungen nur die Werte angeben, die ihm genehm sind. Mehr noch, derartige Diktatoren drängen alle starken und unabhängigen Köpfe aus der Organisation hinaus und bringen alle kritischen Einwände gegen die politischen Richtlinien zum Verstummen. Wenn es dann zum Zusammenbruch kommt, ist gewöhnlich keine vernünftige Alternativpolitik zur Hand und auch kein qualifizierter Leiter, der das Kommando übernehmen könnte. Als Henry Ford alle Entscheidungsgewalt übernahm und Spitzel auf seine Manager ansetzte, um sie bei eigenen

Entscheidungen zu ertappen, sorgte er dafür, daß ein möglicher Zusammenbruch verheerend sein würde. Es wird angenommen, daß dies fünfzehn Jahre vor dem Zeitpunkt geschah, von dem an die Firma wieder Gewinn abwarf. [23] Wenn gesagt wird, absolute Diktatur berge bereits den Keim ihres eigenen Untergangs in sich, so heißt das eigentlich, daß sie nicht den Keim ihres eigenen Überlebens beinhalte.

Sie ist eine besondere Art schlechter Führung, da man erst eine Serie beachtlicher Erfolge gehabt haben muß, ehe man überhaupt auf sie verfallen kann. Jene Arten schlechter Führer jedoch, die diese Schreckenskammer bevölkern, steigen niemals hoch genug hinauf für solch einen folgenschweren Sturz; ihre Karriere besteht aus einer Folge taumelnder Fehltritte in Löcher, die sie sich selbst gegraben haben.

König Lear. Von allen Trugschlüssen über das Wesen des Führers ist der des Königs Lear der verlockendste. Es ist so hübsch, selbst Generaldirektor zu bleiben, aber die gesamte Autorität an zwei oder drei Fachmanager zu delegieren. Sie haben den Ärger und den Angstschweiß auszubaden, selbst aber heimst man die Ehre und den Ruhm ein. Der Ärger beginnt natürlich — wie Lear erkannte —, wenn die Fachmanager aufzumucken beginnen; in diesem Fall also Goneril und Regan, zusammen mit den Herzögen von Albany und Cornwall. Sie verweigerten ihm nämlich ihre Informationen über ihre Aktivitäten (sie warfen ihn aus ihren Festungen), sie entkleideten ihn seiner verbliebenen Macht und seiner Mannschaft (sie entließen seine Leibwache), sie ließen ihn verzweifelt und machtlos, über ihre Undankbarkeit heulend, einsam zurück. Shakespeare erwartet zwar nicht, daß wir Lear bewundern; aber seine Annahme, wir seien schockiert und entsetzt über das unnatürliche Verhalten der Töchter und ihrer Genossen beweist deutlich, wie wenig Shakespeare das Wesen echter Führung verstand. Man ist zwar entsetzt, aber nicht schockiert oder überrascht. Man mag über die Töchter denken, wie man will, was ihre Vorstellungen von Macht und Führung betrifft, verhalten sie sich nicht unnatürlich. Wobei zu hoffen bleibt, daß die meisten

Familien besser zurechtkommen als die Lears; so wie Lear es sich gewünscht hatte.

Ärger und Verantwortung sind ein Teil des Preises, den man für die Macht zu entrichten hat. Wirkliche Macht drückt sich nicht in Dokumenten und Memos aus, in denen Aufgabengebiete und Zuständigkeitsbereiche umrissen werden, sondern darin, was man in der Praxis erreicht. Die Chefsekretärin kann, wie die Mätresse eines Königs, große Macht ausüben, ohne jegliche oder zumindest ohne nennenswerte Autorität. Ebenso kann der Kopf einer großen Körperschaft oder Gesellschaft machtlos sein wie Lear, trotz unbeschränkter theoretischer Machtbefugnis. Macht offenbart sich in der Anerkennung der eigenen Autorität durch andere, die genau wissen, daß sie unterliegen würden, während man selbst Sieger bliebe, sollten sie einmal Widerstand leisten. Und so wird ein Chef in Lears Lage die Entdeckung machen, daß Goneril und Regan, der Produktionsleiter und Marketing-Direktor, seine Anweisungen mißachten. Die einzige Machtbefugnis, die ihm zu dem Zeitpunkt verblieben ist, besteht darin, sie hinauszuwerfen. Es ist ihm aber klar, daß jeder von ihnen — falls er sie feuert — bei einem expandierenden Konkurrenten eine bessere Stellung erhält und daß jeder Gefeuerte die zwölf wichtigsten Mitarbeiter seiner Abteilung nachziehen wird. Muß ein Lear vor dem Aufsichtsrat referieren, stellt sich dabei heraus: Seine Macht ist dahin! Selbst wenn ihm hundertprozentige Billigung zuteil wird, ist er doch im Stich gelassen. Es bleibt ihm nichts anderes übrig, als die Niederlage zu akzeptieren, oder er muß ein Samson werden und die Firma zerstören. Aber während Samson als großer tragischer Held in der Erinnerung fortlebt, wäre er nichts als das abschreckende Beispiel eines leitenden Direktors.

Sorgenfreie Führung ist ein Widerspruch. Der Leiter muß wissen, daß die wichtigsten Entscheidungen seiner Verantwortlichkeit unterliegen; daß alle ihm Sorgen aufhalsen können, wohingegen er Sorgen niemandem abtreten kann. Die anderen bezahlen ihn dafür mit einem Teil ihrer Freiheit, Unabhängigkeit, Selbständigkeit. Das ist eine Art Autoritätssteuer, die er erhebt, und die die

»Steuerzahler« in dem Umfange freiwillig entrichten, als sie mit ihrem Gebrauch zufrieden sind. Solange er mit der ihm übertragenen Autorität wichtige Schlachten führt oder wichtige Reformen durchsetzt, zahlen sie ihren Tribut bereitwillig weiter. Wenn sie jedoch feststellen, daß er ihre Steuern ungenutzt läßt und vergeudet, und zudem herausfinden, daß sie sich um diese Einrichtungen herumdrücken können, tun sie dies sofort. Bemerken sie dann, daß sie von nun an die wichtigsten Entscheidungen auf eigene Faust treffen, fällt ihnen bald das gleiche auf wie Goneril und Regan, nämlich, daß sie für das Unternehmen von größerem Wert sind als der Leiter. Dafür gibt es eine einfache Gleichung:

$$\text{Autorität} + \text{Verantwortung} = \text{Macht}$$
$$\text{Autorität} - \text{Verantwortung} = \text{Entmachtung}$$

Der römische Kaiser Augustus strebte die ganze Realität der Macht an, nicht bloß den Schein; er war genau das Gegenteil von König Lear. Augustus behielt sich das Kommando über die aufrührerischen Provinzen selbst vor. Vielleicht bezweifelte er, daß ein anderer dazu fähig sei; vielleicht aber wußte er auch, daß es gefährlich und problematisch war, die Verantwortung für diese schwierigste Aufgabe einem anderen zu überlassen und ihm damit die Autorität über die größte Armee im Reich zuzugestehen.

Löwenherz. Richard Löwenherz war einer jener Manager, die in ihrem eigenen Fach Hervorragendes leisteten, jedoch niemals in den größeren Verantwortungsbereich der gesamten Unternehmensführung hineinwuchsen. Er war ein ausgezeichneter Soldat; von dieser Leidenschaft konnte er sich nicht lösen, als er König wurde. Er nahm an den Kreuzzügen teil, die für ihn wirklich nicht wichtig waren, und geriet außerhalb Englands in die schlimmsten Verwicklungen. Mehr noch: Die finanziellen Aufwendungen für die Kreuzzüge waren viel zu hoch und wären in anderen Teilen des Unternehmens dringend gebraucht worden. Löwenherz war ein großer Kriegsheld, aber als König ein Versager. In der Industrie gibt es viele Löwenherzen. Das sind diejenigen, die meinen, alles selbst machen zu müssen, die Verkaufsleiter, die den Übergang zur Unternehmensführung nicht schaffen; immer noch bemühen sie sich selbst um alle Großkunden, anstatt Voraussetzungen zu schaffen und Verfahrensweisen festzulegen, in deren Rahmen andere wirkungsvoller verkaufen könnten. Wenn sie Generaldirektor werden, so täuscht sie ihr beruflicher Spezialistenstolz über die wirklichen Fehler in der Organisation hinweg; sie leben daher in dem Glauben, daß die Verkäufer nicht mehr so tüchtig seien wie zu ihrer Zeit. Es ist schließlich ein schwieriger Übergang vom befähigten Produktionsingenieur oder Verfahrenstechniker zum Produktionsleiter, vom Verkäufer zum Verkaufsdirektor. Man muß bereit sein, das handwerkliche Geschick, auf dem bisher alle Sicherheit, Selbstachtung und Ansehen basierten, einfach aufzugeben, oder es doch wenigstens nicht mehr so wichtig zu nehmen. Wichtig ist in dieser Situation einzig und allein, sich auf die Erfordernisse in der Führung anderer Menschen einzustellen, die ihrerseits entsprechende fachliche Fähigkeiten mitbringen. Je größer die fachliche Qualität eines Angestellten ist, desto schwieriger wird es, sie aufzugeben. Bei einem Handwerker verrät tatsächlich nicht sein hervorragendes fachliches Geschick den potentiellen Manager, sondern im Gegenteil die Bereitschaft, sein fachliches Können als Teil dem Ganzen unterzuordnen. Er würde sonst andere Abteilungen für Fehler verantwortlich machen, die außerhalb ihrer Kontrolle liegen. Als ein Mann der Produktion dürfte er zu Recht den Verkauf nur wegen Fehleinschätzungen oder ungenügender Informationen im Entwicklungsstadium beschuldigen, aber nicht wegen der Tatsache, daß sie Produkte eiligst anfordern, wenn die Wettbewerbssituation dies erfordern sollte. Doch der angehende Löwenherz will es nicht auf diese Weise sehen: Weisheit und Torheit anderer unterscheidet er nur unter dem Gesichtspunkt, ob sie ihm seine Arbeit erleichtern oder erschweren.

Nikolaus II. Ein guter Führer greift aus einer Menge ermutigender Berichte zuerst die Störfaktoren heraus; es gibt aber auch Führer, die mit traumwandlerischer Sicherheit aus jedem Bericht nur die wenigen angenehmen Krümel herauspicken, sich aber allen Anzeichen einer nahenden Katastrophe verschließen. Zusammen mit seiner Gattin errichtete Zar Nikolaus II. ein Luftschloß nach dem anderen und bewohnte es in seiner Phantasie bis 1917. Obwohl die revolutionären Anzeichen unmißverständlich waren, gelang es ihm immer wieder, sie zu mißdeuten und sich an Hand von Bagatellen Mut zu machen. Anscheinend besitzt die Menschheit eine wunderbare Kraft zur Selbsttäuschung, die sich im Unglück bei schwachen Führern bemerkbar macht. Sie klammern sich an wenige gute Statistiken, an eine schmeichelhafte Kundenbemerkung über ein Erzeugnis, einen geringfügigen Geschäftsrückgang bei einem Konkurrenten, und verbannen alles andere aus ihrem Denken. Anscheinend finden sich immer Menschen bereit, dieser Schwäche Vorschub zu leisten, die mit falschen Ermutigungen selbst dann nicht sparen, wenn der Mob bereits vor den Toren des Winterpalastes steht. Die Menschen hingegen, die voraussehen, was sich anbahnt, und davor warnen, werden als Langweiler empfunden, über die sich der gesamte Märchen-Hofstaat belustigt, wenn die Warner die Sitzung verlassen haben. Derart schwache Führer glauben gewöhnlich an einen Stein der Weisen, irgendein Wundermittel gegen alle Übel. »Unser Ansehen ist schlecht, weiter nichts.« »Wir haben nur gewisse Verständigungsschwierigkeiten.« Nikolaus II. und besonders seine Zarin gerieten unter den Einfluß Rasputins; ihre Pendants in heutigen Organisationen fallen Scharlatanen anheim, die trügerische Allheilmittel feilbieten. Das mag ein Public-Relations-Mann sein oder ein Industrieberater oder irgendeine seltsame graue Eminenz, die sie auf einem Empfang aufgelesen haben. Das geheimnisvolle Wundermittel kann in einer neuen Organisationstafel bestehen, in einem Computer, einer Prestige-Werbekampagne oder in jedwedem anderen okkulten Verfahren, dessen Erfolg oder Versagen man nicht nachweisen kann; bis es dann ohnehin zu spät ist, um sich noch daran zu erinnern, was damit überhaupt beabsichtigt war. Es könnte auch manchmal etwas Sinnvolles sein, aber es wird so lange keine Aussicht auf Erfolg haben, als ein Nikolaus am Werk ist.

Georg I. In seinem tiefsten Innern blieb Georg I. (wie auch Georg II.) Kurfürst von Hannover, auch noch als König von England. Obgleich dieses Kurfürstentum nur geringe Bedeutung hatte, verbrachte er dort viele Jahre seiner Regierungszeit. Das hatte zur Folge, daß seine Manager die Kontrolle über die Firma gewannen; das Kabinett übernahm immer mehr königliche Machtbefugnisse. Diese Fehlhaltung ähnelt der Richards I.; er übernahm als Chef die Leitung, nachdem er Generaldirektor einer der Niederlassungen oder Tochtergesellschaften gewesen war, konnte aber nicht über den eigenen Schatten springen, denn er verbrachte nach wie vor einen sehr großen Teil seiner Zeit in der Niederlassung und befaßte sich viel zu sehr mit deren Problemen. Denn er schien nur dort wirklich glücklich zu sein, wo er sich mit seinen ehemaligen Kollegen abgeben konnte.

Georg III. Für einen neuen Chef ist es immer verhängnisvoll, gleich nach seiner Ernennung auf starke Feindseligkeit zu stoßen. Georg III. fand aus den Schwierigkeiten einen falschen Ausweg. Anstatt gelassen die Argumente der Opposition auf Brauchbarkeit oder bloße Effekthascherei hin zu prüfen, verschloß er starrsinnig sein Gehör. Er regierte zusammen mit fügsamen und unterwürfigen Ministern, die entweder genauso uneinsichtig waren wie er selbst oder dies um ihrer persönlichen Vorteile willen vortäuschten. Man braucht nicht lange in einer derartig geführten Organisation zu arbeiten, um den Zorn, den Spott und den Haß all derer zu verstehen, die übergangen und ausgeschlossen wurden, besonders wenn die Ereignisse ihnen recht geben. Nur wenige Generaldirektoren, die nach dem Muster Georgs III. vorgehen, erzielen eine solche Panne wie den Verlust von Amerika, aber die Möglichkeit zu geringfügigeren Mißerfolgen steht auch ihnen offen.

Eduard der Bekenner. Unvermeidlich scheint es zu sein, daß der philosophisch orientierte König, der nur Philosoph und überhaupt nicht König ist, ins Unglück gerät. Die Katastrophe, die Eduard heraufbeschwor, fand erst nach seinem Tod im Jahre 1066 statt; während seiner Regentschaft überließ er die Regierung Harold Goodwinson, nominierte jedoch William of Normandy zu seinem Nachfolger. Eduard war ein frommer Mann, der sich in Zurückgezogenheit intensiv der Kontemplation und dem Gebet widmete und folglich auf die Schlacht von Hastings zusteuerte. Heinrich VI.

war ebenfalls ein frommer Mann; ihm verdankt England die Rosenkriege. Der nachdenkliche, intellektuelle Generaldirektor fühlt sich am wohlsten auf Vortragsreisen oder beim Schreiben eines Buches, im Vorsitz Königlicher Kommissionen, in Regierungskomitees oder wenn er Grußbotschaften an Universitätslehrer und Staatsbeamte richtet. Das harte, unsaubere und sorgenvolle Geschäft der Organisationsleitung liebt er nicht sonderlich; er ist eher der Meinung, die Organisation halte sich selbst in Gang. In Wahrheit hält sie, bestenfalls, jemand anders für ihn in Gang. Meist sind es mehrere Menschen, die sich darum bemühen, bis es aussieht wie in einem Bus, dem der Fahrer fehlt: Eine Hälfte der Mitfahrenden reißt sich um den Platz des Fahrers, während der Rest versucht, das Fahrgeld zu kassieren. Aus Shakespeares *Der Sturm* wird klar ersichtlich, daß Prospero ein Eduard der Bekenner war:

>»Warf ich das Regiment auf meinen Bruder
>Und wurde meinem Lande fremd, verzückt
>Und hingerisen in geheimem Forschen . . .«

Er zog sich in seine Bibliothek zurück, überließ alle Autorität und Verantwortung Antonio und erwartete, weiterhin unangefochten Herzog von Mailand zu bleiben. Als sein Bruder ihn entmachtete, schaute er gequält und erstaunt drein, obwohl er selbst es doch war, der seine Entmachtung eindeutig herbeigeführt hatte. Frank Pace von General Dynamics (siehe Seite 50) scheint offenbar auch ein Eduard der Bekenner gewesen zu sein, ein Yogi in Kommissarsposition. Er war ein geübter Anwalt, der hervorragende Yogipositionen wie die des Leiters der Haushaltsabteilung des Heeresministeriums inne hatte, jedoch nie ein Unternehmen geleitet hatte, bevor er General Dynamics mit seinen 106 000 Beschäftigten und neun Feudalbaronien übernahm.

Miezekätzchen. Eine der wenigen denkwürdigen Predigten meiner Schulzeit wurde zu folgendem Text gehalten:

>»Miezekätzchen, Miezekätzchen, wo liefst du hin?
>Ich war in London, die Königin zu sehen!
>Miezekätzchen, Miezekätzchen, was hast du dort gemacht?
>Ich gab auf eine Maus unter einem Stuhle acht!«

Der Prediger fragte, weshalb die Katze nicht die Königin gesehen habe. Vielleicht war sie gar nicht anwesend. Doch könnte die Königin auch die ganze Zeit zugegen gewesen sein und auf dem Stuhl gesessen haben; die Katze, die eben nur eine Katze war, hat aber außer der Maus nichts wahrgenommen. Wenn man nur eine Katze ist, schaut man nicht dorthin, wo die Königin sein könnte; und überhaupt fehlt einem der Geist, etwas so Großes und Erlesenes zu begreifen, selbst wenn die Augen es sehen. Ich will den theologischen Aspekt völlig außer acht lassen; es gibt nämlich auch leitende Angestellte, die Miezekätzchen sind. Ein großes Problem nehmen sie gar nicht wahr, sie halten sich mit den kleinen auf. Eine Führerpersönlichkeit kann man anhand der Größe der Probleme beurteilen, die sie in Angriff nimmt. Die meisten Menschen befassen sich mit Problemen der Größenordnung, die ihnen entspricht; kleinere odere größere überlassen sie anderen oder ignorieren sie einfach. Ein Generaldirektor sollte über die langfristigen Veränderungen nachdenken, die für einen Teil des Unternehmens Wachstum, für einen andere Rückgang zur Folge haben können. Er sollte nicht viel Aufhebens von den Tagesproblemen machen; andere Menschen können sich mit den Wellen messen, seine Aufgabe ist es, Ebbe und Flut zu beobachten. Und dennoch stellt man immer wieder fest, daß auf Konferenzen des Direktoriums stundenlang über Vorrechte bei der Fahrplatzverteilung diskutiert wird, wenn die Firma ein neues Gebäude bezieht; daß leitende Angestellte bei Konferenzen vorsätzlich die banalsten Dinge besprechen, weil das die einzigen sind, denen sie sich gewachsen fühlen. Wenn das Top Management auf einem niedrigen Niveau denkt, kann auch der Rest der Belegschaft kein Niveau beweisen; und es wird eine Generation von Manager-Pygmäen erzeugt; das ist ärgerlich.

Leider ist das keine vollständige Liste der schlechten Managertypen oder der Wege, die ins Verderben führen. Soll sie jedoch mehr als ein Schreckgespenst sein, muß man aus ihr einige positive Motti und Prinzipien ableiten. Folgendes ergibt sich aus dem Rückblick über die Liste:

1. Übernimm die schwerste Verantwortung immer selbst.
2. Denk daran, daß dein eigenes fachliches Können kein Schutz-wall zu deiner Verteidigung, sondern eine Barriere für deine Weiterentwicklung ist.
3. Suche immer nach beunruhigenden Beweisen.
4. Verbringe den Großteil deiner Zeit in der mächtigsten Gruppe des Unternehmens.
5. Bring die Opposition auf deine Seite oder neutralisiere sie we-nigstens. Hebe nie eine Privatarmee aus, um sie zu schlagen.
6. Denk daran, daß Nachdenken ein Vorspiel und keine Alterna-tive des Handelns ist.
7. Betrachte Probleme nicht durch ein Mikroskop, sondern nimm ein Teleskop.

18. Kapitel

BARONE UND HÖFLINGE

Sprechen wir von »Front und Stab«, weiß jeder, daß damit ein Gegensatzpaar gemeint ist. Der Gegensatz »Barone und Höflinge« umschreibt jedoch besser die Art der Menschen, um die es hier geht, und ihre verschiedenartige Beziehung zum König, zum Generaldirektor. Die Trennungslinie verläuft nicht nur innerhalb einer Organisation, sie scheidet auch die verschiedenartigen Charaktere voneinander. Beim Militär stehen einem General auf der einen Seite die Stabsoffiziere für Operation, Planung, Nachrichten zur Verfügung, auf der anderen die Abteilung Kommandeure. Im Großunternehmen hat der Generaldirektor auf der einen Seite seinen Personaldirektor, Ausbildungsleiter, PR-Manager, Finanzdirektor und Juristen, auf der anderen Seite seine Abteilungs-, Produkt- oder Gebietsmanager. Das findet seine Parallele am Königshof, wo der König über Kämmerer, Oberhofmeister, Schatzmeister und Justitiar auf der einen und über Provinzgouverneure und Barone auf der anderen Seite verfügt. Ihre Aufgaben betreffen entweder das Denken oder das Handeln; manche Dinge müssen erledigt, andere geplant, organisiert und aufgezeichnet werden. Persönlich unterscheiden sie sich dadurch, daß die einen Yogis, die anderen Kommissare sind. Die Stabs-Höflinge sind in erster Linie Yogis, die Front-Barone Kommissare. Auf höchster Ebene muß freilich jeder von ihnen auch ein Gutteil vom entgegengesetzten Typus in sich haben.

Ihr Verhältnis ist stets etwas gespannt. Lord Wavell [24] stellte fest, daß Hotspurs Rede über die Gefangenen [25] den Groll der

Front gegen Stab, der so alt wie der Krieg selbst ist, ausdrückt. Zweifellos empfand der mittelalterliche Baron den gleichen Groll, wenn er gerade vollauf damit beschäftigt war, Eindringlinge aus dem Reich hinauszujagen und mitten in diesem Kampf von einer neuen Landbesteuerung hörte; er wußte, daß seine Bauern-Krieger sofort die nun mühsam erworbene Kampfmoral abschütteln würden, wenn sie davon hörten. Genauso ergeht es einem Gebiets-manager, dem für seinen harten Wettbewerb ohnehin zu wenig Verkäufer zur Verfügung stehen und der nun von der Verwaltung ein Schreiben mit der Aufforderung erhält, eine sechsseitige Statistik auszuarbeiten; oder daß man ihn von einer neueingeführten Fakturiermethode unterrichtet und ihm mitteilt, er habe Ausgaben, Forderungen und die Verwendung von Firmenwagen einzuschränken. Der Baron hält die Höflinge für weltfremde Salonlöwen, die ein paar Wochen in vorderster Linie zubringen sollten, um erst einmal zu lernen, wie die Dinge in Wirklichkeit liegen; der Höfling sieht die Barone als begriffsstutzige, altmodische, unsystematische Cowboys an, die nicht über ihre Nasenspitze hinaussehen. Oftmals erweisen sich allerdings beide Meinungen als richtig.

Der König, der General, der Generaldirektor fungieren als Bindeglied zwischen den beiden Charaktertypen; oftmals sind sie versucht, eine zu große Vorliebe für einen der beiden zu zeigen. In der Praxis werden sie häufiger die Höflinge den Baronen vorziehen als umgekehrt. Schließlich ist der Höfling immer zur Hand und der Baron gewöhnlich weit weg. Der Höfling findet öfter Gehör beim König als der Baron; er kann ihn genau beobachten und leicht herausfinden, welche Menschen und welche Ideen gerade in Gunst stehen; er kann Vorschläge und Bitten auf die momentane Laune des Königs abstimmen. Die Höflinge in Großunternehmen kennen das gerade gängige Vokabular, wissen, welche Worte man am besten eine Weile nicht anwendet; der arme alte Gebietsrepräsentant hingegen ist hinter der Zeit zurückgeblieben, er kennt nicht die derzeitigen Hofmoden und benutzt in seinen Memoranden alle falschen Wörter. Höflinge haben fast immer Zeit, lange und »überzeugende« Schreiben zu verfassen, um ihre Lieblingspläne voranzutreiben; dagegen meinen Barone, sie seien einfach zu überlastet, um alles schriftlich zu formulieren; wozu ist schließlich das Telefon da? Höflinge sind gute Schmeichler, Barone dagegen setzen ihren Stolz darein, es nicht zu sein.

Mit dem Aufstieg der Höflinge geht die Unterdrückung der Barone Hand in Hand. Höflinge sind ein Teil der Waffen des Königs bei der Beherrschung aufsässiger Lords, Teil eines Mechanismus, der dazu dient, ein Feudalsystem in einen Körperschaftsstaat umzuwandeln. Letzlich sind es aber dennoch die Barone und nicht die Höflinge, auf die es ankommt. Ein König, der mehr auf seine Höflinge als auf seine Barone hört und die Höflinge höher bewertet, bringt sich in Schwierigkeiten. Wie der König, so ist nämlich der Baron ein Führer. Er muß die gleichen Eigenschaften haben, wenn auch in geringerem Maße. Der Erfolg des Barons ist real, unbestreitbar: Jeder kann ihn sehen. Entweder hält er Ordnung in seinem Gebiet, hält Plünderer fern und treibt alle Steuern ein, oder er tut es nicht. Entweder erfüllt er seine Produktionsrate im Rahmen des veranschlagten Budgets und gemäß den Qualitätsanforderungen, oder nicht. Aber wer kann sagen, ob ein Höfling erfolgreich war oder versagt hat? Wie soll man eine Leistungsrate für den Public-Relations-Manager festsetzen? Oder für den Personaldirektor? Die Firma kann einen verheerenden Ruf in der Presse haben oder unter ständigem Personalwechsel leiden, aber versuche einer, das dem verantwortlichen Höfling zuzuschreiben. Der kann schlüssig nachweisen, daß solche Umstände trotz all seiner Umsicht und seines Einsatzes eingetreten sind; er weiß zu belegen, daß die Situation ohne seine Brillanz, seine Vorstellungsgabe und seinen unermüdlichen Fleiß viel schlechter wäre. Des Höflings Erfolge oder sein Versagen sind nicht offensichtlich und objektiv nachzuweisen wie die des Barons, ihre Beurteilung hängt von der Ansicht des Betrachters ab. Er ist so erfolgreich, wie der Generaldirektor annimmt. Daher ist sein Ansehen bei Hofe für ihn von höchster Bedeutung. Er ist eine jener armseligen Kreaturen, die vom fürstlichen Wohlwollen abhängen. Er ist nicht, wie der Baron, ein kleiner König, sondern vertritt nur einen Aspekt der Königschaft.

Public Relations, Ausbildungswesen, Personalpolitik, Finanzen und Verwaltung gehören alle zu den Aufgaben des Generaldirektors. Wenn er damit einen Mann beauftragt, übernimmt der eher die Rolle eines Ministers als die eines Führers. Ungleich dem Baron hat er kein Gefolge, keinen Machtbereich. Beaverbrook lamentierte während des Krieges im Laufe seiner Auseinandersetzung mit Bevin, er sei nur ein Favorit des Hofes. Er bezog seine Macht nur aus Churchills Gunst. Hätte Churchill seine schützende Hand von ihm genommen, wäre Beaverbrook entmachtet gewesen. Bevin aber war ein Baron; er konnte die organisierte Arbeitnehmerschaft mobilisieren. Seine Macht war sichtbar, gezielt einzusetzen und ungeheuer groß; Churchill konnte ihr nur unter hohem Einsatz und auf eigene Gefahr widerstehen, wohingegen er Beaverbrook nach Belieben fallen lassen konnte.

Führung erfordert ein ständiges Ausbalancieren von Prioritäten auf jeder Ebene. Der Höfling braucht sich nur mit Teilaspekten zu befassen. Der Generaldirektor muß über die Vordringlichkeit verschiedener Ausgaben entscheiden, etwa, ob das Management erweitert oder die Werbung verstärkt, ein neuer Bürotrakt gemietet, eine höhere Dividende gezahlt oder eine Anzahl anderer wünschenswerter Ausgaben bewilligt werden soll. Ebenso verfahren die Barone auf einer tieferen Ebene. Der Höfling jedoch will immer nur den Löwenanteil für seine eigene Abteilung einstreichen, und das nicht allein zu deren Verbesserung, sondern auch, um anderen seine Befähigung, seinen Erfolg und sein Ansehen zu beweisen.

Ein starker schöpferischer Leiter braucht oftmals eine Anzahl von Menschen um sich herum, die Ordnung halten und seine Unzulänglichkeiten ausgleichen. Die üblichen Routineverfahren sind ihm vielleicht zu langwierig, und er benötigt einen Höfling, der so etwas wie ein System in seine Neuerungen bringt, damit die weniger begabten Menschen sie dann wirkungsvoll durchführen können. Er selbst ist vielleicht kurz angebunden und brüsk und braucht schon deshalb einen Höfling, der die Menschen diplomatisch behandelt und die Wellen immer wieder glättet; der auch gegenüber der Presse und der Regierung richtig auftritt. Oder der Leiter kennt nichts als sein gegenwärtiges Vorhaben; er verschwendet keinen Gedanken auf das Wohlergehen der Belegschaft, dann braucht er einen Höfling, der Besonnenheit und Menschlichkeit im Unternehmen ausstrahlt. Höflinge sind allerdings auch in der Lage, ein Unternehmen zu zerstören, weil sie nur Teilbereiche zu verantworten haben. Wenn der Leiter ausscheidet und einer von ihnen die Führung übernimmt, kann das katastrophale Folgen haben. Denn wenn sie ihrer Mentalität nach für ihre ursprüngliche Aufgabe geeignet waren, sind sie es für die oberste Position im Unternehmen wahrscheinlich nicht. Intensive Pressearbeit oder Arbeit am öffentlichen Ansehen der Firma kann z. B. gefährlich werden, wenn man darüber die langfristigen Ziele vernachlässigt. Das gleiche gilt von der Arbeit am Betriebsklima, wenn sie einen Leiter völlig in Anspruch nimmt; das gleiche von verwaltungstechnischen und finanziellen Ordnungsfunktionen. Alle diese Aufgaben sind wichtig, doch sollten sie nach der Formulierung der Geschäftspolitik rangieren, um diese Politik zu testen und vielleicht zu modifizieren. An der Formulierung selbst sollten sie jedoch keinen wesentlichen Anteil haben.

Gibt es in einem Unternehmen Veränderungen, flammen die Feindseligkeiten zwischen Baronen und Höflingen am stärksten auf. Von Anbeginn hat der Baron den Höfling im Verdacht, ihm einen Haufen Mehrarbeit aufzuladen, weil er selbst faul ist oder irgendeine persönliche Liebhaberei durchsetzen will. Der Vorteil einer Änderung muß schon unverkennbar sein, um akzeptiert zu werden; ist das nicht der Fall, wird der Baron auf seine Weise ganz natürlich reagieren und behaupten, die Veränderung brächte keine Verbesserung. Da es aber der Baron ist, der die Änderung durchführen muß, fällt ihm der Beweis, daß er recht hat, nicht schwer. Der Höfling glaubt dem Baron natürlich nicht und schreibt dessen Widerstand seiner Engstirnigkeit und Hitzköpfigkeit oder beidem zu. Umgekehrt führt der Höfling gerne Änderungen, die der Baron wünscht, darauf zurück, daß der Baron die Schuld am Versagen der ausführenden Organe, also seiner Schüler, dem System in die Schuhe schieben möchte. Behauptet der regionale Verkaufsleiter zu Recht, die ihm zugeteilten Verkäufer seien unqualifiziert und schlecht ausgebildet, bedeutet das für diejenigen Höflinge, die Anstellungen, Ausbildung und Personalpolitik zu verantworten haben, viel zukünftige Mehrarbeit. Läßt sich die Klage des Barons darauf zurückführen, daß er sein Planziel nicht erreicht hat und eine Ausrede vorbereitet, ist die Situation für den Höfling günstiger. Trotzdem ist der Baron im Vorteil, da er der Praxis näher steht als der Höfling. Es erzeugt Unruhe, wenn ein Frontkommandeur das Kriegsministerium davon überzeugt, daß die Infanterie im Kampfe in geschlossener Reihe nichts mehr ausrichten kann, daß Napoleon kleinere Störverbände einsetzt, die mit den Truppen nach Belieben umspringen, daß er demzufolge leichte, flexible und bewegliche Einheiten brauche. Wird der Vorwurf akzeptiert, müssen die Truppen neu ausgerüstet werden, man muß einen neuen Drill und neue Übungsformen ausarbeiten, die Instruktoren umschulen und die Übungshandbücher neu schreiben; in jeder Weise also mit viel Aufregung rechnen. Einfacher ist es, dem Offizier die Ausarbeitung eines Verfahrens aufzutragen, um mit der herkömmlichen Taktik die Schlacht trotzdem zu gewinnen. Die Höflinge argumentieren dann so, der Frontkommandeur versuche nur, die Schuld an seiner Niederlage auf das System abzuwälzen. Erst wenn weitere Schlachten verlorengegangen sind, geben sie widerstrebend zu, daß es doch noch leichter sei, die Struktur der Armee zu ändern, als den Feind zu der Kampftechnik zu nötigen, die man für seine Niederlage vorgesehen habe.

Es ist immer gefährlich, zu sehr auf Höflinge zu hören. Der Wunsch nach internen Annehmlichkeiten oder nach persönlichem Prestige beherrscht oft mehr die von ihnen vorgeschlagenen Pläne als der Gedanke an den Gesamterfolg des Unternehmens. Jeder ist daher mit Vorsicht zu genießen; ebenso ein Generaldirektor, König, der es mehr mit den Höflingen als mit den Baronen hält, der seinen Planungs- und firmenpolitischen Stab mehr schätzt als seine Manager in der Exekutive. Die Höflinge können sich sehr weit von der Wirklichkeit bis ins Traumland Nikolaus' I. entfernen; den Baronen ist das nicht möglich. Wer sein Ohr am Boden hat, kann mit dem Kopf nicht in den Wolken weilen. Zugegeben, man sieht dann auch nicht über den nächsten Hügel und wird gelegentlich den Kopf heben müssen. Der Wert eines guten Stabes, der planen, denken und vorausschauen soll, ist nicht zu unterschätzen, doch die Gedanken und Pläne des Stabs sollten im Resultat den Baronen vorgelegt werden: zu ihrer Erfrischung, nicht als bittere Medizin.

19. Kapitel

DER NACHFOLGER

Kaum jemand hält heute noch viel vom Erbfolgeprinzip.

Selbst theoretisch läßt es sich nur schwer rechtfertigen, und die Annalen der Geschichte sind voll von Beweisen für sein Versagen. Ob ein anderes Prinzip bessere Ergebnisse gezeitigt hätte, kann man allerdings nicht mit Gewißheit feststellen. Vor einer ähnlichen Frage würde man stehen, könnte man das Geschlecht seiner Kinder im voraus bestimmen. Wahrscheinlich wäre es besser, wenn man eine Wahl treffen könnte, als der Gnade des Zufalls ausgeliefert zu sein; doch ob man durch diese Wahl auf lange Sicht glücklicher würde, das steht noch offen.

Das dynastische Erbfolgesystem ist aus den meisten Staaten und Großunternehmen längst gewichen. Eine unmittelbare Lösung des Problems, wer die Führung übernimmt, wenn der gegenwärtige Chef ausscheidet, wurde nicht gefunden. »In Wahlmonarchien ist die Vakanz des Throns ein Zeitpunkt voller Gefahr und drohenden Unheils«, stellt Gibbon fest. Wie man diese Vakanz behebt, dürfte wohl am folgenschwersten von allen Entscheidungen sein, die getroffen werden müssen; viel Gutes oder größte Mißstände können aus der Entscheidung resultieren. Manchmal ist der Nachfolger längst bekannt. Der künftige Leiter wurde bereits vor Jahren ausgewählt; er war seinen Kollegen überlegen, hat im Laufe der Zeit immer mehr Verantwortung übernommen und ist als Erbfolger allgemein anerkannt. Ich möchte annehmen, das sei der Normalfall, doch ist das schwer zu beweisen. Was tut man, wenn zum Beispiel kein prädestinierter Nachfolger da ist?

Eine Möglichkeit besteht darin, die Nachfolge durch den ausscheidenden Chef bestimmen zu lassen. Das empfiehlt sich nur dann, wenn er kein Versager, sondern wirklich erfolgreich gewesen ist; je erfolgreicher er war, desto schwerer wird ihm die richtige Wahl fallen. Nehru wurde einmal in den fünfziger Jahren auf einer Pressekonferenz im britischen Fernsehen gefragt, ob er sich über die Benennung eines Nachfolgers Gedanken gemacht habe. Er sei der Ansicht, das sei nicht seine Aufgabe, antwortete er. Um die Fragesteller zum Schweigen zu bringen, fuhr er fort: »Schließlich hat es Winston Churchill versucht, aber hat sich das tatsächlich als gut erwiesen?« Damals war es noch zu früh, deutlicher auf MacMillan und Douglas Home hinzuweisen, die Geschichte selbst hat es jedoch inzwischen getan. Ein guter Führer hat seine eigene Vorstellung davon, welche Richtung das Unternehmen einschlagen und wie es an sein Ziel gelangen sollte. Für ihn ist der bestgeeignete Nachfolger der Mann, der mit größter Wahrscheinlichkeit die eingeschlagene Richtung beibehalten würde. Dieser Mann ist wahrscheinlich sein engster Mitarbeiter, der »zweite Mann«, der ihn im Laufe seiner Karriere am fähigsten und loyalsten unterstützt hat. Doch schon der Umstand, daß man als zweiter Mann fähig und loyal gewesen ist, spricht am meisten dagegen, daß man die oberste Führung übernimmt. Unter einem zweiten Mann stellt man sich jemanden vor, der sich zum Folgen besser als zum Führen eignet; dessen Fähigkeiten komplementär zu denen des Leiters, nicht aber mit ihnen identisch sind. Ein wirklicher Leiter hat seine eigenen Vorstellungen und Ideen, die wohl kaum mit denen seines Vorgängers übereinstimmen. Folglich mag er sich dem ausscheidenden Führer entgegengestellt oder zumindest an dessen Ideen gezweifelt und eigene Alternativen entwickelt haben; im allgemeinen wird die Atmosphäre ihm gegenüber kühler sein. Daher kann nur ein weiser Mann erkennen, daß dieser Dorn im eigenen Fleisch einen besseren Nachfolger abgeben wird als der wohlbehütete Augapfel.

Das Problem der Nachfolge wird um so schwieriger, je machtvoller und erfolgreicher ein vielbewunderter scheidender Leiter war. Niemand wünscht eine Veränderung. Alles ist so glatt gelaufen, daß jedermann am liebsten alles beim alten sähe. Wie es einige Zeit braucht, bis der Einfluß eines neuen Leiters spürbar wird, dauert es auch eine Weile, bis nach seinem Ausscheiden sein Fehlen sich bemerkbar macht. Je größer die Organisation ist, desto länger dauert es aufgrund der Trägheit der Verwaltungsmaschine, bis sich die Veränderungen durch Abgang und Neueintritt zeigen. Wechselt man den einzigen Lehrer einer Dorfschule aus, läßt sich das Ergebnis innerhalb weniger Wochen ablesen; tauscht man das Haupt einer großen englischen Universität aus, wird der Wechsel erst nach Jahren zu spüren sein; und dann hauptsächlich durch die Neuernennungen. Es vergehen aber vielleicht zehn Jahre, bis der neue Leiter genügend Menschen ernannt hat. Ebenso werden sich diese seine Neueinsetzungen noch Jahre nach seiner Pensionierung auswirken. Auch der Einfluß eines tüchtigen Leiters auf ein Großunternehmen kann noch Jahre nach seinem Austritt wirksam sein und die Meinung stärken, Veränderungen seien gar nicht notwendig. Hat er lange genug regiert, kann sich ein Mythos um ihn bilden. Es besteht dann Gefahr, daß die Menschen allein emotionell und unlogisch handeln, in der Annahme, ihr Verhalten hätte ihn mit Stolz erfüllt. Genauso wie Friedrich der Große die Schlacht bei Jena, so verlor Nelson 1914 die von Coronel. Admiral Cradock ließ sich vom Geiste Nelsons leiten, als er von Spees Zerstörerschwadron mit seinen langsamen, wenig feuerkräftigen und schlecht bemannten Kreuzern in Kämpfe verwickelte, die noch durch die ungünstigen Licht- und Wetterverhältnisse vor der chilenischen Küste erschwert wurden. Nelson hätte sich jedoch unter solchen Umständen nie zu Kampfhandlungen hinreißen lassen. In der gleichen Weise kann sich ein Firmenmythos um irgendein vielbewundertes Risiko bilden, das »der Alte« vor Jahren einmal erfolgreich eingegangen war und durch das er ein riskantes Produkt zu einem Verkaufsschlager gemacht hatte. Steht später dann ein viel problematischeres Produkt zur Diskussion, wirft jemand in die Waagschale, daß »der alte J. B. das Risiko eingegangen wäre«; man sagt das so, selbst wenn J. B. diese Sache nicht einmal mit der Feuerzange angefaßt hätte. Natürlich ist es möglich, daß ein Leiter Ergebnisse erzielt, auf die kein Nachfolger auch nur entfernt hoffen darf. Ist der scheidende Führer herrisch und autokratisch veranlagt, wird er wahrscheinlich beim Verlassen der Firma keinen fähigen Nachfolger gefunden haben, der dort weitermachen kann, wo er aufhört. Sicher hat es auch Ausnahmen gegeben. Die auffallendste war der römische Kaiser Hadrian. Er nominierte Antonius Pius als Nachfolger und bedingte sich aus, daß Antonius Marcus Aurelius zu seinem Nachfolger ernannte. »Ihre Regierungszeit ist möglicherweise die einzige Periode der Geschichte, in der das Glück eines großen Volkes das alleinige Ziel der Regierung war«, schreibt Gibbon. Hadrians Haltung findet man außerordentlich selten. Dagegen liegt eine beachtliche Liste von weltberühmten Männern vor, die keinen gleichwertigen Nachfolger hinterließen. Die Liste verzeichnet Cromwell, Bismarck, Napoleon, Dschingis Khan, Karl den Großen, Attila und Alexander den Großen.

Selbst wenn einer Organisation bereits ein guter Leiter angehört, ist es fraglich, ob zum gegebenen Zeitpunkt jemand an ihn denkt. Schließlich gilt er ja als der kritische Opponent des verehrten, ausgeschiedenen Führers; und selbst wird er sich kaum als Nachfolger empfehlen. Nahen Mißstände, solange er noch der Firma angehört, mag ihm dies eine gewisse Genugtuung sein. Hatte »der Alte« aber so autokratisch geherrscht, daß alle Kritiker und Opponenten zum Schweigen gebracht oder entlassen wurden, ist er wahrscheinlich längst weg. Hoffnung besteht jedoch, solange er noch der Firma zugehört. Süß ist der Nutzen einer Notlage. Oft hellt die Nachwirkung der Regierung eines »Alten« noch eine Weile die Gegenwart auf. Der Nachfolger kann es sich bequem und angenehm machen und sprichwörtlich vom Fett des Alten zehren. Aber die Umstände ändern sich. Die Märkte, die Technologie, die Konkurrenz entwickeln sich weiter. Vielleicht hätte »der Alte« gewußt, wie der neuen Lage zu begegnen wäre; nun aber beleuchtet seine Nachwirkung den Pfad für die Nachfolger nicht mehr genug. Fällt das Barometer, naht ein Sturm, denkt keiner mehr an Bequemlichkeit, sondern nur noch ans Über-

leben. Das bedeutet vielleicht Führungswechsel. Jetzt, da der Schiffbruch alle zu verschlingen droht, kann es passieren, daß sich jener
Mann hervortut, dem bisher niemand ein Kapitänspatent zugebilligt hätte. Und plötzlich findet er die Anerkennung aller. So wird
der Firma im Zyklus von Triumph und Katastrophe zuguterletzt
wieder ein qualifizierter Leiter aufgezwungen. Bagehot, der über
die Regierung Englands schreibt, sagt:

»Die großen Eigenschaften, Wille zur Macht, Tatkraft, Streben,
taugen für große Krisen. Sie sind in normalen Zeiten nicht gefragt,
gelten als Hindernis. In der alltäglichen Politik bewährt sich ein
Lord Liverpool besser als ein Chatham, ein Louis Philippe besser
als ein Napoleon.« [26]

Bagehot konnte nicht hinzufügen, daß Churchill 1935 als Premierminister für Großbritannien völlig unakzeptabel, und 1940
dennoch der beste Mann in diesem Lande war. Ob Bagehot mit
seiner Behauptung recht hat, daß ein fader Führer zu gewissen
Zeiten der Sache besser diene als ein brillanter, bleibe dahinge-
stellt. Ein Industrieunternehmen kann sicherlich in ein Stadium
geraten, in dem es nur einen leistungsfähigen Verwalter zu brauchen scheint; insofern mag Bagehot recht haben. Dennoch vermag
man nicht vorherzusagen, daß man sich in zehn oder zwanzig Jahren nicht wünscht, man hätte seinerzeit einen Mann mit Vorstellungsgabe und Elan an der Spitze gehabt. Viele leitende Angestellte
müssen im Nachhinein feststellen, daß die Zeit für Veränderungen
immer dann reif ist, wenn alles im Lot zu sein scheint. Im wesentlichen meint Bagehot, ein Regierungssystem müsse so beschaffen
sein, daß ein Führungswechsel schnell vollzogen werden könne,
wenn die Umstände es erfordern; und eine Verfassung müsse so
angelegt sein, daß sie auch die Möglichkeit zu einer Alternative
beinhalte. Ein Großunternehmen tut gut daran, kritische Stimmen
zu hören, eine Opposition bestehen zu lassen; vorausgesetzt, diese
Opposition bewegt sich im Rahmen der Verfassung und kämpft
genauso hart, als ob sie für Krieg und nicht dagegen gestimmt
hätte.

Nehmen wir aber einmal an, es gibt in einer Krisensituation

keinen Führer, der bereit ist, die Firma zu übernehmen. Ein Großunternehmen, das sich in eine Situation hineinmanövriert hat, in
der keiner zur Übernahme des Kommandos qualifiziert ist, gibt
ein klägliches Bild seines Versagens. »Mr. Morgan kauft seine Partner ein«, sagte Andrew Carnegie, »ich ziehe sie mir heran.« Gelegentlich aber müssen sich Firmen ihr Versagen eingestehen. Erfolgt nach dem Abgang eines repressiven, autokratischen Chefs
der Zusammenbruch einer Firma, kann es das kleinere Übel sein,
ein neuer Mann übernimmt das Ruder, als aus den verbliebenen
Jasagern den neuen Boß zu wählen.

Tritt ein völlig neuer Mann das Erbe eines Autokraten an,
ist er sehr im Vorteil; er übernimmt ein System, das seiner
Beschaffenheit nach von einem einzigen Mann geleitet werden
kann. Es ist eine Ein-Mann-Show und bedarf nicht der Überre-
dungskunst, der Diplomatie oder des Delegierens von Autorität.
Wenn er ein ebensolcher Autokrat ist wie sein Vorgänger, kann er
die Zügel sofort in die Hand nehmen und den Oppositionellen und
Unabhängigen beweisen, daß ihre Störungsaktionen genauso wenig ausrichten wie zuvor. Als Alexander der Große die Nachfolge
seines Vaters Philipp von Mazedonien antrat, schlug er in Theben
mit außerordentlicher Grausamkeit als erste Amtshandlung eine
Revolte nieder. Er machte die Stadt dem Erdboden gleich, tötete
6000 Menschen und versklavte noch sehr viele mehr. Das restliche
Griechenland begriff sofort, daß es die unter Philipp eingeübte, un-
terwürfige Haltung auch unter Alexander beibehalten müsse. Etwas
weniger brutal, doch ebenso entschieden, könnte die Haltung eines
neueingeführten Chefs die gleiche Wirkung haben. Sie könnte die
leitenden Angestellten lehren, daß es vorteilhaft wäre, ihre Knie-
gelenke ebenso geschmeidig zu halten wie zuvor.

Ist der neue Mann kein Despot, wirkt sich das auf die Erhaltung
der Unterwürfigkeit nachteilig aus. Manchmal stößt ein neu hin-
zugekommener Chef auf erstaunlichen Widerstand. Er ist dazu
verdammt, in den Ruf eines armseligen Führers zu gelangen, der
von dem ausgeschiedenen Vorbild völlig absticht. Jede seiner Änderungen wird als Verschlechterung angesehen, da es schon beacht-

licher Phantasie bedarf, Praktiken, die früher einmal mit Hallo begrüßt und zehn oder zwanzig Jahre durchexerziert worden sind, plötzlich als unnötig, altmodisch oder falsch über Bord zu werfen. Diejenigen, die sich bereits als Nachfolger gesehen hatten, widersetzen sich nach Kräften dem neuen Mann, der sie ihres rechtmäßigen Erbes beraubt hat. Die ganze Firma fühlt sich in ihrer Ehre gekränkt, daß keiner aus ihren Reihen zur Leitung fähig gewesen sei. Solcher Widerstand wird einen jungen Napoleon nicht abschrecken; doch nicht jeder Leiter ist ein Napoleon. Es wäre außerordentlich unklug von dem neuen Mann, allein zu kommen (siehe Kapitel 23). Übernimmt er nämlich allein die Führung einer Organisation, in der die meisten Führungskräfte sein Versagen herbeizuführen trachten, läßt er sich auf das allerschwierigste Unterfangen ein.

Für die Übernahme eines Unternehmens gibt es einen weit günstigeren Zeitpunkt. Man sollte sich darin gar nicht erst versuchen, solange die Erinnerungen an den früheren Leiter noch frisch sind und seine Errungenschaften noch glänzen. Wartet man ab, bis ein schwacher Führer aus den eigenen Reihen das Ruder der Organisation übernommen und versagt hat, bis Kriege zwischen den Parteien und Baronien entbrennen, die Moral gesunken ist und Depressionen und Abscheu sich verbreitet haben, wird der Empfang um so überschwenglicher ausfallen. Den besten Start hat ein Leiter zu dem Zeitpunkt, wenn in allen Mitarbeitern das Bedürfnis nach straffer Führung wach geworden ist. Fangen die leitenden Angestellten erst einmal an zu maulen, etwa: »Wenn es nur überhaupt irgendeine Richtung gäbe, wären wir fein heraus«, »Würden sich die Idioten oben über irgend etwas einmal klar werden, dann könnten wir hier unten wenigstens mit der Arbeit beginnen«, »Wie soll die Produktion planen können, wenn keiner weiß, was wir herstellen sollen?« und zuletzt: »Wir brauchen hier einen Mann, der ihnen die Köpfe aneinanderschlägt« — dann ist der Zeitpunkt für den Außenseiter gekommen. Die Ziellosigkeit und Korruption des französischen Direktoriums bereitete den Boden für Napoleon; die Zersplitterung und die Konflikte des Triumvirats machten die römischen Republikaner für die Diktatur des Augustus empfänglich; die Erschöpfung infolge endloser Baronenkriege ließ die englische Bevölkerung willig die harten Maßnahmen Heinrichs II. (nach Stephen), Edwards I. (nach Löwenherz und John und Heinrich III.), und Heinrich VII. (nach den Rosenkriegen) ertragen. In derartigen Zeiten nehmen die Menschen gewisse Härten nicht nur gerne hin, sie sehnen sich sogar danach, während sie in vertrauenswürdigen Tagen entschieden Widerstand leisten würden. Mit einem Glorienschein in der Hand halten sie nach einem starken Mann Ausschau, der es wert scheint, ihn zu empfangen. Nach der Terrorherrschaft während Marys Regierungszeit erwarteten die Engländer sehnlichst Elisabeth I. Zu Elisabeths Zeiten kam die Doktrin vom göttlichen Recht der Könige auf; ihre Untertanen hatte sie als Schutz ersonnen gegen jeden Rivalen ihrer Krone. Die junge Viktoria stieß auf größtes Wohlwollen, als sie die mehr als hundertjährige Regierungszeit plumper hannoveranischer Könige beendete. Menschen, die um die schlechte Führung ihrer Firma wissen, stauen im Laufe der Zeit viel an Loyalität, Respekt und Gehorsam an, den keiner ihnen abverlangt. Sie warten geradezu auf jemand, der Loyalität und Gehorsam verdient und auch richtig einzusetzen versteht. Natürlich kann auch er ein Autokrat sein, und alles fängt wieder von vorne an; doch selbst das ist besser als fortgesetzter Niedergang. Für einen neuen Leiter ist die Vorstellung nicht unerträglich, daß man sich später einmal seiner als des Mannes erinnern wird, der die Firma in einer chaotischen Situation übernommen und ihr zu einer Renaissance verholfen hat; der zuletzt im Triumph abdankt und dessen Nachfolger eben nicht in der Lage sind, das Erreichte zu bewahren.

20. Kapitel

DER IMPERATOR

Wie kann man ein Regierungssystem, in dem ein starker König
das Reich lange Zeit fest in der Hand hält und gut regiert, in dem
aber im Moment der Erbfolge durch einen schwachen König die
Barone die Macht an sich reißen, es aufspalten und in Anarchie und
Bürgerkrieg stürzen, wie kann man dieses System über sich hinaus
entwickeln? Wie nimmt man Verbesserungen an einer Firma vor,
die gut funktioniert, weil der Chef ein hervorragender Mann ist,
deren Anteile jedoch sofort um Millionen fallen, wenn er plötzlich
stirbt? Ich will die Antwort darauf geben. Der Mann, den man dazu
braucht, muß mehr können als ein Königreich regieren. Er muß ein
Imperium gründen können.

Die Eigenschaften, die ein Mann haben muß, um ein Königreich
oder eine große Firma aufzubauen, sind selten genug. Der König,
der abgefallene Baronien zu einer starken Kampfeinheit verschmelzen, Siege erringen und seine Gesetze etablieren kann, und der
schöpferische Leiter, der eine Anzahl kleinerer Firmen zu einem
disziplinierten, gewinnbringenden Unternehmen vereinen kann,
sind außergewöhnliche Menschen. Doch selbst wenn ihnen dies
alles gelingt, kann ihr Lebenswerk nach ihrem Ausscheiden wieder
in Stücke zerfallen. Gebraucht wird deshalb der Mann, der die interne Struktur eines Königreichs oder Großunternehmens so anlegen und hinterlassen kann, daß es trotz eines schwachen Nachfolgers in Einigkeit bestehen bleibt. Er wird auch nach dem Aufbau der Organisation noch viel Zeit brauchen; er muß nämlich die
Firma lange genug regieren, damit seine jungen Pflänzchen Wur-

zeln schlagen und kräftig werden können. Diese Rolle läuft weniger dramatisch ab als die Rollen von Feldherren, die schwierige Siege erringen und im Triumph durch Persepolis reiten. Sie erfordert jedoch neben vielen anderen Eigenschaften ein großes Maß an Weisheit und Einsicht, ohne das sogar der schöpferische Leiter im Normalfall immer noch auskommt. Deshalb ist ein Augustus soviel wert wie fünfzig Napoleons.

Zwei klassische Beispiele der Verwandlung einer Handvoll zersplitterter Baronien in einen integrierten Körperschaftsstaat sind das Tudor-England und General Motors; beide Gründer standen vor dem gleichen Problem und fanden die gleiche Lösung. Die Tudors fanden eine Nation vor, die durch die Rosenkriege und eine lange Folge schwacher, verantwortungsloser Regierungen aufgesplittert war. Glücklicherweise waren auch die allgemeine Erschöpfung und das Bedürfnis nach straffer Ordnung bereits so stark, daß Heinrich VII. die Chance hatte, die er benötigte. Er unternahm zuerst einmal die Schritte, die starke Könige in der Nachfolge schwacher immer tun müssen: Er verschaffte sich Autorität, indem er die Privatarmeen der Barone auflöste, die ihm zustehenden Einkünfte eintrieb und seine Schatzkammer füllte. Doch das allein hätte den zukünftigen Staat nicht gewährleisten können. Die wirkliche Arbeit zog sich über einen langen Zeitraum hin und wurde vor allem von Heinrich VIII. geleistet, während dessen Herrschaft die Einrichtungen eines modernen Körperschaftsstaates zur Untermauerung der persönlichen Autorität des Souveräns geschaffen wurden. Dafür ist der Court of the Star Chamber ein typisches Beispiel. Diese Institution berief die mächtigsten Männer im Reich zu Richtern über jeden noch so machtvollen Adligen, der die Autorität des Königs anzufechten versuchte. Selbst wenn der König schwach war, konnte der Court seinem Namen Autorität verleihen. Er setzte sich aus Männern zusammen, die mächtig und willens waren, den König zu stützen. Aber es bestanden noch viele andere Gerichte, Räte und Bestimmungen, die kaum weniger wichtig waren. Sie dienten dazu, des Königs Einkünfte zu gewährleisten, die Rechtsprechung des Klerus einzuschränken, die Justizverwaltung zu vervollkommnen und der Führung des Königreichs eine breitere Basis zu schaffen. Eines der wichtigsten Prinzipien dieses Vorgehens war es, die Männer der Macht mit den höchsten Hofbeamten in Gerichten und Räten zu vereinen, damit sie gemeinsam im Sinne des Königs handelten. Seine übergeordnete Autorität wurde dadurch nicht gemindert, sondern von einer Gruppe einflußreicher Männer gestärkt, die an der Aufrechterhaltung von Gesetz, Ordnung und einer starken zentralen Regierung interessiert waren. Dieses Prinzip, das die königliche Macht mittels Delegation auf breiter Basis etablierte, das Einrichtungen schuf, die die mächtigen Männer ermutigten, Entscheidungen gemeinschaftlich im Interesse aller zu treffen — bisher hatten Einzelne in ihrem Privatinteresse gehandelt —, dieses Prinzip war einer der großartigsten Beiträge der Tudors zum modernen Staatswesen.

Wolsey und Thomas Cromwell waren die beiden großen Ratgeber der frühen Tudor-Periode. Der Gegensatz zwischen ihnen ist ziemlich lehrreich. Wolsey strebte nach immer größerer persönlicher Macht, um die Wünsche des Königs auszuführen. Er schien nie genug davon zu haben, und als er fiel, blieb von seiner Arbeit nicht mehr viel übrig. Cromwell erst löste die Tudor-Managementrevolution aus. Ihn verlangte es nicht nach persönlicher Macht, sein Ziel war es, ständig neue Einrichtungen zu schaffen, die dann von selbst funktionierten, während er sich schon wieder Neuem zuwandte. Er setzte Gerichte und Räte ein, die durch das Gesetz Autorität und durch ihre Zusammensetzung Macht besaßen. Diese Einrichtungen überdauerten nicht nur seinen Tod, sondern blieben in manchen Fällen bis ins neunzehnte Jahrhundert aktiv, obwohl die Gesellschaft sich indessen gewandelt, die Wirtschaft aufgeblüht und viele verschiedenartige Könige aufeinander gefolgt waren. Wahrscheinlich besteht das größte Verdienst des Verwaltungs- und Regierungssystems der Tudors darin, daß es die Stuarts überlebte.

Alfred Sloan war der Thomas Cromwell von General Motors. Durant, der Firmengründer, war ein mittelalterlicher König. Er brachte eine Anzahl unabhängiger Baronien — Automobilwerke,

Elektrofirmen und Zubehörfabriken — zusammen. Er unterwarf sie seiner Autorität, ohne sie zu einem komplexen Staatswesen zu verschmelzen. Es wäre einfach gewesen, das Band zwischen ihnen zu lösen und sie wieder zu unabhängigen Unternehmen werden zu lassen. Als dann Sloan die Führung übernahm, vertrat er die Ansicht, daß General Motors in seinem Sinne überhaupt kein Unternehmen sei. Jedes einzelne Unternehmen — Oldsmobile, Cadillac, Chevrolet, Buick — führte sein separates Konto, auf das Einnahmen eingezahlt und von dem Rechnungen beglichen wurden. Die zentrale Verwaltung hatte bei ihren Geldforderungen genau die gleichen Schwierigkeiten wie ein mittelalterlicher König beim Eintreiben der Steuern. Jedes Unternehmen stellte nach eigenem Belieben die Autos her, die es wollte, ohne mit den anderen ihr Vorhaben abzustimmen.

Selbstverständlich hätte Sloan wie ein starker König des Mittelalters vorgehen und seinen Willen gewaltsam durchsetzen können. Stattdessen setzte er Institutionen ein und ging das Problem auf eine Weise an, die der Cromwells erstaunlich ähnelt. Cromwell unternahm die erste Schätzung von Kircheneigentum, den *Valor Ecclesiasticus*; Sloan ließ als erster die Höhe des Umlaufs von General-Motors-Aktien ermitteln. Cromwell setzte den Court of the Star Chamber ein und gab ihm Macht, um rebellische Adelige abzukanzeln; Sloan vereinte die leitenden Direktoren der einzelnen Unternehmen im Operations Committee, um durch die vereinte Autorität der Exekutivbarone zu einer einheitlichen Politik zu gelangen und jedem Eigenbrödlertum vorzubeugen. Wo Cromwell sich des Kronrats bediente, bediente sich Sloan des Exekutive Committee. Cromwell löste die Klöster auf und zerbrach die Macht der Kirche, Sloan annullierte die Einzelkonten und beseitigte die Macht der einzelnen Unternehmen. Cromwell gründete den Court of Augmentations, um die Einnahmen der Kirche auszuwerten, Sloan bildete das Finance Committee, um die Verwendung des Kapitals zu steuern. Wo Cromwell die übergeordnete Autorität dem König vorbehielt, sicherte Sloan sie dem Generaldirektor.

Als er selbst Generaldirektor wurde, wuchs Sloan zum Imperator heran: Heinrich VIII. und Cromwell in einer Person. Er errichtete ein System, das wie dasjenige Cromwells der Autorität des Generaldirektors eine breitere Basis schuf, indem es die Mächtigen des Reiches einbezog. Seine Institutionen dienten noch einem anderen Zweck; indem er alle Leiter der einzelnen Unternehmen in zentralen Komitees zusammenfaßte, leitete er eine »gute Zentralisation«, einen Prozeß der fortgesetzten Unterweisung in General Motors zentraler Politik ein. Da die zentralen Leiter und die Manager der einzelnen Unternehmen Woche für Woche in den verschiedenen Komitees zusammenkamen, stellten sie ihren Empfang auf den zentralen Sender ein. Sie begannen Sloans Vorstellungen zu teilen, was General Motors im Gegensatz zu Chevrolet oder Cadillac sei. Es wurde ihnen nicht gesagt, welches Auto sie entwerfen und herstellen und welchen Motor sie einbauen sollten. Wenn sie aber vom Hof des Imperators in ihre Königreiche zurückkehrten, kannten sie alle Parameter, die für ihr Denken notwendig waren. Sie versuchten nicht, ein Auto, das eine bestimmte Preisgrenze überschritt, zu entwerfen, weil sie wußten, daß ein anderer Unternehmenszweig sich bereits damit befaßte. Sie zielten nicht darauf ab, das billigste Auto innerhalb der jeweiligen Klassen zu produzieren, weil General Motors sich darauf verlegt hatte, höhere Qualität selbst auf Kosten eines höheren Preises zu liefern. »Sie liebten Gott und taten, was sie wollten«, um mit Augustinus zu sprechen.

Der Imperator steht seinen Fähigkeiten und Eigenschaften nach eine Stufe über dem schöpferischen Leiter. Nur wenige schöpferische Leiter haben die Qualifikation für eine solche Position; das unterscheidende Merkmal ist beim Imperator die Fähigkeit, Verfahren, Komitees, Organisationen und politische Konzeptionen zu entwickeln, die die mächtigsten und einflußreichsten Menschen an die gemeinsame Sache binden. Er hat aber noch eine weitere wichtige Aufgabe; er sucht Menschen aus. Der schwedische Industrie-Imperator Marcus Wallenberg sagt, daß sein größtes Verdienst um seine Königtümer darin bestünde, daß er ganz bestimmte Menschen erwähle und sie seinem Reiche als neue oder potentielle

Könige zuführe. Jemand muß schließlich den Generaldirektor berufen, und keiner kann das besser als derjenige, der diese Position selbst schon einmal innegehabt hat. Man kann nur Menschen beurteilen, wenn man ihnen überlegen ist; nur der beste Physiker des Landes kann die besten zehn seines Fachs in der Rangfolge ihrer Verdienste plazieren; der fünfte wird zwar denen, die unter ihm stehen, überlegen sein, nicht notwendig aber auch denen, die vor ihm rangieren. Daher wird auch der Imperator selbst wahrscheinlich gute Könige berufen. Er wird sie nicht nur auswählen, sondern auch in den ersten Jahren unterstützen und verteidigen. Für den König Nelson war es sehr wichtig, daß er einen Imperator wie St. Vincent hinter sich hatte, der ihn an die erste Stelle wählte, ihm vertraute; ihm sich unterordnete und gegen seine Gegner und Verleumder verteidigte. Für den König Drake war es von unschätzbarem Wert, daß hinter ihm die Imperatorin Elisabeth I. stand, die unter dem Druck der internationalen Politik sogar manchmal zum Schein über ihn jammern und ihn verleugnen konnte, während sie ihn heimlich unterstützte. Die Königin hätte die piratenhaften Überfälle auf spanische Schiffe ohne schwerwiegendste politische Folgen nicht selbst durchführen können. Wenn die Spanier sich aber über Drake beschwerten, konnte sie so tun, als sei sie selbst schockiert. Gleichzeitig aber konnte sie ihren Anteil an der Beute einstreichen. Der Imperator wird selbst Kolonien anlegen und Menschen aussuchen, um Königreiche zu gründen. Er kann die Marktchancen beurteilen, Menschen auswählen, die sie zu nutzen verstehen und ihnen das nötige Kapital zuleiten. Der Imperator ist über den Unternehmer hinausgewachsen, denn er vereinigt in seinem Reich viele gut funktionierende Unternehmungen.

Bei einer Nummer im Bertrand Mills Circus läßt ein Jongleur Teller auf Stöcken kreisen. Er beginnt mit einem Teller, bringt ihn auf der Stockspitze zum Kreisen und stellt den Stock mitsamt Teller in einen Halter. Genauso verfährt er mit einem zweiten und einem dritten Teller. Nun läßt das Kreisen des ersten Tellers allmählich nach und braucht neuen Antrieb. Nachdem der Jongleur ihn wieder in rasche Bewegung versetzt hat, bringt er einen vierten Teller ins

Spiel. Unterdessen erfordern der zweite und dritte und gleich darauf wieder der erste Teller des Jongleurs Aufmerksamkeit. Ein fünfter Teller kommt jetzt in Bewegung, und so geht es fort, bis acht Teller auf ebensovielen Stockspitzen kreisen; der Jongleur flitzt hin und her und hält sie alle in Gang. Ähnliches vollbringt der Imperator: Die Teller stellen Firmen, Unternehmungen dar, die Stäbe seine Generaldirektoren, seine Könige. Der Imperator startet soviele Unternehmen, wie er kann, während er außerdem seine Aufmerksamkeit darauf richtet, daß die bestehenden in Gang bleiben. Wenn eines davon zuviel von seiner Zeit erfordert, weil der Stab entweder zu starr oder zu biegsam ist, wirft er ihn fort und besorgt sich einen anderen.

Außenpolitik ist die zweite wesentliche Aufgabe des Imperators. Die Könige haben genug damit zu tun, ihre Reiche zu führen; er hält ein Auge auf die Beziehungen des Imperiums zu anderen Mächten und zum Papst. Der Industrie-Imperator befaßt sich nicht damit, Fabriken zu leiten, um einem unerwarteten Verkaufsboom zu begegnen, oder die Verkäufer anzutreiben, Bestände eines Produkts abzusetzen, ehe die verbesserte Version der Konkurrenz auf den Markt kommt. Er blickt in die Zukunft, beobachtet das wechselnde wirtschaftliche und soziale Klima, sieht den Rückgang der Nachfrage nach bestimmten Produkten, die Aufwärtsentwicklung anderer und die Möglichkeiten für neue voraus. Der Imperator verhandelt mit der Regierung, gehört vielleicht sogar einigen ihrer Ausschüsse an; er bekommt Wind von vorgeschlagenen Gesetzen und versucht im Frühstadium, wenn es noch leicht ist, Zusätze und Änderungen anzubringen. Er unterhält sich mit den wichtigeren Aktionären, Kabinettsmitgliedern und Bankiers und anderen Imperatoren der Industrie, er schnappt Informationen auf, die für seine Könige von höchstem Wert sein können. Er schafft die Umstände und das Klima, unter denen sie ihre Reiche am besten dauerhaft regieren können. Wenn das Industrie-Imperium wirklich groß ist, Hunderte Millionen Pfund umsetzt und Hunterttausende von Menschen beschäftigt, wenn es am Wohlstand der westlichen Welt bedeutenden Anteil hat, sind die Verantwortung und der Einfluß des Imperators so ungeheuer groß, daß sie in der Politik nur wenige Parallelen haben. Aus diesem Grunde wird für die zukünftigen Studenten, die sich mit dem zwanzigsten Jahrhundert befassen, die Geschichte einer Firma wie General Motors viel bedeutsamer sein als etwa die des schweizerischen Volkes und Staates.

21. Kapitel

ERKENNE DEN SIEGER

Die Sahne steigt immer nach oben, heißt es treffend in einer Metapher aus dem Haushalt. Diese Metapher enthält für die Mitarbeiter eines Unternehmens viel Tröstliches; je weiter sie sich selbst der Oberfläche nähern, desto mehr erkennen sie die Richtigkeit des Vergleiches. Nicht alle Großunternehmen lassen sich mit Milchflaschen vergleichen. Bleiben wir bei der Speisekammer, so ähneln manche Unternehmen Gläsern, in denen Essig und Öl für den Salat gemixt werden sollen. Das Öl steigt nach oben und der Essig bleibt am Boden, selbst dann, wenn das Unternehmen besser von den essigsauren als von den öligen Führungskräften geleitet würde. Nicht überall gelangen die besten Menschen an die Spitze der Firma. Und wenn man noch einmal zur Milch-Metapher zurückkehrt, muß man bekennen, daß Sahne nicht nur nach oben zu steigen pflegt, sondern auch rasch sauer wird.

Der Blick in ein Großunternehmen zeigt Hunderte, wenn nicht Tausende junger Manager oder Manager-Aspiranten. Zweifellos sind die meisten von ihnen erstaunlich erfolgreich, doch nur eine Handvoll hat wahrscheinlich das Zeug zum schöpferischen Leiter. Dennoch hängt von ihnen eines Tages Wachstum oder Niedergang der Firma ab. Es gehört schon eine besondere Fähigkeit dazu, die wenigen potentiellen Sieger aus der Masse der intelligenten und tüchtigen Leute herauszufinden. Das aber ist von großer Bedeutung und viel schwieriger als es klingt.

Diese Schwierigkeit ist durch die große Menge des Nachwuchses bedingt. Der Generaldirektor oder die Aufsichtsratsmitglieder können unmöglich mit all den jungen Leuten zusammenarbeiten, um sie näher kennenzulernen. Folglich sind sie auf Berichte der Manager angewiesen, unter deren Leitung der Nachwuchs arbeitet. Und der potentielle Leiter ist, so bedauerlich es auch scheinen mag, oftmals ein unbequemer und manchmal lästiger Untergebener. Möglicherweise hat er mehr Format als seine Vorgesetzten, für die das schwer zu ertragen ist. Wahrscheinlich wird er seine Überlegenheit kaum verbergen, und das können seine Vorgesetzten ihm nicht verzeihen. Wenn sie ihn in Berichten und Gesprächen als überheblich, egozentrisch und streitlustig schildern, entspricht das sogar der Wahrheit. Gewöhnlich fügen sie noch hinzu, er sei eingebildet. Er muß ja als eingebildet gelten, wenn er sich für klüger hält als den Berichterstatter, und als arrogant, wenn sich seine Überlegenheit bewußt zeigt. Beginnt er darüber hinaus noch, schon in diesem frühen Stadium seiner Karriere das Unternehmen als Ganzes zu begreifen, wird er wahrscheinlich Leitsätze und Entscheidungen in Frage stellen und kritisieren, die weder ihn noch seine unmittelbaren Vorgesetzten betreffen; das kann sie noch mehr irritieren, da es ihnen schwer fällt, über Gebiete zu diskutieren, die sie nicht überschauen können. Der junge, potentielle Leiter hat auch meistens unbegrenztes Vertrauen zum eigenen Urteil. So sehr diese Eigenschaft beim schöpferischen Leiter, der in seinem Team die Gruppenmoral und den Enthusiasmus ansporrnen muß, geschätzt wird, so wenig gestehen Vorgesetzte sie einem Anfänger zu.

Der potentielle Leiter unter den Nachwuchskräften gehorcht auch nicht gerne; zumindest, er gehorcht nicht immer gerne. Er hat seine eigenen Ansichten über empfangene Anordnungen und führt sie aus, wenn er sie für vernünftig hält. Hält er sie aber für falsch, wird er nur schwer darein einwilligen, seinen eigenen Untergebenen etwas aufzutragen, an das er selbst nicht glaubt. Vor diesem Problem stehen die Manager der mittleren Ebene natürlich immer: Man versucht, eine schlechte Entscheidung zu ändern, schafft es nicht und muß sie dann an seine Untergebenen weiterleiten. Was ist zu tun? Unterstützt man aus Loyalität der Organisation gegenüber die falsche Entscheidung und setzt sich in das Licht, genauso blöde zu sein wie alle anderen? Oder sagt man den Untergebenen, die Vorgesetzten seien ein Haufen Hammel, die sich durch nichts von ihrem Irrtum abbringen ließen, und erhält sich so den Respekt der eigenen Leute? Im öffentlichen Dienst hat man es einfacher. Man trommelt alle seine Mitarbeiter im eigenen Büro zusammen und brüllt: »Chefanweisung: Alle Lokustüren sind lila und knallrot in diagonalen Streifen anzupinseln.« Die Mitarbeiter salutieren und marschieren ins Farbenlager. Niemand sagt etwas, aber jeder weiß Bescheid. Man kann damit in einer repressiv und autokratisch geleiteten Firma Erfolg haben. Die meisten Unternehmen jedoch gestatten eine gewisse Redefreiheit. Wie verhält sich der Manager dann? Seine Vorgesetzten wissen, daß er ihnen zwar seine Vorstellungen darlegen wird, danach aber ihre Entscheidung hinnimmt und unter Einsatz aller persönlichen Autorität durchführen läßt. Statt aus der Rolle zu fallen, sagt er einfach: »Es tut mir leid, aber da spielen so viele Faktoren eine Rolle, die ich nicht kenne. Ich weiß, die Entscheidung scheint falsch zu sein, aber Sie müssen mir glauben, daß sie im Vergleich mit allen anderen Überlegungen die beste ist.« Oder etwas ähnliches. Vom schöpferischen Leiter in den Kinderschuhen kann man ein solch diszipliniertes Verhalten noch nicht erwarten. Man darf sicher sein, daß er seinen Untergebenen genau das sagt, was er denkt. Wahrscheinlich hat er ihnen schon vorher deutlich zu verstehen gegeben, was seiner Meinung nach getan werden sollte. Und selbst dann, wenn er nichts sagt, wissen sie genau, was er denkt.

Ein Juniormanager darf nur in beschränktem Maße auf Wohlwollen und Anerkennung rechnen; je mehr er sie von seinen Untergebenen empfängt, desto weniger werden sie ihm von oben zuteil. Wenn er seine Vorgesetzten wegen jeder Kleinigkeit fragt und ihre Weisungen ohne Einwände akzeptiert, halten die ihn für einen erstklassigen Mann; doch seine Untergebenen, die sehen, wie rivalisierende Abteilungen auf ihre Kosten wachsen, wie ihre Ideen abgelehnt werden, die auch feststellen, daß andere bessere Chancen und höhere Gehälter bekommen, obwohl sie weniger Verantwortung tragen, sehen in ihm bald den schwachen opportunistischen

Apparatschik. Kämpft er aber gegen jede unwillkommene Weisung und drängt wiederholt auf größere Bewegungsfreiheit und höhere Bezahlung für seine Untergebenen, nimmt er ein Nein niemals als als Antwort an, dann werden ihn seine Mitarbeiter hochschätzen, die Vorgesetzten aber empfinden ihn als Dorn im Auge. Der schöpferische Leiter zeichnet sich allerdings dadurch aus, daß er persönliche Loyalität den Mitarbeitern gegenüber und nicht nach oben beweist. In erster Linie steht er zu seinen eigenen Ideen, in zweiter zu den Menschen, von denen er annimmt, daß sie ihm bei der Verwirklichung dieser Ideen helfen. Diesen beiden Kategorien gibt er den Vorrang vor den Vorgesetzten. Auch dem Unternehmen als solchem gegenüber zeigt er sich nicht übermäßig loyal. Ermöglicht es ihm, seine Ziele zu erreichen, wird er das Unternehmen anerkennen und gutheißen; doch wenn er seine Ziele zurückstellen und als Mitglied eines Teams an der Verwirklichung der Vorstellung eines anderen arbeiten soll, verliert er bald die Lust und die Geduld. Aus diesem Grunde verlor die preußische Verwaltung ein überaus fähigen Nachwuchsmann. Er hieß Bismarck; in einem Brief an einen Cousin erklärt er, weshalb er bereits als junger Mann aus dem Dienst ausgeschieden sei.

»Amtsgeschäfte und Staatsdienst liegen mir nicht sehr; der Gedanke, ein Beamter oder sogar ein Staatsminister zu werden, beglückt mich wenig. Ich halte das Anpflanzen von Getreide für ebenso achtbar wie das Depeschenschreiben, und erachte es unter manchen Umständen gar als nützlicher. Ich befehle lieber, als daß ich gehorche. Für diese Fakten kann ich außer meinem persönlichen Geschmack keine Begründung anführen ... Ein preußischer Beamter ist wie ein Orchesterspieler. Es hat keine Bedeutung, ob er die erste Violine oder das Triangel spielt ... er muß sein Instrument spielen, wie das Konzertstück es verlangt ... Doch für mein Teil will ich die Musik spielen, die ich für gut erachte, oder überhaupt nicht spielen.«

Selbstverständlich bekommt ein junger, aufstrebender Nachwuchsmann, der offen verkündet, er wolle die Musik spielen, die er für gut hält, oder gar keine, nicht die besten Beurteilungen. Nur wenige Vertreter dieses Temperaments würden sich letztlich als Bismarck entpuppen. Wenn jedoch keiner die Chance zum Aufstieg bekommt, ist auch die Möglichkeit ausgeschlossen, einen Bismarck zu finden. Ein potentieller schöpferischer Leiter widerspricht auch deshalb seinen Vorgesetzten, weil er ein schlechter Höfling ist. Höflinge sind ständig bemüht, mit erfolgreichen, nicht aber mit erfolglosen Projekten identifiziert zu werden. Einen guten Teil ihrer Zeit und ihres Einfallsreichtums verwenden sie darauf, sich abzusichern und Formulierungen für alle Eventualitäten zu ersinnen. Wenn das Projekt scheitert, sind auf einmal alle dagegen gewesen und haben davor gewarnt; ist es erfolgreich, dann will jeder es von Anfang an nach Kräften unterstützt haben, und jeder behauptet, er hätte sein Bestes dazu beigetragen, auch als die anderen nicht mehr daran geglaubt hätten. Der schöpferische Leiter beherrscht dieses Spiel nicht gut. Er legt sich von Anfang an auf eine Sache fest; ist sie erfolgreich, so ist er einer der vielen, denen das Verdienst daran gebührt; wenn sie scheitert, trägt er als einziger die Schuld.

Ein wenig beliebtes Charakteristikum des schöpferischen Leiters ist es auch, daß er nicht voraussetzt, die Vorgesetzten werden zu den von ihm vorgetragenen Fragen die richtigen Entscheidungen treffen. Gelegentlich trifft er daher Entscheidungen auf eigene Faust, da er Fehlentscheidungen fürchtet, wenn er offene Fragen an seine Vorgesetzten weiterleitet. Ebenso übersieht er geflissentlich Memoranden mit unangenehmen Anweisungen, denen er nicht Folge leisten möchte. »Auf einem Auge blind zu sein« hat die Bedeutung angenommen, die Delikte seiner Untergebenen absichtlich nicht wahrzunehmen. Der Ausdruck entstand in der Schlacht von Kopenhagen. Nelson ging damals bis zum Äußersten, als er eine Instruktion seines Vorgesetzten, den Kampf abzubrechen, ignorierte. Er riskierte den allergrößten Ärger, falls er verloren hätte. Bei einem Fehlschlag gibt es in dieser Situation kein Argument zur Verteidigung; und selbst bei Erfolgen wird einem nur widerwillig verziehen; diese Art Widersetzlichkeit erfordert schon beachtliches Selbstvertrauen und sehr starke Nerven. Selbst wenn ein auf diese

Weise erzielter Erfolg die Vorgesetzten vor einer Katastrophe gerettet hat, werden sie dafür nicht besonders dankbar sein.

Das sind die Gründe, warum die wenigen potentiellen schöpferischen Leiter oft nicht wie Sahne aufsteigen können, sondern wie Essig — dem sie ja auch ähneln — unten gehalten werden. Häufig sind ihre direkten Vorgesetzten ihnen nicht wohlgesonnen, berichten nachteilig über sie und fördern die gefügigen, gehorsamen, leicht zu behandelnden Nachwuchsmanager. Natürlich ist arrogantes, egozentrisches, streitbares Verhalten allein nicht schon eine Garantie für hohe Begabung; außerordentliche Fähigkeiten müssen damit einhergehen. Rohdiamanten können sich durchaus auch als rohe Similisteine erweisen. Ein Vorgesetzter muß, um hier richtig unterscheiden zu können, über eine gehörige Portion Weisheit verfügen. Denn ein schwieriger Untergebener ist nicht unbedingt auch ein schwieriger Vorgesetzter, und seine wenig liebenswürdigen Eigenschaften sind vielleicht von größerem Wert für das Unternehmen als der glatte Charme seiner höflichen Kollegen. Hinter seiner vermeintlichen Arroganz, seinem Starrsinn und seiner Insubordination verstecken sich oft Selbstvertrauen, Bestimmtheit und Initiative, die sich aber mit dem Mantel des Mißmutes umkleiden. Das Top-Management eines Unternehmens erfährt vielfach nur durch die Berichte unmittelbarer Vorgesetzter über solche Mitarbeiter. Als Beispiel möchte ich die Schwestern in einem Krankenhaus anführen, über die die Stationsschwester den Vorgesetzten berichtet. Sicherlich hat ihr Bericht Aussagekraft, doch gibt es daneben noch einen weiteren Beurteilungsmaßstab, nämlich denjenigen des Patienten. Die Schwester, die in den Augen der Patienten als die beste gilt, braucht das keinesfalls auch in den Augen ihrer Kolleginnen zu sein, und umgekehrt. Eine Musterschwester, die alles blitzsauber hält, immer hurtig, tüchtig und pünktlich ist, kann trotzdem ihre Patienten verängstigen, deprimieren und unglücklich machen; die andere Schwester hält vielleicht die gesamte Station bei guter Laune, verabreicht aber gelegentlich ein falsches Mittel. Es geht mir darum, zu zeigen, daß beide Beurteilungen von Bedeutung sind, aber nur die erstere nach oben weitergeleitet wird. In der gleichen Weise erfolgt oft die Beurteilung von jungen schöpferischen Leitern unter einem einseitigen Aspekt.

General Horrocks berichtete mir von einer Praxis, derer sich manche militärische Kommandeure bedienen. Danach hat immer der Direktverantwortliche dem Kommandeur, dem Generaldirektor, zu berichten. Natürlich nicht bei bloßen Routinevorgängen, sondern nur in dringenden Fällen, dann, wenn eine Krisensituation sich anbahnt, oder wenn wichtige Pläne angefertigt oder Ergebnisse analysiert werden. Dazu bedarf es vielleicht zweimal wöchentlich einer Unterredung von fünfzehn Minuten mit jungen Offizieren oder Managern; auf diese Weise kommt man jedoch jährlich mit hundert von ihnen zusammen. Gutes Benehmen in Gesellschaft ist dabei weniger ausschlaggebend als die Einsatzfähigkeit, wobei an den Geist, die Intelligenz, das Wissen, die Arbeitskraft und Unabhängigkeit besondere Anforderungen gestellt werden sollen. Horrocks lud auch immer den jeweiligen Vorgesetzten zur Teilnahme ein, um nicht den Eindruck zu erwecken, es werde hinter seinem Rücken operiert. Dies Verfahren gestattet es dem Generaldirektor, sich eine eigene Meinung über die Talente jüngerer Manager zu bilden. Außerdem hat es den zweiten Vorteil, daß er Informationen, Schätzungen und Vorschläge von ihrem Urheber direkt vorgetragen bekommt und nicht erst gefiltert durch Höflinge und Barone.

Schwerer läßt sich sagen, wie sich der junge potentielle Leiter gegenüber einem Vorgesetzten verhalten soll, der offenbar seine Vorschläge blockiert, seine Ideen zurückweist und seine Pläne zunichte macht. Ich kenne nur einen einzigen praktischen Rat, der jedoch in einer anderen Situation gegeben wurde. Was soll man tun, wenn man im Dschungel auf einen Löwen trifft? Läuft man weg, wird er einen instinktiv verfolgen. Geht man auf ihn zu und macht einen Bogen um ihn herum, springt er einem aus Angst an die Kehle. Man muß selbstsicher und langsam auf ihn zugehen, ihm jedoch einen Ausweg, einen Rückzug, offen lassen. Kommt man ihm dann so nahe, daß es ihm unbehaglich wird, wendet er und verdrückt sich in die Büsche. Mit anderen Worten, man muß seinem Vorgesetzten auch in den heftigsten Auseinandersetzungen immer die Möglichkeit zuzustimmen, offen lassen, ohne daß er sich dabei etwas zu vergeben hätte. Man muß einen wichtigen Umstand, einen Alternativvorschlag oder eine beachtenswerte Änderung immer in Reserve haben, bis der Vorgesetzte die volle Entschlossenheit spürt, gegen die er sich widersetzt. Kennedy verfuhr so in der Kuba-Krise. Wenn der Löwe sich dann nach einem Pfad durch den Dschungel umsieht, ist der Rückzugsweg für ihn vorbereitet.

22. Kapitel

GRESHAMS GESETZ

Ständig lamentieren die industriellen Großunternehmen, daß sich nicht genügend Hochschulabsolventen bei ihnen bewerben und daß diejenigen, die es tun, nicht die besten sind. Man führt das auf verschiedene Ursachen zurück. Für gewöhnlich beschuldigt man stillschweigend die Universitäten, falsche Maßstäbe zu vermitteln, und die Absolventen, keinen Ehrgeiz zu haben. Manchmal prüfen die Unternehmen auch sich selbst und fragen sich verwundert, ob sie vielleicht durch eine Art Körpergeruch in schlechtem Ansehen stehen. Dann versuchen sie durch teure PR-Kampagnen, Anzeigen in Studentenzeitschriften, durch Hochglanzbroschüren und Filmvorführungen an Universitäten Absolventen anzuwerben und Promovierte zu beeinflussen. Wie Mädchen ohne festen Freund, die auf Reklame für desodorierende Mittel hereinfallen, müssen sie allzuoft feststellen, daß Körpergeruch gar nicht die Ursache war. Sie waren einfach nicht anziehend genug und sind es immer noch nicht.

Die Industrie wäre für Akademiker nicht uninteressant, nur bieten ihnen die Großunternehmen nicht das, was sie wirklich wollen. Die Unternehmen sagen etwa so: »Treten Sie bei uns ein. Wir haben zahlreiche interessante Stellen für junge Leute. Unsere Forschungsbereiche erstrecken sich von Metallurgie über Molekularbiologie bis zur Astrophysik, wir haben freie Stellen in Verkauf, Werbung, Datenverarbeitung, Personalverwaltung. Wir unterhalten Fabriken und Büros überall im Lande und in vierzig anderen Ländern der Welt. Wir werden den idealen Platz für Sie schon finden. Wir bieten Ihnen eine gut bezahlte, sichere Position mit

Aufstiegsmöglichkeit, zusätzliche Krankenversicherung, Reisevergünstigungen und Altersversorgung. Unsere Aktien stehen hoch im Kurs, und wir sind in den letzten Jahren beachtlich gewachsen. Unser Name ist überall in der Welt ein Qualitätsbegriff. Was wollen Sie mehr?« Aber die jungen Absolventen wollen gar nicht mehr — eher weniger. Die meisten von ihnen sind nicht an Sicherheit, Altersversorgung und großartigen Aufstiegs*möglichkeiten* interessiert. Ihnen ist wichtiger zu wissen, in welche Position sie wirklich eintreten. Gerade das wird ihnen kaum gesagt. Man verlangt von ihnen, daß sie sich lebenslänglich einer Institution verschreiben, ohne zu wissen, mit wem sie zusammenarbeiten und was sie tun werden. Doch sie sind viel zu helle, um sich von werblichen Attributen wie »spannend«, »herausfordernd«, »expansiv«, wie sie sich auf Handzetteln finden, einfangen zu lassen. Ich kenne einen außerordentlich intelligenten, lebendigen, unternehmungslustigen Akademiker, der Großunternehmen Großunternehmen sein ließ und sich einer unsicheren Klitsche verschrieb. Sie bestand aus vier Leuten, die ihm weder Pension noch Krankenversicherung, dafür aber die reelle Chance bot, innerhalb von sechs Monaten Konkurs anmelden zu müssen. Doch man hatte ihm seine Aufgabe genau umrissen — er sollte den gesamten Verkauf aufbauen und leiten —, und er mußte selbst sehen, wie er das schaffte. Es klingt vielleicht anmaßend, wenn ein Jungakademiker selbst etwas auf die Beine bringen will, aber einige der besten von ihnen tun es. Sie fangen nicht erst nach einer Probezeit an, sondern auf der Stelle. Bismarck fuhr in dem Kapitel 19 zitierten Brief fort:

»Besonders in Staaten mit absolutistischer Verfassung sind nur wenige berühmte Staatsmänner aus Vaterlandsliebe in den öffentlichen Dienst eingetreten; weit öfter war Ehrgeiz, der Wunsch zu befehlen, bewundert zu werden, berühmt zu sein die treibende Kraft. Ich muß gestehen, daß ich selbst nicht frei von dieser Passion bin. Viele Ehrungen, etwa jene, die ein Soldat in Kriegszeiten erfährt, oder ein Staatsmann unter einer freien Verfassung, wie sie etwa Peel, O'Connell, Mirabeau erfuhren — Männer, die in großen politischen Bewegungen eine Rolle zu spielen hatten —, würden auf mich eine Anziehungskraft ausüben, die jede Überlegung überwöge, würden mich anlocken, wie eine Flamme die Motte. Weniger reizen mich Erfolge, die ich auf ausgetretenen Pfaden durch Prüfungen, Einfluß, Studium von Beispielen, höherem Dienstalter und Gunst meiner Vorgesetzten erzielen könnte.«

Diese Neigung Bismarcks mag bei einem Organisator völlig fehl am Platze sein, doch ein Leiter braucht sie. Die einzig wirkliche Vorbereitung auf Führung ist Führung: Man erlernt sie nicht als Assistent oder Stellvertreter, sondern nur als Chef. Wenn er ein führender Schauspieler sein wolle, dürfe er nur Hauptrollen übernehmen, riet Peter O'Toole Michael Caine. Es sei viel besser, den Hamlet in Nottingham als den Laertes im Londoner Westend zu spielen. Ebenso lernt man große Organisationen am besten dadurch führen, indem man kleinere führt; das ist das einzige, wozu die Großunternehmen keine Gelegenheit bieten.

Ich glaube nicht, daß es so sein muß. Ich bin sicher, daß das Großunternehmen zusätzlich zu all den bequemen Posten, die es denjenigen Graduierten bietet, die im Alter von 21 Jahren nach einer gesicherten Laufbahn suchen, auch Positionen für die andere Gruppe ersinnen könnte. Es könnte einem jüngeren Mann sagen: »Wir installieren in vier von unseren Fabriken neue Werkzeugmaschinen. Die alten können wir in Bausch und Bogen für zwanzig Prozent des Preises, den wir vor vier Jahren gezahlt haben, in Zahlung geben. Wir glauben, daß wir mehr dafür bekommen könnten — sagen wir dreiunddreißig oder vierzig Prozent — wenn wir sie direkt an Einzelabnehmer verkaufen. Das ist Ihre Aufgabe. Ziehen Sie die Sache auf, wie Sie wollen, und behalten Sie soundsoviel Prozent für Ihre Abteilung. Stellen Sie einige Ihrer Freunde ein, sobald Sie es sich leisten können. Wenn Sie innerhalb von sechs Monaten nichts erreichen, blasen wir die Sache ab. Wir bieten keine Sicherheit, Altersversorgung oder festes Gehalt; Sie bekommen keinen Vorgesetzten, nur einen Buchprüfer. Wenn Sie die Sache wirklich in Gang bekommen, können Sie in absehbarer Zeit sechstausend Pfund im Jahr verdienen, und unsere alten Last- und Lieferwagen müssen auch bald ausgetauscht werden. Schaffen Sie es nicht, nun gut, Sie sind erst einundzwanzig, Sie werden leicht eine andere Stelle finden. Und nun fangen Sie an.« Ich bin sicher, es gibt verschiedene Wege des Geldverdienens, die zu beschreiten für ein Großunternehmen wenig wirtschaftlich ist; doch ein aufgeweckter junger Mann könnte diese Möglichkeiten trotzdem zu seinem und des Unternehmens Nutzen ausschöpfen.

Bietet das Großunternehmen andererseits nichts als eine gesicherte Zukunft und offeriert sie auch noch entsprechend attraktiv, läuft es Gefahr, zu viele Nachwuchskräfte einzustellen, denen es nur auf die Altersversorgung ankommt; dann wird Greshams Gesetz wirksam. Das Schlechte vertreibt das Gute, im Management wie in der Währung. Wenn ein tüchtiger Mann um sich blickt und feststellt, daß weniger guten Kräften zum gleichen Gehalt die gleiche Arbeit anvertraut ist, wird er annehmen, er sei fehl am Platze. Wird dann noch ein schwacher Kollege rascher befördert, verliert er gänzlich die Lust an der Arbeit. Ich komme manchmal zu der Vermutung, daß Großunternehmen die enorme Bedeutung von Ernennungen und Beförderungen nicht richtig einschätzen. Man kann an die Belegschaft Direktiven, firmenpolitische Erklärungen und Nachrichten ausgeben, bis die Papierkörbe bersten, und erreicht doch nicht das gleiche wie durch eine politisch richtige Beförderung. Beförderungen sind unmißverständliche Zeichen. In ihnen äußern sich die Wertmaßstäbe des Unternehmens. Sie beweisen, daß ein Unternehmen die Qualität der Arbeit bei seiner Belegschaft würdigt. Gleichzeitig sind sie ein warnendes Beispiel für jeden, der die Position und die Talente des neu Beförderten kennt. Menschen, die sorgfältig und erfolgreich gearbeitet haben und dann zusehen müssen, daß andere, die weniger gewissenhaft waren, rascher befördert werden, beginnen bereits am folgenden Morgen mit der Lektüre von Stellenangeboten. Greshams Gesetz wird durch nichts schneller und unerbittlicher wirksam als durch schlechte Beförderungen. Seine Wirkung kann sich auch rasch vervielfältigen: Unzulängliche Menschen setzen die eigene Unzulänglichkeit durch die Ernennungen und Beförderungen, die sie vornehmen, fort. Menschen neigen dazu, die Eigenschaften, die sie sich selbst zuschreiben, am höchsten zu bewerten. Bertrand Russell deutet das an, als er die katastrophale Ernennungen Präsident Jacksons erklärt:

»Trotz allem war er ein erfolgreicher Richter, ohne die Gesetzgebung zu kennen, und ein erfolgreicher General, ohne Strategie oder Taktik studiert zu haben. Daher war es nur natürlich, daß er ein gutes Herz mehr als einen klaren Verstand als Qualifikation für den öffentlichen Dienst erachtete.« [28]

Großunternehmen verfügen auch über ein anderes, wirkunsvolles Abschreckungsmittel gegen potentielle schöpferische Leiter, die eventuell bei ihnen einzutreten bereit wären. Es heißt Abstufungssystem und ist ein Instrument von Greshams Gesetz. Solange es flexibel gehandhabt wird, kann es auf der Stufe der Sekretärs- und Büroangestelltenpositionen nicht übermäßig viel Schaden anrichten; um so fragwürdiger erweist sich das System, als bei den gehobenen Positionen. Nach dem System stuft man alle Positionen im Unternehmen gegeneinander ab, umreißt Pflichten und Verantwortlichkeit und stellt eine Tarifordnung auf, die für besonders qualifizierte Mitarbeiter noch kleine Abweichungen zuläßt; dieses Prinzip enthebt einen rasch aller Sorgen mit dem Personal. Vielleicht würde es in einer völlig statischen Organisation sogar funktionieren. Bei ihm liegt der Fehlschluß in der Annahme, daß Stellungen nicht in ihrem Wert, in ihrem Status und in ihrer Bedeutung durch die Menschen, die sie bekleiden, verändert werden könnten. Sie ist falsch. Eine Stellung, die von A bekleidet relativ bedeutungslos ist, kann von B in ihrer Bedeutung so sehr erweitert werden, daß die vorher getroffene Abstufung lächerlich wird. B ist jedoch durch den Stufenplan auf ein bestimmtes Gehaltsniveau festgelegt; um es anzuheben, bedarf es einer umfangreichen Neuformulierung, und während der dazu nötigen Zeit ist B vielleicht schon ausgetreten. Die stillschweigende Voraussetzung, daß alle Menschen mit ungefähr der gleichen Anzahl an Dienstjahren für das Unternehmen von gleichem Wert sind, hat einen Gresham-Effekt, da die guten Mitarbeiter überzeugt sind, daß sie weit mehr wert seien als der Durchschnitt. Die Durchschnittlichen und Unterdurchschnittlichen sind dagegen restlos glücklich. Sie sind ohnehin überbezahlt, da sie ja von den heftigen Angriffen der tüchtigen Kollegen gegen das System profitieren. Der Umstand, daß bei einer Erhöhung der Gehälter nicht nur die Tüchtigen, sondern alle bedacht werden müssen, die zu ihrer Stufe gehören, vereitelt jede nennenswerte Erhöhung. Eine umfangreiche Gehaltserhöhung brächte sie auch sofort in eine höhere Gehaltsstufe, was wiederum zu einem Aufstand unter den Mitgliedern mit größerem Dienstalter führen würde. Für eine fixierte Zuordnung von Status und Gehalt gibt es keine vernünftige Begründung. Trotzdem ist sie im Rahmen eines Abstufungssystems nahezu unvermeidlich. Daher ist es kaum möglich, einen erfolgreichen schöpferischen Leiter, der aus einer gewöhnlichen Position eine wirklich beachtenswerte gemacht hat, angemessen zu entlohnen.

Das Verfahren kann auch auf andere Weise scheitern. Insistiert man darauf, die Position zu bezahlen und nicht ihren Inhaber, muß man die Stellung anheben, wenn sie mit einem erstklassigen Mann besetzt ist. Sein Nachfolger kann vielleicht weit weniger fähig sein und hält dem Vergleich mit dem Vorgänger nicht stand; der Mantel Elias' fällt auf Elisa und erstickt ihn. Offensichtlich sollte der Mantel sofort auf die richtige Größe zurechtgeschnitten werden, doch ist eine Position mit allem damit verbundenen Ärger einmal angehoben, legt niemand besonderen Wert darauf, sie wieder abzuwerten.

Die Alternativlösung besteht darin, Menschen nach dem Urteil, das man sich von ihrer Eignung macht, zu bezahlen. Bei ihrem Preis wird man wie bei einer Aktie ihr Zuwachspotential, ihren wahrscheinlichen zukünftigen Ertrag und ihren Buchwert berücksichtigen müssen. Die Menschen und nicht die Positionen sind für ein Großunternehmen ausschlaggebend. Bei Forschungsprojekten ist nicht die Höhe der Position des Leiters einer Forschungsabteilung von Bedeutung, sondern dessen Fähigkeiten, sowie das Wissen und das Interesse aller Mitarbeiter dieser Abteilung. Joe Hyman von Viyella International kennt dem Prinzip nach keine Positionen in einer Organisation. Mr. Jones wird Mr. Jones genannt, und Mr. Smith wird als Mr. Smith geführt. Wenn Mr.

Smith zufällig mit Pressearbeit befaßt ist, kann er sich, allerdings nur im Rahmen seiner Tätigkeit außerhalb der Firma, Presseleiter nennen. Der Titel gleicht einem Regenschirm, den er beim Verlassen des Gebäudes aus dem Ständer nehmen kann, wenn es gerade regnet. Im Haus selbst bleibt er jedoch einfach Mr. Smith. Falls er einmal auf einer Vorstandskonferenz mit viel Geschick das Protokoll führt, heißt es deshalb nicht gleich, der Presseleiter tue die Arbeit des Schriftführers. Er ist Mr. Smith, und Mr. Smith führt eben heute Protokoll.

Ich glaube, daß die wirkliche Beliebtheit des Abstufungssystems kaum etwas mit der Leistungsfähigkeit eines Großunternehmens zu tun hat. Es ist sinnvoller, jeden einzelnen Manager nach seinem Wert als Mitarbeiter zu bezahlen, anstatt sein Gehalt nach nebensächlichen und überholten Rangordnungen zu bemessen. Kleinen Firmen fällt es leicht, und sie verfahren fast alle so. Das Abstufungssystem erleichtert natürlich den Verwaltungsleitern jene peinlichen Unterhaltungen, in denen Belegschaftsmitglieder wissen möchten, weshalb sie nicht mehr verdienen können, oder nicht soviel wie dieser und jener. Solange ein Abstufungssystem besteht, kann man sich auf besondere Anforderungen berufen, die eine Stellung mit sich bringt. Man kann die ganze Sache höflich und gentlemanlike abhandeln. Gibt man das System auf, muß man offen antworten und sagen: »Weil wir Sie beide zwar gleichermaßen schätzen, ihn jedoch noch höher bewerten.« Man muß die schreckliche Realität eingestehen, daß manche Menschen durch die guten Eigenschaften ihres Wesens mehr als durch den Wert der Arbeit, die sie zufällig ausführen, für die Firma wertvoller sind als andere. Sogar, daß ein jüngerer Mann mit weniger Berufsjahren vielleicht wertvoller sein kann als sein Vorgesetzter. Und das könnte bedeuten, daß manche weniger erfolgreiche Mitarbeiter aus Verstimmung kündigen. So scheint die Alternative, daß man Greshams Gesetz einige der Erfolgreichsten durch Frustration vertreiben läßt und gestattet, daß es hoffnungsvolle Nachwuchskräfte vom Eintritt in die Firma abhält, doch noch leichter zu ertragen sein.

23. Kapitel

DER GENERAL

»Geschäft ist wie Krieg«, schreibt Bagehot, »sein Ergebnis ist offenkundig. Erzielt man hohe Gewinne oder erzielt man sie nicht? Man kann sich auf Zahlen ebensowenig wie auf Schlachten berufen.« [29] Geschäft und Krieg ähneln einander so sehr, daß jedes Stadium der Militärgeschichte seine Parallele in der industriellen und kommerziellen Kriegsführung findet. Natürlich muß man ein wenig umdenken: Gebiet ist der Marktanteil, nicht die Fläche des Landes; wie die Soldaten auszogen, um mit Schwertern und Musketen zu kämpfen, tun es die Geschäftsleute mit Musterkoffern, genauen Angaben und Rabatten. Den Sieg entscheidet nicht, welche Armee sich das Feld erkämpft, sondern welche Firma am meisten von ihrer Produktion absetzt. Wie man im Kriege zuerst durch Artillerie und Bomber Sperrfeuer legt, bevor man die Infanterie einsetzt, so führt man im Geschäftsleben Presse- und Rundfunkkampagnen durch, bevor man seine Vertreter aussendet. Anstelle der militärischen Spione, die Schlachtpläne stehlen, stehlen hier Ingenieure Entwürfe der Industrie. Der sich wandelnden Taktik und der sich entwickelnden Technologie des Krieges entsprechen auch in den Industrien gewisse Parallelen. Napoleon hat die militärische Taktik flexibler Störverbände entwickelt, um die überkommenen Kampfformationen der anderen europäischen Armeen zu schlagen. General Motors entwickelte ein abgestuftes Programm von Fahrzeugtypen, um die preislich einheitliche Serie der T-Modelle Fords zu durchkreuzen. Ebenso wie die militärischen Großmächte von Bombern zu Raketen und Anti-Raketen-Raketen übergehen mußten, nur weil der Feind sie auch hatte oder haben könnte, so mußten sich aus dem gleichen Grunde die Elektrofirmen von Röhren auf Transistoren und Halbleiter umstellen. Wie Armeen ihre Waffen und Taktiken jeweils dem Gelände anpassen, richten sich Unternehmen in ihrer Produktion und ihrem Angebot nach den verschiedenen Märkten.

Mehr noch, in der Industrie wie im Krieg reichen Größe und Wohlstand allein noch nicht aus, um einen Sieg zu garantieren. Spanien war im sechzehnten Jahrhundert viel reicher und größer als England, dennoch verlor es die Armada. Ich will nicht behaupten, England wäre stark genug gewesen, Spanien zu erobern — das konnte es bestimmt nicht —, aber es war immerhin so stark, seinen Marktanteil nicht rauben zu lassen. Englands Produkt, seine Flotte, war für seinen Marktsektor wie geschaffen, zum Seekrieg und zur Verteidigung gegen eine eventuelle Invasion. Hätte England versucht, sich mit seiner weitaus unbedeutenderen Armee in einen Landkrieg gegen Spanien einzulassen, wäre es in allerkürzester Zeit vernichtend geschlagen worden.

Auch Guerillataktiken werden angewandt. Als eine amerikanische Datenverarbeitungsfirma nicht durch ihr Angebot mit IBM konkurrieren konnte, sandte sie eine kleine Gruppe Vertreter in den Vereinigten Staaten umher, die Zweifel, Unzufriedenheit und Ressentiments unter den IBM-Benutzern wecken sollte. Sie verkauften nichts, doch die IBM-Bezirksmanager hatten noch Wochen nach dem Besuch der Guerillas überall im Land alle Hände voll zu tun, aufgeregte Kunden zu beruhigen. Sie mußten die tatsächlichen und eingebildeten Defekte und Unannehmlichkeiten, über die die Kunden plötzlich klagten, durch Argumente beseitigen. Dadurch blieb ihnen keine Zeit zum Verkauf neuer Maschinen und Einrichtungen übrig. Es war ein klassischer Fall von Guerillataktik: mit minimalen Mitteln ein Maximum von Schaden anzurichten.

Von allen Parallelen, die sich zwischen Krieg und Industrie zeigen, ist die zwischen Feldherrnkunst und Führungskunst am lehrreichsten. Stellen Sie sich einen Industriegeneral vor, dessen Verkaufsstreitmacht gegen einen viel größeren und wohlhabenderen

Konkurrenten erfolgreich gewesen ist. Nehmen wir an, das Produkt wäre ein ziemlich teurer Sportwagen. Nun bringt ein Konkurrent plötzlich ein Modell auf den Markt, das nicht nur billiger, sondern auch noch besser und moderner in der technischen Ausrüstung ist; die Verkaufsziffern der erstgenannten Firma sinken in dramatischer Weise. Doch gerade in dem Moment, da die Vertreter sich zu fragen beginnen, woher der Bonus im nächsten Monat kommen soll, bringt die eigene Firma ein brandneues Modell heraus; ein Modell, das sich an einen anderen und weniger finanzkräftigen Markt wendet, auf dem es aber auf Jahre hinaus Spitzenumsätze garantieren kann. Die Vertreter stellen fest, daß die Niederlage des älteren Modells genau vorausgesehen und das neue als sichere Verteidigungslinie längst vorbereitet war. Offenkundig schafft solche Feldherrnkunst Vertrauen und hebt die Moral. Für die Zukunft ist das von unschätzbarem Wert. Die Vertreter werden jetzt blindlings alles tun, was ihnen gesagt wird, weil sie wissen, daß sie ihrem Führer trauen können. Im Jahre 1810 passierte etwas ähnliches bei Torres Vedras. Wellingtons Armee mußte sich damals in Portugal nach beachtlichen Erfolgen gegen die Franzosen von Bussaco absetzen. Zehn Tage lang zog sie sich in Richtung auf Lissabon zurück und ihre Moral sank nach den Anfangserfolgen gegen Napoleons »unbesiegbare« Truppen. Die Franzosen saßen Wellingtons Streitmacht dicht auf den Fersen. Am zehnten Tage erreichten die Soldaten die Berge von Torres Vedras und trauten ihren Augen nicht. Dort erwartete sie eine uneinnehmbare, völlig leere Verteidigungsstellung mit Schützengräben, Brustwehre, Palisaden, Forts, Schanzwerke und Kanonenbatterien, die aufs beste angeordnet waren. Zur Tarnung hatte man Bäume gefällt, in weitem Umkreis alle Unterschlupfmöglichkeiten beseitigt, Bäche abgedämmt, um Sumpfgelände zu schaffen und Angreifer einzuschließen. Über fünfzig Meilen weit waren die Erdarbeiten ausgedehnt. Entwurf und Ausführung dieser Verteidigungsstellung mußten ungefähr ein Jahr beansprucht haben. Die Soldaten erkannten, daß der Rückzug bereits ein Jahr zuvor vorausgesehen und vom Generalstab berücksichtigt worden war. Unter diesen Umständen verwundert nicht, daß Wellingtons Armee eine Firma war, die mit der Betriebsmoral keine Schwierigkeiten hatte.

Zweifellos halten nur wenige Marketing-Manager sich selbst für Wellingtons oder ihre Rivalen für Massénas; und das zu Recht. Trotzdem erfordert ein großer Teil ihrer Arbeit die gleichen Fähigkeiten, die einmal gute Generäle von schwachen unterscheiden. Ein verbreitetes Mißverständnis meint, Feldherrnkunst beweise sich in geschickter Taktik auf dem Schlachtfeld. Die wirkliche Arbeit eines Generals erfordert aber viele Jahre. Sie besteht darin, eine Armee zu einer hervorragenden Streitmacht auszubilden. Sicher war Nelson ein brillanter Taktiker, doch ohne das Disziplinarsystem, das St. Vincent bei der Marine eingeführt hatte, hätte er seine Erfolge nicht erzielen können. Auch Wellington verdankte viel der leichten Division, die lange Zeit von Sir John Moore ausgebildet worden war. Ebenso erweist sich wirkliche Unternehmensführung an keiner noch so grundlegenden Einzelentscheidung, sondern daran, daß sie im Laufe von Jahren eine wirklich gut funktionierende Firma aufbaut. Eine eilfertige Lösung gibt es nicht: Erhält eine Armee einfache neue Waffen, kann der Feind sie rasch kopieren und damit wertlos machen. Erfordert ihm Ausarbeitung und ihre Herstellung, wie beispielsweise die Erfindung und Serienproduktion des Panzers, so hat der Feind es sehr viel schwerer. So wird eine Firma, die eine rasche Lösung findet, sie auch rasch kopiert finden. Die Basis für jeden dauerhaften Erfolg wird bei dem langsamen und mühevollen Aufbau von Gruppen befähigter Menschen gelegt und durch das Sammeln wissenschaftlicher und technologischer Erfahrungen; wenn im Hinblick auf eine lange Entwicklungszeit das Kopieren erschwert wird, versucht es auch nicht so leicht einer.

Ein weiteres gemeinsames Charakteristikum erfolgreicher Generäle und Industrieführer ist der Drang, die Initiative zu ergreifen. Ich erinnere mich an eine Situation bei einem Kricketspiel während der vierziger Jahre. Denis Compton übernahm die Schlägerführung bei einem Punktverhältnis von ungefähr 11:2. Der Ball sprang günstig auf dem Feld, die Ballmänner waren guter Dinge, und die

Fangmannschaft umringte Compton gierig. Er spielte vorsichtig und gewann langsam an Punkten. Nach und nach aber und dann immer schneller, steigerte er das Tempo; als er schließlich beinahe zweihundert Punkte erreicht hatte, war die Fangmannschaft so dicht an ihn herangerückt, wie es eben erlaubt war, und die Ballmänner hatten nur noch ein Ziel: einen Ball zu landen, den Compton nicht erwischen konnte, ohne daß der Wurf außerhalb des Aktionsradius' seines Schlägers gelegen hätte. Damals kam es mir nur wie eine meisterhafte Demonstration in der Kunst der Schlägerführung vor. Jetzt erscheint mir sein Spiel auch als eine Dokumentation von Feldherrnkunst. Schlägerführung fußt auf Verteidigung: Überleben ist die Voraussetzung von Punktgewinn. Feldherrnkunst — ob in Industrie, Handel, Politik oder Militär — ist ebenso geartet. In erster Linie muß man fähig sein, Katastrophen abzuwenden. Der Besitz dieser Fähigkeit ist noch keine Erfolgsgarantie, doch ohne sie erleidet man unweigerlich Schiffbruch. Ein Führer unterscheidet, wird darüber hinaus auch noch bestrebt sein, die Handlungen der anderen nach seinem eigenen Willen und zur Erreichung seiner eigenen Ziele zu beeinflussen, ohne sich seinerseits an deren Handlungen zu orientieren. Es hat viele Generäle gegeben, deren Strategie einzig darin bestand, die Bewegungen anderer Generäle zu beobachten und zu kontern. Viele Firmen haben sich in ihrer Politik so verhalten, daß sie auf ihre Rivalen schauten und sie kopierten. Sie lassen sich nicht von einem Planziel leiten, sondern werden durch eine Abfolge bedingter Reflexe gesteuert.

Es ist interessant zu sehen, wie man der Logik guter Strategie auch in der Unternehmensführung begegnet. Ein Grundprinzip guter Schlachtenführung fordert, der General müsse »den Dunst des Schlachtfeldes« riechen. Es reicht nicht aus, daß er in seinem Hauptquartier sitzt, Berichte erhält und Befehle erteilt, als wäre alles nur eine akademische Übung. Er muß herumkommen, die Berichte der untergebenen Offiziere an Ort und Stelle empfangen, mit Frontkämpfern sprechen, ihren Tonfall hören und ihnen in die Augen sehen. Er muß die Massierung des feindlichen Artilleriebeschusses am Explodieren der Granaten erfahren. Als Marks und Spencer 1956 seine Verwaltung durch die Aktion »Good Housekeeping« revolutionierte, ging die Firma nach den gleichen Grundsätzen vor. Der Führungsstab, so wurde entschieden, könne nicht funktionieren, wenn er nur die Antwortbogen aus den Geschäften lese, über Karten, Grafiken und Zahlentabellen nachgrübele und danach seine Entscheidungen fälle. Er müsse sich umsehen und den Geruch der Verkaufsgeschäfte schnuppern; seine Mitglieder müßten mit den Geschäftsführern und Ladenmädchen sprechen, notieren, wo Kundschaft zahlreich und wo sie selten ist, deren Bemerkungen belauschen und deren Gesichtsausdruck beobachten; also tatsächlich selbst mitansehen, welchen Fortgang die Schlacht nimmt.

Der erstaunlichste Unterschied zwischen Industrie- und Militärgenerälen liegt — von der Art der Schlachten abgesehen —, in der Größe ihrer Armeen. Oftmals hat in der Geschichte der Staaten die Ergebenheit der Truppen den Ausschlag gegeben; der General, der an der Spitze seiner Streitkräfte in die Hauptstadt einziehen konnte, war der wahre Machthaber. Im Großunternehmen ist die Armee etwas geringer an Zahl; doch auch hier kann ein Mann, der eine beachtliche Gruppe hinter sich hat, das gesamte Unternehmen lahmlegen, wenn er mit seiner Gruppe ausscheidet. Eine Gruppe kann das Marketing-Team sein, oder auch die Forschungsgruppe: auf alle Fälle die Menschen, die wissen, daß sie sofort von anderen Unternehmen mit offenen Armen empfangen werden. Deshalb bekommen Führungskräfte, die an einen Firmenwechsel denken, oftmals die Frage gestellt, wen sie mitbringen können. Einen General einzustellen ist gut, besser noch übernimmt man eine ganze Armee. Ein Leiter, der sich der Forschungsabteilung eines Rivalen anschließt und acht wichtige Mitarbeiter mitzieht, kann der Firma, die er verläßt, soviel Schaden zufügen wie eine Armee, die zum Feind überläuft. Das passierte, als eine Schlüsselgruppe von Computer-Entwicklungsingenieuren Sperry Rand verließ und die Controlled Data Corporation gründete. Auch die meisten industriellen Armeen marschieren auf die Hauptstädte, als den Sitz der Regierungen los. Der Großunternehmensgeneral nutzt die Hebelkraft, die ihm seine Armee verleiht, als Druckmittel in den Verhandlungen mit der Regierung aus. Verhandelt er mit der Regierung noch so zuvorkommend wegen der Gelder, Methoden und Vorrechte, die er wünscht, so wissen doch beide Teile, welchen Schaden er verursachen kann, wenn man ihm nicht willfährt. In einem solchen Fall wenden die Regierungen gerne folgenden Kunstgriff an: Sie versetzen den General von der Armee an den Hof. Wird der Leiter der Entwicklungs- und Forschungsabteilung in den Vorstand berufen, wird das seinen Status und seine Bezüge erhöhen. Trotzdem kann gleichzeitig seine Macht gebrochen werden. Nach und nach wechseln einige Mitglieder seiner Gruppe innerhalb der Firma auf andere Posten über, ein neuer Leiter oder ein Mitglied der Gruppe übernimmt seine ehemalige Abteilung, und schon ist die Gefahr eines gemeinsamen Austritts gebannt. Dennoch kann dann der arrogante und aggressive General eingesperrt und bestraft werden. Seine Armee hat vielleicht unter der neuen Leitung nicht mehr die Schlagkraft von früher, doch ist dieser Preis nicht zu hoch für die Beseitigung einer derart großen Gefahr.

Julius Caesar war um eine richtige Antwort nicht verlegen. Er brach mit allen Gesetzen, als er mit seiner Armee den Rubikon überschritt und in Rom einmarschierte. Durch diesen Streich wurde er, der abberufene General, zum Staatsoberhaupt. In der gleichen Weise kann ein Industriegeneral seine Armee mitnehmen. Robert McNamara trat 1946 gemeinsam mit einer Gruppe von zehn Offizieren, die zusammen mit ihm in der Air Force statistische Kontrollen durchgeführt und organisatorische Probleme bearbeitet hatten, bei Ford ein. Sie verkauften sich als Paket, und als McNamara Präsident des Unternehmens wurde, bildeten seine früheren Kollegen seine Armee. Zusammen ergaben sie jene höchst respektierte und Vertrauen genießende Gruppe, durch die er regierte. Nach seiner Ernennung zum Verteidigungsminister holte er sich dann aus der RAND Corporation der Air Force eine Gruppe energischer leitender Angestellter, aus denen er erneut eine Armee bildete, um die Pentagon-Barone zu bekämpfen. Allein hätten ihn die Admirale, Generale und Beamten sehr wahrscheinlich für immer in die Hand bekommen. Gemeinsam mit der RAND-Gruppe konnte er die anderen leiten. In Großunternehmen wird mancher zum Hof berufene General seine Armee mitbringen. Er wird die Diktatur akzeptieren, gleichzeitig aber die Leitung seiner Abteilung beibehalten und vielleicht auch zwei oder drei Mitglieder seines alten Teams an den Hof holen. Sie arbeiten dann als stellvertretende Direktoren für ihn. Öfter noch geschieht das in vollkommener Übereinstimmung: Der mächtigste General in der Firma wird ohnehin als Generaldirektor gewünscht, und wenn er ein paar seiner vertrautesten Mitarbeiter mitbringen möchte, hat niemand etwas dagegen. Dann wird die Entwicklungs- und Forschungsabteilung wahrscheinlich zur Prätorianergarde. Sie war in Rom eine Elitegruppe, die in enger Verbindung mit dem Kaiser stand. Eine Berufung in die Garde bedeutete den ersten Schritt zu einer späteren hohen Stellung, selbst wenn der militärische Rang in der Prätorianergarde unter dem Rang höherer Offiziere in anderen Legionen lag. Diese Garde konnte zu manchen Zeiten sogar die Wahl eines neuen Kaisers erzwingen. Die meisten Großunternehmen haben eine Prätorianergarde. Diese Abteilung ist scheinbar eine unter vielen, doch jedermann weiß, daß sie tatsächlich in engem Kontakt mit dem Generaldirektor steht. Sie gilt als Bewährungsfeld oder Zuchtstall für zukünftige Führungskräfte. Und bei allem Neid wird man, wie seinerzeit bei der Prätorianergarde, zugeben müssen, daß sie eine höchst erfolgreiche und fähige Gruppe ist. Dem General ist ihre Treue noch zweckdienlicher als alle anderen Fähigkeiten. Ihre Anwesenheit im Palast, ihre treuen Herzen, starken Arme und scharfen Schwerter sichern ihn gegen jene politische Intriganten in hohen Stellungen ab, die ohne Anwesenheit der Prätorianer vielleicht eine Palastrevolution anstiften könnten.

24. Kapitel

WAGNIS UND BESCHRÄNKUNG

If you can make one heap of all your winnings
   And risk it on one turn of pitch-and-toss,
And lose, and start again at your beginnings
   And never breathe a word about your loss ...
              Rudyard Kipling [30]

He either fears his fate too much,
   Or his deserts are small,
That puts it not unto the touch,
   To win or lose it all.
            Marquis of Montrose [31]

Diese edlen Gefühle sind wohl das beste Rezept, um in der Führung von großen Unternehmen katastrophale Ergebnisse zu zeitigen. Bemerkenswerterweise haben die berühmten und erfolgreichen Kommandeure fast immer zu vermeiden versucht, ihre Gewinne auf einen Haufen zu legen und auf einmal zu riskieren. Wellington, Nelson, Marlborough, Montgomery bemühten sich, trotz der bezaubernden, verwirrenden Aura um ihre Namen, immer sicherzugehen, nie mehr einzusetzen, als sie sich zu verlieren leisten konnten. Sie waren darauf vorbereitet, Aktionen abzubrechen, wenn immer ein Risiko ihre Vorausberechnungen zu überschreiten schien. Aus diesem Grund konnte Jellicoe vor Jütland nicht alles wagen. Beim Versuch, die deutsche Flotte zu zerstören, hätte er die Vernichtung der britischen Flotte riskiert. Ein Erfolg hätte Deutschland längst nicht in dem Maße gefährdet, wie ein Mißerfolg England gefährden konnte. Die britische Flotte war das größere, stärkere Unternehmen, und unter solchen Umständen setzt man nicht mehr als man verlieren darf.

Die Sache sieht allerdings ganz anders aus, wenn man sich in der schwächeren Position befindet. Dann macht es wenig aus, daß die Chancen gegen einen stehen, wenn ein Jackpot, ein großer Gewinn auf dem Spiele steht; der Traum vom großen Glück genügt als Anreiz. Er reicht dafür aus, Millionen britischer Bürger Woche für Woche während des größten Teils ihres Lebens Totoscheine ausfüllen zu lassen. Dies Verhalten wird allgemein als liebenswürdige Schwäche angesehen. Vielleicht ist es aber eher, von den meisten Menschen unbemerkt, ein Syptom für Großbritanniens industriellen Niedergang, da der Toto-Jackpot der einzige noch verbliebene ist.

Ein mir befreundeter Manager bereiste kürzlich Amerika. In der Halle des Flughafens Idlewild trat ein Unbekannter an ihn heran.

»Sie sind Engländer?« fragte er.

»Ja, Sie auch?«

»Ich war es. Nun lebe ich hier. Woher kommen Sie?«

»Aus Cobham.«

»Das ist ja wundervoll. Ich lebte in Epsom Down. Der schönste Ort der Welt.«

»Aber vermutlich gefällt es Ihnen hier besser?«

»Ich finde es widerlich hier.«

»Dann gefällt es Ihrer Frau hier besser?«

»Sie haßt es.«

»Dann verdienen Sie hier mehr als dort, wo Sie waren?«

»Keinesfalls. Ich arbeite härter und verdiene weniger.«

»Warum bleiben Sie denn dann um Gottes Willen hier? Warum kommen Sie nicht zurück?«

»Ich will es Ihnen sagen. Weil ich hier so ein Gefühl bekommen habe«, er schlug sich heftig mehrmals mit der flachen Hand auf den Hinterkopf, »daß ich morgen den Jackpot gewinne. In England kommt es einem erst gar nicht. Ich bin elf Jahre lang hier nicht groß zum Zuge gekommen, aber ich habe immer noch das Gefühl, daß es mir morgen gelingen könnte. Deshalb gehe ich nicht zurück.«

Keine Jackpots. Kein Ansporn für einen Mann, seine Zeit, seine unermüdlichen Anstrengungen und seine wenigen Ersparnisse in der Hoffnung auf einen großen Gewinn voll einzusetzen: Die schreckliche Ursache dafür kann in der nationalen Lethargie und Selbstzufriedenheit zu suchen sein. Ihr Grund liegt darin, daß große Staaten und Unternehmen den *status quo* wahren wollen. Sie kommen einander entgegen, treffen Gentleman Agreements, sie begnügen sich mit leidlichen Kapitalerträgen und einem angenehmen Leben. Sie einigen sich darauf, keine Abwerbung von Mitarbeitern zu treiben, vergleichbare Löhne zu zahlen und gleiche oder kaum unterschiedliche Preise zu fordern, um die Bereiche schädlichen Wettbewerbs möglichst einzuengen. Die Giganten der Ölindustrie gehen nicht auf Eroberungskriege aus, sondern streben das Gleichgewicht der Kräfte an. In den fünfziger Jahren setzten die Großkonzerne der amerikanischen Elektroindustrie sogar ihre Marktanteile in Prozenten fest: General Electric 45, Westinghouse 35, Alliss-Chalmes 10 und Federal Pacific ebenfalls 10 Prozent. Offenkundig kann so etwas zu Lethargie und Stagnation führen und dazu, daß die Unfähigkeit sich langsam ausbreitet. Diesem Zustand wirken die kleinen, wachsenden und vorwärtsdrängenden Firmen entgegen, von denen jede nur gegen ein Produkt oder auf einem begrenzten Gebiet kämpft. Jede der kleinen Firmen ist in der Lage, Fehler oder Schwächen der Bezirksmanager großer Unternehmen aufzuzeigen und sie dadurch in ständiger Alarmbereitschaft zu halten. Rom wird nicht gleich bedroht, doch der Zenturio an der Grenze, der zwei Forts an einen schlecht bewaffneten aber listigen Dakierstamm verliert, gräbt sich sein eigenes Grab. Diese Tatsache zwingt ihn mehr als die jährliche Inspektion und der Bericht des Generals dazu, seine Leute kampftüchtig und wachsam zu halten. Solange die gesamte Grenze von Stämmen wie den Dakiern gesäumt wird, ist die römische Armee eine sehnige und kräftige Organisation. Hat sie jedoch nur eine Küste gegen Feinde ohne Schiffe zu bewachen, dann beginnt sie wahrscheinlich zu verrotten.

Bedauerlich ist es, daß die große Armee oder das Großunternehmen alle Vorteile hat. Die kleinen Stämme und Firmen müssen die dreifache Anstrengung und das zehnfache Risiko für einen vergleichbaren Marktanteil auf sich nehmen. Und diese Last liegt gewöhnlich auf den Schultern eines Mannes, denen des Stammesführers, des Unternehmers. Warum sollte er all das auf sich nehmen? Er muß den ganzen Tag und die halbe Nacht schuften und die Ersparnisse seines Lebens aufs Spiel setzen, aber wofür? Ist ein Jackpot in Aussicht, dann ist ja alles in Ordnung. Aber nicht für einen neunprozentigen Kapitalertrag im Falle des Erfolgs, nicht für den totalen Ruin, wenn die Sache schiefgehen sollte. Nur ein großer, ein geradezu unanständig hoher Gewinn wäre es wert, solche Risiken und solche Arbeitsleistungen auf sich zu nehmen.

Jeden Tag wird in England der Beweis für das Fehlen von Jackpots buchstäblich an die Haustür geliefert. Die drei großen Milchlieferanten in London haben die Stadt in Zonen aufgeteilt, in denen sie nicht miteinander konkurrieren. Man hat nur die Wahl zwischen der einen Firma, die die jeweilige Zone beliefert, und der Milch des Konsumgeschäfts am Ort. Beide genießen in meiner Gegend nur äußerst geringe Sympathien und sind seit Jahren eine Quelle der Verstimmung der Nachbarn. Die Lieferanten kommen zu spät, haben nie Sahne, versuchen aber immer, einem Butter und Kekse und andere Dinge zu verkaufen, Dinge, die man viel besser beim Lebensmittelhändler bekommt; Klagen stoßen bei ihnen auf taube Ohren. Ein unternehmerischer Fahrer könnte bei dieser idealen Ausgangssituation sehr gut eine eigene Firma aufziehen; innerhalb eines Monats hätte er ein Drittel des Marktes erobert und genösse die Dankbarkeit der Kundschaft. Aber keiner von ihnen hat es bisher versucht. Ich glaube nicht, daß dies auf mangelnde Unternehmungslust der Briten zurückzuführen ist. Vielmehr meine ich, daß das Steuersystem, die Lizenzen und Formalitäten die unternehmerischen Menschen zurückschrecken. Es ist eben einfach kein Jackpot vorhanden.

Wahrscheinlich kann man als Regel aufstellen, daß die annehmbaren Chancen um so geringer werden, je größer das Unternehmen wird. Ein Mann allein kann alles riskieren, selbst wenn die Chancen fünfzig zu eins gegen ihn stehen. Bei einem Großunternehmen müssen die Chancen fünfzig zu eins für das Unternehmen stehen. Solche Formeln haben aber den Nachteil, daß man die Chancen niemals rechnerisch ermitteln kann, und allzu oft weiß man anfangs nicht, wieviel man eigentlich riskiert. Es gibt Leiter, die unbestimmte Summen auf unsichere Chancen gesetzt haben, ohne auch nur die Ertragshöhe zu kennen. Vielleicht ist die Sucht nach Prestige die einzige Erwägung, die solche Wagnisse ermöglicht. Prestige ist das gegenwärtige Synonym für Ruhm (oder Selbstgefälligkeit, je nachdem aus welchem Blickwinkel man es betrachtet). Wenn die Selbstsucht des Generaldirektors ein Vorhaben fördert, kann sich die Konferenzrunde in eine Spielerrunde verwandeln, ehe er das bemerkt. Prestigesucht lockte den deutschen Kaiser in eine Gefahr, die er unmöglich zu der Zeit einkalkuliert haben konnte, als er sich entschied, eine Schlachtflotte bauen zu lassen; dadurch reizte er England unweigerlich gegen Deutschland auf. Die taktischen und strategischen Gewinne aus diesem Flottenbau waren geringfügig. Geltungssucht leitete ihn; das Gefühl, eine Nation von der Größe, die er von Deutschland erwartete, sollte eine Flotte haben. England war groß, England hatte eine Flotte. Deutschland muß groß sein, also muß es eine Flotte bekommen. So einfach war die Gleichung, die er aufstellte. Man könnte denken, daß ein Großunternehmen, das doch unter Einfluß der Logik der Bilanzen und des Drucks der Aktionäre steht, von solcher *folie de grandeur* frei sei. Aber stimmt das? RCA entschied sich, ebenfalls Computer herzustellen; etwa, weil das für die Zukunft der Firma wichtig ist? Oder weil sie der größte Elektronikhersteller ist; »sollte« sie auch Computersysteme verkaufen, weil IBM es tut? Was auch immer dafür der Grund sein mag, die Firma RCA muß sich vor Augen führen, daß sie, abgesehen von dem Glücksspiel, dessen Einsatz und Ertrag nicht vorhersehbar sind, IBM regelrecht dazu einlädt, ihr mit ganzem Gewicht entgegenzutreten, so wie der deutsche Kaiser England gegen sich aufgebracht hatte.

Das soll nicht heißen, Prestige sei kein Wagnis wert. Die Frage ist nur die, auf welchem Gebiet man Prestige erwerben möchte.

Als Bismarck sich auf einen Krieg gegen Österreich einließ, unternahm er eine Prestigehandlung, die allerdings den Zweck hatte, die deutschen Fürstentümer mittels Preußens Erfolg zu einen. Er bewies gleichzeitig, daß er sich eines Prinzips bewußt war, das vielen heutigen Regierungen nicht gegenwärtig ist: Gleich große Teile können schlecht verschmolzen werden. In jedem Falle muß ein Partner dominieren, um den sich die anderen scharen; er garantiert ihnen den Erfolg oder stärkt wenigstens ihre Hoffnung, daß er einen Fehlschlag abwenden kann. Obgleich die einzelnen ihr Gesicht der Öffentlichkeit gegenüber wahren werden, muß doch jeder von ihnen sich im klaren sein, daß es nur einen Führer unter ihnen gibt. Wenn Regierungen versuchen, Industrien zu »rationalisieren«, in denen keine Firma eine andere als führend anerkennt, beschwören sie Verwicklungen herauf. Talleyrand stellte 1800 über Napoleon folgende Überlegungen an: »Zwei Wege stehen ihm offen. Das föderative System, das jeden geschlagenen Herrscher, trotz seiner Niederlage, noch Herr im eigenen Land bleiben läßt, und das zu Bedingungen, die auch für den Sieger günstig sind . . . aber will er auf der anderen Seite überhaupt einigen und zusammenschließen? Wenn er es will, begibt er sich auf einen Weg, der kein Ende hat.« Vielleicht kann eine Regierung einer Industrie ein föderatives System aufzwingen, doch damit ist kein Problem gelöst. Einigen und Zusammenschließen meint etwas ganz anderes. Ohne den freien Willen aller, die Führung eines einzelnen anzuerkennen, wird eine solche gewaltsame Lösung die Kräfte jeder Regierung überfordern.

All das heißt nicht, man sollte keine Risiken auf sich nehmen. Es meint nur, man sollte nicht alles auf einen Wurf setzen, denn das wäre ein romantischer Fehlschluß. Die großen Generäle wie Wellington, Nelson und Marlborough zeichneten sich durch besondere Befähigung zur genauen Kalkulation von Risiken aus. Sie scheinen wirklich dem Rat entsprochen zu haben, den S. J. Simons Bridgespielern gab, nämlich, sich vor jedem Spiel drei Fragen zu überlegen und zu beantworten [32]:

Wieviel ist zu gewinnen?

Wie hoch kann der Verlust sein?

Welche Erfolgschancen sind gegeben?

Natürlich kann man seine Chancen präziser berechnen, wenn man genau seine Arbeit, seine Mitarbeiter, seine Gegner und das Terrain des Kampfes kennt. Viele Geschäfte haben für dritte weit riskanter ausgesehen, als sie in Wirklichkeit waren, dann nämlich, wenn ein Geschäftspartner Dinge mit Sicherheit wußte, über die andere nur mutmaßen konnten; er wußte eben, daß Chancen, die sie für gleich groß hielten, drei zu eins für ihn standen.

Einen Faktor hat Simon ausgelassen. der für Bridge, Industrie und Krieg gleichermaßen gilt. Es ist der Wert der Anspannung, die ein riskantes Wagnis auslöst. Viele der brillantesten Bridgespiele sind von Spielern geliefert worden, die gewagter spielten, als es ihre Karten eigentlich erlaubten. Die besondere Anstrengung und Konzentration, die dieses Vorgehen von ihnen forderte, steigerte ihre Kunstfertigkeit beim Spiel. Vergleichsweise kann man sich eine Armee vorstellen, die einen Feldzug plant, um einen lästigen Nachbarn niederzuwerfen. Sie gewinnt die Schlacht, ohne die Streitkräfte des Feindes zu zerstören, geht aber mit einer offenen Flanke aus dem Kampf hervor. Sie strengt sich gewaltig und in aller Eile an, die Lücke zu schließen, hebt Verstärkungstruppen aus und rückt auf eine Kette entfernter Hügel vor, um eine gute Verteidigungsposition zu haben. Die übermenschlichen Anstrengungen, die zur Selbsterhaltung nötig geworden waren, führen zum Erfolg, die Armee kann ihre Stellung halten und die Flanke absichern. Dann bemerkt sie, daß sie noch mehr getan hat, als nur einen lästigen Nachbarn zu besiegen — sie hat sogar das eigene Reich vergrößert. Ähnlich begab sich ein Hersteller für Plastikrohmaterial auf ein neues Gebiet, als Konkurrenten ihn überflügelten. Es stellte sich heraus, daß es sich nicht gelohnt hatte, da die Käufer selbst nur wenig Verwendungsmöglichkeiten für die neuen Produkte fanden. So begann der Hersteller selbst mit der Fabrikation von Trennwänden und Bedachungsmaterial, und die Firma stellte fest, daß sie sich sowohl in eine neue Branche begeben hatte, als auch in der alten erfolgreich war. Wieder einmal hatte der teilweise Erfolg eines Hasardspiels und die Bedrohung durch eine Dauergefahr scharfes Überlegen und Handeln ausgelöst, das sich nun bestens bezahlt machte.

Wie es manchmal von Vorteil sein kann, wenn ein Wagnis nicht ganz nach Plan verläuft, können völlig geglückte Wagnisse gerade Gefahren bergen. Die größte Gefahr besteht darin, nicht im rechten Moment aufzuhören. Man hebt und bildet eine große Armee aus, schafft zu ihrer Versorgung eine Munitionsindustrie, lehrt seine Generäle den Angriffskrieg und marschiert gegen den Feind. Man siegt; und was tut man dann? Man hat eine siegreiche Armee, gefürchtete Kommandeure, eine blühende Industrie. Soll man all das wieder abbauen, wo doch ein weiteres Land nur auf die Eroberung wartet? Natürlich nicht. Man zieht also los. Und ist man abermals siegreich, so fällt das Aufhören um so schwerer. Wenn man außerdem noch eitel und egozentrisch ist — man ist es in einer solchen Lage fast immer —, fängt man an, den extravagantesten Träumen nachzuhängen. Nimmt man Kapital auf, richtet Fabriken ein, bildet Personal für Herstellung und Verkauf aus und sieht sich durch großen Erfolg bestätigt, so fühlt man sich gleichermaßen zu weiteren Eroberungen gedrängt, die einem unter den Bezeichnungen Wachstum und Expansion keine Ruhe lassen. Man träumt davon, die eigene Firma in die Spitzengruppe vorzustoßen und Weltmärkte beherrschen zu lassen und selbst einer der internationalen Industriemagnaten zu werden. Hier liegt in der Industrie wie im Krieg der Gefahrenpunkt. Hitler und Napoleon überschritten ihn beträchtlich und engagierten sich letztlich auf militärischem Gebiet weit umfangreicher, als sie es sich leisten konnten. Beide manövrierten sich, kommerziell ausgedrückt, in eine Barzuflußkrise; sie konnten die eigene Expansion nicht aufrechterhalten. In der Industrie sind solche Fälle weniger berühmt, dafür aber häufiger.

Nicht allein rasches Wachstum kann den Sturz des Siegers, der die Spieltische nicht verlassen mag, herbeiführen. Auch die Mauer der Feindschaft bei seinen Opponenten und ihr leidenschaftliches Verlangen nach Rache trägt dazu bei. Sie sind bereit, bis zum Äußersten zu gehen und kämpfen wie Menschen, die in einen persönlichen Zweikampf verstrickt sind, bis zum Tode. An einem Hitler oder Napoleon wird das eher offenbar als in der Industrie. Muß eine Konkurrenzfirma aber einen so heftigen Schlag einstecken, daß die Aktionäre aufbegehren, die Direktoren brüllen und auf den Tisch schlagen, die Einkünfte der Vertreter drastisch sinken, dann spornt sie sich selbst zu übermenschlichen Anstrengungen an; sie ist gewillt, mehr als je zuvor zu schwitzen und zu schuften. Sie ist bereit, sich mit allen anderen, sogar mit Bankiers zu verbinden, nur um die große Bedrohung zu beseitigen.

Interessant ist es festzustellen, wie sehr sich zwei große Reichsgründer, Augustus und Bismarck, dieser Gefahr bewußt waren. Nachdem Augustus sich die Finger verbrannt hatte, machte er sich und seinen Nachfolgern zur Auflage, das römische Reich an der Donau enden zu lassen. Sie zu überschreiten war ein nicht kalkulierbares Risiko, und eine solche Belastung der Mittel des ganzen Reiches konnte katastrophale Folgen haben. Bismarck glaubte ebenfalls an begrenzte Ziele. Er hätte leicht die baltischen Staaten besetzen können, verzichtete aber darauf. Er hätte Österreich erniedrigen können, beendete jedoch stattdessen einen kurzen Krieg mit einem großzügigen Frieden, der sein ursprüngliches Ziel, die Einigung der deutschen Staaten unter Preußen, auf einfache Weise gewährleistete und ihm Österreich so gewogen wie möglich erhielt. Als er zum Aufbau einer Schlachtflotte gedrängt wurde, widersetzte er sich. Alle seine Pläne hatten ein begrenztes Ziel, das er nicht überschritt, wenn er es erreicht hatte.

Der Marsch von einem Opportunistentriumph zum nächsten wirkt natürlich attraktiver als eine schlichte Entscheidung für das, was man will; auf welches Geschäft man keinen Wert legt. Dennoch unterscheidet diese Haltung die Imperatoren von den Königen. Simon Marks von Marks and Spencer wurde dauernd zur Expansion gedrängt. Er betrieb eine Kette von 240 Geschäften mit beachtlichem Erfolg. Weshalb verdoppelte er nicht ihre Zahl? Warum dehnte er die Kette nicht auf den Kontinent aus? Weshalb exportierte er nicht in Bausch und Bogen nach Amerika? Ganz einfach: In seinen Augen wäre das einem Überschreiten der Donau gleichgekommen. Er konnte absehen, daß seine 240 Geschäfte auf viele Jahre hinaus konkurrenzfähig bleiben würden, daß er fortfahren konnte, Qualitätswaren für den Massenmarkt herzustellen und auf stetiges Wachstum und angemessenen Kapitalertrag rechnen durfte. Darüber hinaus war das Risiko nicht berechenbar. Größeres Wissen, die bessere Vorstellungsgabe eines Nachfolgers, hätte vielleicht eine derartige Expansion einschließen können. Er jedoch bevorzugte es, seine Grenzen nicht zu sprengen und begnügte sich damit, den Verkaufsbereich der bestehenden Geschäfte zufriedenstellend aber maßvoll zu erweitern. Während der sechziger Jahre startete in Großbritannien in kleinerem Umfang eine Geschäftskette den Vertrieb von Artikeln für werdende Mütter und für Kinder bis zu drei Jahren. Das Unternehmen warf aber erst einen Ertrag ab, als es sein Programm auf den Bedarf für Kinder bis zu zwei Jahren begrenzte. Wieder gründete sich der Erfolg auf die Entscheidung, an einem Markt nicht zu partizipieren.

Derzeit ist die Notwendigkeit zur Planung von Wachstum unbestreitbar. Dieses Postulat liegt so vielen Überlegungen, Entscheidungen und Plänen zugrunde, daß man selbst dann, wenn man beweisen kann, daß derartige Planung falsch ist, es sich niemand leisten könnte, diesem Beweis Glauben zu schenken. Trotzdem können wir noch Analysen erstellen und das stetige Wachstum des Weltwohlstands von der Wachstumsrate einer Firma trennen, die auf Kosten einer anderen expandiert, ohne daß die Gesamtwachstumsrate des Wohlstands insgesamt sich damit messen könnte. Bismarck sagte, Selbstbeschränkung zeichne den Staatsmann aus. In großen Industrien, wie etwa der Erdölindustrie, zieht man bereits unsichtbare Grenzen auf inexistenten Karten, anerkennt man stillschweigend bestehende Marktanteile. Wenn z. B. Öl das Europa der modernen Industrie darstellt, werden die Staatsgrenzen mehr oder weniger anerkannt; sie verhüten die kuriosen Scharmützel. Der größte Teil der Kriegführung mit Schußwaffen ist auf den Balkan der ganz kleinen Firmen beschränkt. Das Wachstum dauert an, doch vielleicht beginnt auch Selbstbeschränkung sich auszubreiten.

25. Kapitel

GROSSUNTERNEHMEN UND RELIGION

Wie ein Staatswesen braucht auch das Großunternehmen einen Glauben. Den meisten Menschen gereicht das Gefühl, daß sie auf irgendeine Weise Gutes tun, der Menschheit helfen, die Welt verbessern, einem edlen Ideal dienen, zum Troste. Und ein Großunternehmen, das seinen Beschäftigten das Gefühl gibt, das alles sei bereits in ihrer Arbeit eingeschlossen, ist offensichtlich auf dem besten Wege. Wie Soldaten viel tapferer für die gute Sache, etwa Christentum, Freiheit oder Demokratie, als für die Verteidigung von Handelsinteressen eintreten, können Versicherungsgesellschaften auf Vertreter, die das Gefühl haben, sie vermitteln ihren Mitmenschen Schutz, Sicherheit und Seelenfrieden, viel stärker einwirken als auf solche, die glauben, sie werden nur dafür bezahlt, daß sie den Kapitalertrag des Unternehmens und die jährlichen Dividenden der Aktionäre steigern. Bagehot schreibt: »Kein Redner hat je die Menschen beeindrucken können, indem er an körperliche Bedürfnisse appellierte, sofern er nicht vorgeben konnte, daß diese Mängel auf irgend jemandes Tyrannei zurückzuführen seien. Doch Tausende von Rednern erzielten die größten Wirkungen, indem sie an irgendeine vage Traumvorstellung von Ruhm, Weltmacht, nationaler Größe appellierten. Primitivere Menschen — das heißt Menschen von ganz bestimmter Primitivität — opfern all ihre Hoffnung, Habe, ja sich selbst für etwas, was Idee genannt wird, was die Realität zu transzendieren scheint, was die Menschen durch höheres, intensiveres und weiteres Interesse, als das am täglichen Leben, zu erheben verspricht und anzieht.« [33]

Auf einfache Weise haben die meisten Großunternehmen ihren Glauben. Die meisten Beschäftigten würden, fragte man sie nach ihren Glaubensgrundsätzen und vorgefaßten Meinungen, äußern, daß sie in diesem allgemeinen Sinne etwas Nützliches und Lohnendes zu tun glauben; daß sie kraft ihrer Arbeit im Großunternehmen mithelfen, Gesundheit, Zufriedenheit und Reichtum ihrer Mitmenschen zu vergrößern, und daß das Unternehmen selbst sehr viel mehr zum Wohle als zum Schaden der Gesellschaft beitrage. Es geht nur darum, bis zu welchem Grade dieses persönliche Gefühl zur Basis einer Großunternehmensreligion kultiviert worden ist.

Manche Großbetriebe sind außerordentlich religiös. Sie halten regelmäßig Erbauungssitzungen ab, bei denen Hymnen auf den Ruhm des Unternehmens und seiner Produkte gesungen werden. Vertreter ermutigt man dazu vorzutreten und leidenschaftlich persönlich Zeugnis abzulegen, warum sie gläubig sind. Der Firmenleiter hält als Priester eine wirkungsvolle Predigt, und man sitzt gemeinsam zu Gericht über den Teufel, den führenden Konkurrenten. Am entgegengesetzten Arm der Waage, die wohl auch mit der anderen Seite des Atlantiks identisch ist, erachtet das Großunternehmen die Einhaltung religiöser Vorschriften als Privatangelegenheit und ist nur daran interessiert, daß die Belegschaft in einem ziemlich weit gefaßten Sinne gläubig ist. Doch dazwischen liegt eine weite Skala religiöser Praktiken und Formen: Taufen (wenn ein Neuling in die Abteilung eintritt), Begräbnisse (Abschiedsessen mit Lobessprüchen beim Ausscheiden leitender Angestellter, die in den Ruhestand treten), reguläre Gemeinschaftsgottesdienste (Abteilungs-, Bezirks- oder Gebietstreffen, während derer der Manager Erbauungspredigten hält und Glaubens- und Lehrsätze unterstreicht, wenn sich Abweichungen oder mangelnde Festigkeit bemerkbar machen), Kommunionen (Zusammenkünfte der altgedienten Führungskräfte, bei denen den Teilnehmern höchst vertrauliche Informationen aus den Vorstandssitzungen mitgeteilt werden, die man dem Rest der Gemeinde vorenthält) und von Zeit zu Zeit Synoden, wenn die Spitzenkräfte des Unternehmens aus der ganzen Welt zusammengerufen werden. Selbst Großunternehmen, die auf das Singen von Hymnen und das Ablegen persönlicher, gefühlvoller Glaubensbekenntnisse verzichten, können dennoch von viel stärkeren religiösen Gefühlen und strengeren Bräuchen zusammengehalten werden, als von außen sichtbar ist.

Einer der Gründe dafür ist der Kampf gegen das Ketzertum. Fast alle Großunternehmen funktionieren aufgrund gewisser Arbeitsreligionen, aufgrund eines Glaubens, der nicht bewiesen werden kann. Zeitungen hegen solche glaubensbedingten Auffassungen von ihren Lesern: »Sie wollen aufgeheitert werden« oder »Eine Geschichte, die sich nicht in dreihundert Worten bringen läßt, interessiert sie nicht«. Kaufleute haben sie von ihren Kunden: »Sie werden für Qualität immer mehr anzulegen bereit sein«; Ärzte von ihren Patienten: »Sie kommen nur, um sich beruhigen zu lassen.« Auch alle Großunternehmen gehen bewußt oder unbewußt von einer Anzahl solcher grundlegender Hypothesen aus, auf die sich ihr Erfolg gründet. Werden diese Voraussetzungen in Frage gestellt, ist das Unternehmen in seinen Grundfesten bedroht. Einige junge leitende Angestellte, die begännen, ihr Handeln an anderen Hypothesen zu orientieren, könnten die ganze Firma zerstören. Hat eine Textilgeschäftskette ihr Ansehen und ihren Erfolg auf der Voraussetzung aufgebaut, daß die Menschen bei ihr haltbare Qualitätskleidung suchen, könnte ihr niemand mehr Schaden zufügen als eine Gruppe in ihren eigenen Reihen, die versicherte, daß die Käufer ganz im Gegenteil billige Kleidung wünschten, Kleidung, die sie nach ein oder zwei Monaten wegwerfen könnten. Die im Laufe von Generationen erworbene Sachkenntnis, die Planung des Unternehmens, sein Ausbildungssystem, sein Kundendienst, seine Qualitätsansprüche an Lieferfirmen, alles würde durch die ketzerische Meinung untergraben. Deshalb muß der Glaube gesichert und gestärkt werden. Großunternehmens-Religionen müssen, wie andere Religionsgemeinschaften auch, Ketzer eliminieren; nicht deshalb, weil sie wahrscheinlich unrecht haben, sondern weil sie möglicherweise recht haben könnten.

Bei einer Doktrin ist es etwas anderes; über sie kann man streiten. Sie ist nicht grundlegend und axiomatisch, bei ihr kommt es auf die praktische Anwendbarkeit an, auf die beste Art, die unter religiösen Gesichtspunkten festgesetzten Ziele zu erreichen. So kann die eben genannte Ladenkette den Lehrsatz von der Strapazierfähigkeit und Haltbarkeit der angebotenen Kleidung ihrem Verkaufsstab einhämmern; sollte sich aber herausstellen, daß den Kunden die Vorstellung, den gleichen Anzug vier Jahre lang tragen zu müssen, unangenehm ist, kann die Doktrin geändert werden. Solange der Glaube selbst aufrechterhalten und die Qualität hoch bleibt, wäre es durchaus möglich, modische Gesichtspunkte wie Schnitt und Farbe zu betonen und die Haltbarkeit in den Hintergrund zu rücken. Genauso hat die christliche Kirche im Laufe von Jahrhunderten das Schwergewicht ihrer Botschaft von der Furcht vor der Hölle auf die Gottesliebe verlagert, ohne das Glaubensbekenntnis zu ändern oder die Bibel umzuschreiben.

Doch zu einer Religion gehört mehr als Glauben, Lehre und Gemeinschaftsgottesdienst. Sie bedarf auch eines höheren Wesens. Diese Rolle ist dem schöpferischen Leiter zugedacht. Wenn er über einen längeren Zeitraum erfolgreich ist, bildet sich um ihn eine Aura von Göttlichkeit. Viele Großunternehmen haben oder hatten einen solchen Leiter, dem sein eigener Stab und die Belegschaft mystische Fähigkeiten zuschreiben. Diese Fähigkeiten waren keine natürlichen Attribute des Leiters, sie wurden ihm einfach aus dem Bedürfnis heraus zugesprochen, ein Objekt der Anbetung und Verehrung in ihm zu sehen. Ein solches Bedürfnis kann in seinem Stab vorhanden sein. Es geht mit dem Wunsch einher, daß das Objekt der Verehrung Schaden abwenden möge. Manche Leiter rücken sich ziemlich in den Vordergrund und helfen so, ihren eigenen Mythos zu bilden. Montgomery war sich bewußt, daß seine große Publicity viel zur Kampfmoral seiner Achten Armee beitrug. Aber nur wenige Großunternehmen scheinen die Bedeutung eines einzelnen, »göttlichen« Führers für die Moral und den religiösen Eifer ihrer Belegschaft überhaupt zu erkennen. Zwar birgt eine solche Praxis auch Gefahren, aber sie werden gewöhnlich von ihren Vorteilen bei weitem überwogen. Auf diesem Punkt hat mich einmal der verstorbene Dunduza Chisiza, einer von Bandas Ministern in Malawi, mit besonderem Scharfblick hingewiesen.

»Unser Volk kann nur einen Stammeshäuptling begreifen. Deshalb muß Banda Häuptling sein, und wir anderen dürfen, wenigstens in des Volkes Augen, nicht mehr als ein Ältestenrat sein. Malawi muß um ihn herum errichtet und mit ihm identifiziert werden. Das Nationalgefühl aller muß sich auf ihn konzentrieren, alle Entscheidungen müssen als die seinen ausgegeben werden. Mit dieser Banda-Königsfigur erschaffen wir etwas, das wir nicht zerstören können. Mehr noch, indem wir ihn zum Objekt der Bewunderung und Verehrung machen, vergrößern wir die Gefahr, daß er an seinen eigenen Mythos glaubt. Wird er dadurch unerträglich, sind wir trotzdem immer noch an das Bild gebunden, das wir geschaffen haben.«

Er fügte noch hinzu, daß es weise sei, das Bedürfnis nach einer solchen einzelnen Führerfigur bei den sogenannten zivilisierten Völkern des Westens nicht zu unterschätzen. Ich zitiere noch einmal eine Stelle bei Bagehot, an der er das Bedürfnis nach einem Souverän untersucht, wenngleich ein Kabinett als Instrument der Regierung vorhanden ist. »Den Hauptgrund dafür, daß die Monarchie eine starke Regierungsform ist, muß man in ihrer Faßlichkeit sehen. Die Masse der Menschen versteht sie, und diese Massen verstehen eigentlich nirgends auf der Welt eine andere Regierungsform. Man hört oft, der Mensch werde von seiner Vorstellungskraft regiert; es wäre zutreffender zu sagen, daß er von der Schwäche seiner Vorstellungskraft regiert wird. Das Wesen einer Verfassung, das Handeln einer Versammlung, das Spiel der Parteien, die unsichtbare Bildung einer herrschenden Meinung sind vielschichtige Fakten und Vorgänge, die schwer zu erkennen und leicht mißzuverstehen sind. Doch das Handeln eines einzelnen Willens, der Machtanspruch eines einzelnen Geistes sind einfache Vorstellungen: Jeder kann sie nachvollziehen, niemand sie je vergessen.« [34]

Natürlich haben nicht alle Großunternehmen einen Leiter, dem göttlicher Glanz, und wäre es auch nur mit einem Schimmer von Glaubhaftigkeit, verliehen werden könnte. Gleichviel kann aber ein kleiner Erfolg und die richtige interne Publicity Wunder wirken. Andere Unternehmen sind zu groß, doch es besteht beispielsweise kein Grund, den Präsidenten von General Motors statt des Leiters der Sektion Cadillac zu deren Hausgott zu erheben. Die Priester des Apollo leugnen nicht die Göttlichkeit des Zeus. Bei dieser Gelegenheit stellt sich die Frage, wer die Priester sind. Meiner Ansicht nach sind es die Personalchefs. Sie üben die Seelsorge aus und nehmen gelegentlich den Gläubigen die Beichte ab, wenn diese in eine persönliche Glaubenskrise geraten und sich fragen, ob sie der richtigen Abteilung zugehören oder rasch genug befördert werden; den Personalchefs vertrauen sie häusliche Probleme und Ängste an, die sie im engeren Kollegenkreis niemals eingestehen würden. Verglichen mit ihren Kirchenkollegen müssen die Großunternehmenspriester allerdings noch manches lernen.

Die Religion wirkt niemals im ganzen Lande mit gleicher Stärke. Immer gibt es einige Gebiete oder Menschengruppen, die ihrer mehr als andere bedürfen. In der Industrie haben die Verkaufsstreitkräfte den größten Bedarf nach religiösem Beistand. Sie gehen wie Missionare unter die Heiden. Andere Angehörige des Großunternehmens sehen immer ihresgleichen, und im Vatikan ist es leicht, ein guter Katholik zu sein. Der Vertreter geht jedoch hinaus in ein heidnisches Land, und nur sein Glaube stützt ihn. Er trifft auf Menschen, die seinen Gott verlachen und dessen Priester verhöhnen, indem sie von nicht eingehaltenen Terminen und Preisvoranschlägen berichten. Verkaufen ist der religiösen Bekehrung eng verwandt. Bevor man mit dem Verkauf des eigenen Produkts beginnen kann, muß man seinen Käufer-Kandidaten erst davon überzeugen, daß irgend etwas mit seinem derzeitigen Leben nicht stimmt, daß ihm etwas Wunderbares fehlt oder er geradewegs in eine Katastrophe steuert. Erst wenn man ihm echte innere Unzufriedenheit beschert hat, kann man beginnen, die eigenen Güter und Götter an den Mann zu bringen.

Zudem wohnt den meisten Käufen noch ein starkes emotionelles, irrationales Element inne, was auch immer über Zahlen, Fakten, Qualität und Voranschläge gesagt werden mag. Das gilt nicht nur für Reinigungsmittel und Körperpflegeartikel, sondern — nach Aussage von Vertretern — auch für Computer und Werkzeugmaschinen. Auch der strahlende Glaube des Vertreters kann ausschlaggebend sein; daher ist es für den Vertreter unerläßlich, sich selbst zuerst zu verkaufen; sein Glaube ist ein bedeutender Teil des Produkts. Er ist in der Lage eines Thomas Morus; Galilei konnte widerrufen, Morus nicht. Galilei wußte, daß die Erde fortfahren würde, die Sonne zu umkreisen, was immer er auch sagte oder unterzeichnete. Morus jedoch wußte, daß sein Glaube und sein Märtyrertum die Stärke der katholischen Kirche tatsächlich vergrößerten. Ein Vertreter, der ein neues, zweifelhaftes Produkt betrachtet, ist wie ein Priester, der neue Richtlinien bezüglich Empfängnisverhütung erhält; oder ein Kommunist, der sich einer geänderten Parteikonzeption in China gegenübersieht; Glaube ist ungeheuer notwendig, selbst wenn der Intellekt sich vielleicht sträubt. Der Handlungsreisende gerät ansonsten in eine sehr verzwickte Lage. Er muß sich der Firma gegenüber, die ihn bezahlt, loyal verhalten; oft ist aber der Mann, dem er das neue Produkt verkaufen soll, im Laufe der Jahre ein persönlicher Freund geworden. Was soll er tun, wenn er die Order hat, das neue Produkt, von dem er weiß, daß der Freund es gar nicht benötigt, besonders anzupreisen? Er befindet sich in einem klassischen Dilemma. Da hilft es auch nichts, sich einzureden, daß den langfristigen Interessen der Firma nicht damit gedient sei, wenn man einem Kunden das falsche Produkt andreht. Verkauft der Vertreter es nicht, hat die Firma vielleicht gar keine Zukunft mehr.

Man kann jedoch auch diese Skrupeln überwinden. Dürrenmatts Stück »Der Besuch der alten Dame« zeigt höchst überzeugend, wie ein Preis von einer Million Pfund die Bürger eines kleinen Dorfes korrumpiert. Wie sie sich mit Begründungen der Ethik, der Moral und des Gemeinsinns selbst überreden — entgegen ihren privaten und persönlichen Wünschen natürlich — einen schuldlosen Mann zu lynchen, der vorher die populärste Persönlichkeit der Gemeinde gewesen ist. Auf die gleiche Weise kann die Notwendigkeit und das Bedürfnis zu glauben den Glauben selbst gegen den Protest des

Intellekts erzwingen. Das Argument hierfür lautet: »Ich bin vielleicht der Meinung, die Lehre sei falsch (die Entscheidung blödsinnig, die Maschine wertlos), aber das ist ganz allein meine Ansicht. Bin ich etwa so vermessen, mein unmaßgebliches Urteil gegen das aller meiner Vorgesetzten, ja des »Alten« selbst, zu setzen? Und selbst, wenn ich recht haben sollte, bedarf die Sache, die Firma, der Glaube, der Unterstützung durch meinen Glauben, um über diese Schwierigkeiten hinwegzukommen; so kann alles weiter bestehen bleiben und auf ein Ziel hinwirken, das jeden einzelnen Irrtum nichtig erscheinen läßt. Also unterwerfe ich meinen persönlichen Willen den übergeordneten Erfordernissen der Sache.« Man kann dies schaffen, doch der Glaube muß schon sehr stark sein, um es zu erzwingen.

Ein weiteres Charakteristikum der meisten Religionen ist die Vorstellung ewiger Seligkeit oder ewiger Strafe. Durch Hoffnung oder Furcht kann gute Führung erzwungen werden. Auch die Industriereligionen haben ihr Jenseits. Es setzt schon im Alter von sechzig oder fünfundsechzig Jahren ein und nicht erst nach dem Tode. Der Hoffnung entspricht das Versprechen eines angenehmen, gutsituierten Lebensabends; der Furcht die Drohung, im Alter nur die Rente und ein paar Ersparnisse zur Verfügung zu haben. Das firmeninterne Altersversorgungsschema ist oftmals das Instrument zur Steuerung dieser Hoffnungen und Ängste. Sie sind die silberne Fessel, die den Angestellten um so fester an ein Unternehmen bindet, je älter er wird. Seine ursprünglichen Hoffnungen und Träume zerfließen, er bemerkt, daß er nicht so hoch aufsteigen wird, wie er einmal gedacht hat. Ein angenehmer Lebensabend wird jetzt zum einzig lohnenden Ziel. »Wenn man erst einmal zehn Jahre für Procter and Gamble gearbeitet hat«, sagte einmal ein ehemaliger leitender Angestellter der Firma, »fragt man sich, ob man es sich überhaupt leisten kann, noch wegzugehen.« [35] Mit der Zeit wird die Angst vor dem Verlust der Pension immer größer, je näher das hiesige Jenseits rückt und je weniger Jahre das Diesseits noch ertragen werden muß. Die Angst vor einer Kündigung ist in erster Linie die Angst vor dem Verlust der Altersversorgung. Das Anrecht auf die Firmenpension hat man sich seit vielen Jahren so zielstrebig erworben; wenn sie wegfällt, wird aus dem Himmel eines komfortablen Bungalows mit Garten am Meer die Hölle eines Altersheims. Früher einmal, als man das Pensionsalter noch nicht kannte, war der Tod der einzige Wendepunkt, nach dem man etwas Angenehmes erwarten durfte. Nun ist es das fünfundsechzigste Lebensjahr. Zum Glück für jeden Arbeitenden erzählen die pensionierten Kollegen, wenn der Arbeitende sie gelegentlich auf einem Abstecher ins Elysium besucht, wie großartig alles sei. Sagten sie etwas anderes, würden sie eingestehen, daß all die Jahre verschwendet waren. Auf diese Weise konserviert sich die Vorstellung von Walhalla. Gelegentlich kommt einer von den Pensionierten zurück zur alten Firma, geisterhaft, tritt noch einmal beim Mondschein hervor und sagt, er sei unglücklich, gelangweilt und wünsche sich nur, er könnte zurückkommen, seinen Mantel ausziehen und wieder an die Arbeit gehen. Seine heimgesuchten Kollegen sind dann zutiefst beunruhigt, versuchen ihm die Grillen durch Späße auszutreiben: »Unsinn, Charlie, Sie erleben doch jetzt die glücklichste Zeit ihres Lebens.« Doch der Pensionierte entdeckt, wie recht Omar Khayyám hatte.

> And those that husbanded the golden grain
> And those who flung it to the winds like rain
> Alike to no such aureate earth are turned
> As, buried once, men want dug up again. [36]

Vielleicht sollten jene Kollegen, die so großzügig anläßlich von Abschiedsfesten zum Erinnerungsgeschenk, der Uhr, dem Trinkbecher oder dem Zigarettenetui beisteuern, noch ein wenig mehr für Glocke, Bibel und Kerze übrig haben — nur um sicherzugehen.

26. Kapitel

NONKONFORMISMUS

Die Staatsreligion ist nicht immer die einzige Religion eines Landes. Ein unterworfenes Volk wird oft allen Bekehrungsversuchen der Sieger zum Trotz an der eigenen Religion festhalten; von übernommenen Firmen ist ähnliches bekannt. Ebenso kann sich in den unteren Schichten einer Gesellschaft eine abweichende Religion entwickeln; das geschieht besonders dann, wenn die Gesellschaft weit gefächert und der Aufstieg von den unteren in die oberen Schichten schwierig ist. Die Entwicklung des Nonkonformismus in England ist sowohl ein religiöses als auch ein gesellschaftliches Phänomen. Die anglikanische Kirche war den oberen und mittleren Klassen vorbehalten, den unteren Gesellschaftsschichten blieben die Gruppen des Dissenters. Stellt man fest, daß man gesellschaftliche Schranken trotz aller eigenen Fähigkeiten und Talente doch nicht überwinden kann, wird man der Verführung eines Priesters Gehör schenken, der eine Alternative zu jener Kirche anbietet. Diese Kirche würdigt Einfachheit, wo die Staatskirche sich dem Pomp ergibt; statt vieler Orden, die mit dem politischen Establishment Hand in Hand arbeiten, legt sie das Gewicht nur auf den Prediger und seine Gemeinde; wo die Staatskirche über reiche Ländereien und Gebäude verfügt, bietet sie eine kleine Kapelle. Legt die Staatsreligion das Schwergewicht auf Gott als den Beschützer der Nation, legt sie es auf Christus als den Erretter des Individuums; und wo die Staatskirche Posten hinter dem Rücken der Gemeinde verteilt, öffnet der unabhängige Priester jedes Amt seiner Kirche allen, die ihr gern dienen möchten.

Unter den religiösen Strömungen der Großunternehmen sind die Gewerkschaftler die Nonkonformisten; die Betriebsräte stellen die Prediger; die Einberufer von Versammlungen sind die Bischöfe und die Landesfunktionäre bilden den Rest der kärglichen, hart arbeitenden und schlecht bezahlten Hierarchie. Je starrer die Zwei-Fronten-Struktur des Unternehmens ist und je seltener Beförderungen aus den unteren Schichten ins Management erfolgen, desto stärker ist der Glaube der Nonkonformisten. Wo die Unternehmensreligion persönliche Konkurrenz und Abstufung nach Dienstalter heiligt, preist die Gewerkschaft Gleichheit und Solidarität. Wo die Großunternehmensreligion viele Abstufungen von Zusammenarbeit der Personalchefs mit der Unternehmensleitung kennt, stellt die Gewerkschaft einfach den unabhängigen Betriebsratvorsitzenden und dessen Mitarbeiter in den Vordergrund. Wo die Firmenreligion mit Erholungs- und Wohlfahrtseinrichtungen für sich Propaganda macht, bietet die Gewerkschaft einen kleinen Versammlungsraum und eine armselige Organisation, die sich nur aus Mitgliedsbeiträgen finanziert. Wo die Unternehmensreligion die stetig wachsende Profitabilität der Organisation betont, fordert die Gewerkschaft stetig steigende Lohnleistungen. Wo die Staatsreligion einzig einen Platz an der Werkbank bietet, vergibt die Gewerkschaft alle ihre Ämter an die Mitglieder, die sich ernsthaft darum bemühen.

Das »Gewerkschaftsproblem« kann, wie das Nonkonformistenproblem, scheinbar erst gelöst werden, wenn sich die gesellschaftliche Situation, die es hervorgebracht hat, ändert. Die Schwierigkeiten sehen Unternehmensleitungen darin, daß eine Trennung bereits an den Schulen erfolgt; daß alle tüchtigen Menschen, gleich welcher sozialen Schicht sie entstammen, studieren und zwischen dem zwanzigsten und dreißigsten Lebensjahr ins Management aufgenommen werden, während jene, die während ihres Teenageralters in untere Positionen eintreten, nach gängiger Ansicht, nicht das nötige Format zur Führungskraft haben. Ich befürchte, das heißt den Yogi und den Kommissar durcheinanderzubringen. Die Ausbildungsqualifikationen sind Beweise einzig für Yogi-Fähigkeiten. Und während nicht viele der nach oben drängenden Yogis durch die Maschen des Netzes schlüpfen, werden die Kommissare, wahrscheinlich mehr oder weniger unparteiisch, nach Graduierten und Nicht-Graduierten eingeteilt. Man braucht sich nicht erst durch eine Liste mit Namen wie Walter Reuther und Ernest Bevin ins Gedächtnis zu rufen, daß auch aus den Gewerkschaften Menschen mit großartigen Führungsfähigkeiten hervorgehen können. Offenbar bleiben auch viele fähige Menschen bei den Gewerkschaften und kommen nicht für Managementpositionen in Betracht, weil man in einem ihrer Entwicklungsstadien entdeckt hat, daß sie nur zu vier Zehnteln Yogis waren, wenngleich sie vielleicht zu neun oder zehn Zehnteln Kommissare waren. [37] Seit viele Unternehmensleitungen feststellen, daß der Mangel an Kommissaren größer ist als der Mangel an Yogis, besteht vielleicht ein Funke Hoffnung, daß sich diese Figaro-Situation eines Tages wandelt.

Noch etwas gibt zu Hoffnung Anlaß. Vielleicht lernen die Briten es noch, eine Kunstfertigkeit, die sie mit großem Erfolg in der Politik angewandt haben, auf die Industrie zu übertragen. Ich meine die Kunst der Assimilation, der Angleichung. Jahrhundertelang haben sie diese Fertigkeit angewandt, um blutige Revolutionen abzuwenden und um ihre Königliche Familie und die privilegierten Institutionen zu bewahren. Dabei haben sie viel Geschick bewiesen, während sie auf anderen Gebieten stolperten. Die oberen Klassen Englands wußten immer ganz genau, wann sie dem Druck von unten nachgeben und den Dampf ablassen mußten, ehe er den Kessel sprengte. Charles I., dessen Kessel als einziger tatsächlich gesprengt wurde, ist eigentlich keine Ausnahme, denn er war ein unsympathischer und unnachgiebiger Außenseiter. Im Grunde genommen ist eine Revolte gegen ein Klassensystem niemals ganz das, was sie zu sein scheint oder wofür sie sich hält. Meistens meint sie, sie wäre ein Aufstand gegen Ungerechtigkeit, politische Privilegien oder zu hohe Besteuerung. Das sind jedoch nur intellektuelle Rechtfertigungen für weitaus unergründlichere Gefühlsregungen. Diese Gefühle werden durch gesellschaftliche Kränkungen hervorgerufen. Die soziale Erniedrigung durch eine eingesessene höhere Gesellschaftsschicht, der man niemals zugehören kann, wirkt auf die hervorragendsten Menschen der unteren Klasse erbitternd und erniedrigend. Sie sind infolgedessen zu allem bereit — die Bastille oder den Winterpalast zu stürmen —, um sich aus der Erniedrigung zu befreien. Die oberen britischen Gesellschaftsschichten waren immer weise genug, im Klassenkampf einen Stellungskrieg zu vermeiden und taktische Rückzüge dann zu vollziehen, wenn sie notwendig waren. Sie gaben nach, indem sie jeweils Menschen in die eigenen Reihen aufnahmen, die die gesellschaftliche Minderung am meisten spürten und gegen sie arbeiteten. Bestand die Gefahr, daß ein Lloyd George die Festung vielleicht vernichten konnte, wurde das Fallgitter angehoben, die Zugbrücke heruntergelassen und dem Betreffenden gewährt, was er wünscht: Kabinettsitz, Ritter- und Grafenwürden, der Posten des Premiers. Die Herren der oberen Klassen gewähren in diesem Fall Zutritt zu ihren Klubs, die Damen der Gesellschaft zu ihren Betten. Reformen werden bewilligt, wenn die gesellschaftlich Emporgestiegenen dafür ihr Verlangen aufgeben, das gesamte System umzukehren. Und weil sie nun selbst ein Teil des Systems geworden sind, tauschen sie dies Verlangen willig ein. Der einzige unverzeihliche Fehler des Establishment war nur der, daß es sie ausgeschlossen hatte; nun, nachdem es diese Haltung aufgegeben hat, hört auch das übrige auf zu zählen. Alles ist vergeben.

Ebenso steckt hinter dem Nonkonformismus der Gewerkschaften ein starkes Element sozialer Rebellion. Er drückt sich vielleicht in Begriffen wie Löhne und Tarifbedingungen aus, doch seine Hitze wird von einem tieferliegenden Ressentiment erzeugt. Schweden, das nie eine maßgebliche Auffächerung kannte, hat wohl auch die gesündesten Beziehungen zwischen Arbeiterschaft und Management in ganz Europa. Wie alle westlichen Nationen huldigt auch Schweden dem Gott des Wirtschaftswachstums. Doch es hat das britische Schisma vermieden, nachdem das Management Gott am Altar der Gewinne huldigt und die Arbeiterschaft am Altar der Löhne. Nur Angleichung kann meiner Ansicht nach die notwendige ökumenische Bewegung in der Industrie auslösen. Der

Erzbischof, der verkündet, vor Gott seien alle Menschen gleich, ist wenig glaubwürdig, wenn drei Viertel der Gemeinde wissen, daß sie in den Augen der Kirche dem vierten Viertel nicht gleichen. Nur wenn ihre eigenen Mitglieder an theologischen Aussprachen teilnehmen, Priester und Bischöfe werden und nach ihrer Rückkehr verbreiten, Luxus und Eitelkeit des Klerus seien wirklich nicht so übermäßig, wie sie geglaubt, und die Probleme seien größer, als sie gedacht hätten, werden es auch die übrigen glauben können. Der Mann, der es ihnen sagt, ist ja einer der ihren. Ebenso findet der Aufsichtsratsvorsitzende Gehör, der verkündet, sie alle seien gleiche Partner im Kampf um das Wachstum, wenn sich drei Viertel der Beschäftigten darüber völlig im klaren sind, daß sie mit dem vierten Viertel auch nach Ansicht des Vorstandes wenig gemein hätten. Nur wenn man beginnt, ihre Mitglieder zu assimilieren, wenn man sie auf Führungsakademien schickt, zu Managern und leitenden Angestellten macht und wenn sie dann zurückkehren und berichten, die Selbstsucht und Unfähigkeit der Unternehmensleitung sei gar nicht so groß, wie man gemeint, und die Probleme nicht so unbedeutend, wie man gedacht hatte, dann werden sich alle davon überzeugen lassen; auch hier wiederum, weil der Mann, der es ihnen sagt, einer der ihren ist.

Das will nicht heißen, daß das Schachern aufhört, wenn die Assimilation eingesetzt hat. Das Verhältnis jedes einzelnen zum Großunternehmen — das der Aktionäre, des leitenden Angestellten, der Arbeitnehmer — basiert auf einem Vertrag, den er nach Wunsch begrenzen und aufkündigen kann; und von Zeit zu Zeit versuchen sie, entweder einzeln oder alle gemeinsam, Neuabsprachen zu erwirken. Es ist jedoch ein großer Unterschied zwischen den Absprachen, die Mitglieder einer Kirche miteinander treffen, und interkonfessionellen Verhandlungen. Scheitern die interkonfessionellen Gespräche, bleibt beiden Seiten der Trost, daß sie ihre wertvolle Unabhängigkeit wahren; ergeben sich aber beim Gespräch der Angehörigen einer Kirche ernsthafte Differenzen, ist zu befürchten, daß ihre wertvolle Einheit verlorengeht.

27. Kapitel

DAS PRINZIP DES EIGENNUTZES

Man könnte meinen, voraussetzen zu dürfen, daß ein Mann, dem man eine Anstellungsgarantie, ein angemessenes Gehalt und eine genau umrissene Position gibt, vom Tage seiner Einstellung an zum Wohle des Unternehmens arbeitet. Mancher tut das vielleicht auch. Aber man kann durchaus voraussetzen, daß dem Wohle der Firma, obgleich es für den einzelnen immer ein bedeutender Beweggrund ist, doch nicht sein vorrangigster Treueschwur gilt; diesen reserviert er für sich selbst, seinen jeweiligen Status und Lohn und seine weitere Karriere. Und es ist allzu leicht möglich, daß die eigenen Interessen mit dem Wohle des Unternehmens in Konflikt geraten.

So fordert zum Beispiel eine Firma, welche die Gehälter ihrer Abteilungsleiter nach der Größe ihrer Stäbe abstuft, diese Abteilungsleiter offensichtlich dazu heraus, ihre Mitarbeiterzahl bei jeder sich bietenden Gelegenheit zu vergrößern. Dennoch gibt es Unternehmen, die in der Praxis so verfahren, ohne Absicht, auf diese Weise etwa das nationale Arbeitslosenproblem beseitigen zu helfen. Das Gegenteil davon, nämlich womöglich den Managern zehn Prozent der Ausgaben für jede eingesparte Stelle zu zahlen, solange sie ihr Soll erfüllen, ist andererseits fast unbekannt, obgleich es ebenso gerecht wie logisch ist. Ein weiteres Beispiel geben Firmen, die einem Mitarbeiter die Verantwortung zur Autorisation neuer Projekte übertragen. Schlagen sie fehl, trifft die Schuld den Mitarbeiter; hingegen wird einem anderen als ihm das Verdienst zugebucht, wenn die Projekte Erfolg haben. Ein solches

System ist dazu angetan, alle Originalität, alle Unternehmungslust und allen Wagemut zu ersticken. Wenn auf der anderen Seite demjenigen, dem man die Schuld gibt, auch das Verdienst zugesprochen wird, haben diese Eigenschaften eine Chance. Das britische Fernsehen bietet Beispiele für beide Systeme. Die BBC, die im Ruf steht, unternehmend, experimentierfreudig und risikobereit zu sein, begutachtet ihre eigenen Programme, nimmt das Verdienst für die guten für sich in Anspruch und die Schuld für die schlechten auf sich. Die kommerziellen Gesellschaften hingegen, die als wenig unternehmungslustig und als risikoscheu gelten, müssen ihre Programme der Independent Television Authority vorlegen. Die Authority erhält nie das Verdienst an einem guten Programm zugeschrieben; dafür bricht aber ein Sturm von Schmähungen über sie herein, wenn sie einmal ein offensives, politisch unausgeglichenes oder geschmackloses Programm zuläßt. Es überrascht nicht, wenn diese Verhaltensweisen ihre Urteilsfähigkeit paralysieren. Oder nehmen wir einmal den Fall eines Mannes, der lange Zeit die gleiche Position innegehabt hat, ohne aufzusteigen, und der feststellt, daß er auch kaum mehr weiter aufsteigt; nehmen wir an, er sei Werbemanager. Er wird in Werbeagenturen viele Freunde gewinnen, und sein Ansehen bei ihnen wird mit der Höhe des Werbeetats, über den er verfügt, steigen oder fallen. Bald spürt er die Verlockung, daß der Etat bis zum äußersten angehoben werden müsse; nicht zum Wohle der Firma, sondern um seines eigenen Ansehens in Agenturen willen — und völlig von jeder Überlegung abgesehen, was der Nikolaus ihm selbst in den Strumpf stecken könnte.

In der Tat ist das all diesem zugrunde liegende Prinzip dasjenige, das schon Bentham zur Grundlage seiner politischen Theorie erklärt hatte: Der Eigennutz des Individuums müsse dem Wohle des Staates oder Großunternehmens vorgespannt werden. Auf den unteren Ebenen ist es sehr leicht, weil man nämlich einfach sagen kann, daß dem Unternehmen um so besser gedient ist, je mehr ein Arbeiter produziert. Ebenso sind Bonus und Kommissionen für die Vertreter sorgfältig, einfallsreich und scharfsinnig ausgedacht, um sie zu ermutigen, die Produkte, die die Firma unbedingt absetzen möchte, mit dem größten persönlichen Einsatz zu verkaufen. Doch auf den höheren Ebenen des Managements kann es sehr schwer sein, weil es den Menschen immer leicht fällt, den Vorgang umzukehren, und eigene Interessen zu verfolgen, indem sie geschickt durch subtile Sophistereien das Wohl des Unternehmens mit ihnen koppeln. Im allgemeinen sollte man voraussetzen, daß jede begabte Führungskraft ausschließlich zum Wohle des gesamten Unternehmens arbeitet. Doch baut man sein System am besten so auf, daß jeder Manager es zu spüren bekommt, falls er einmal zuviel an seinen eigenen, statt den Vorteil des Unternehmens denkt.

Es ist eine beachtliche Leistung, die interne Struktur eines Großunternehmens so anzulegen, daß das Ego jeder Führungskraft in genau die Richtung zieht, in die das Unternehmen gehen soll. Aber selbst das reicht nicht aus: Es macht die Firma zwar sehr leistungsfähig, führt jedoch nicht notwendig zu interner Einigkeit. Daher muß der Einfluß einer jeden Gruppe in ein Verhältnis zu ihrer Bedeutung gebracht werden; konventionelle Vorstellungen müssen sich an den Fronten realer Macht orientieren, so wie Macht jetzt ist, und nicht wie sie war, als — geschichtlich gesehen — die staatlichen Institutionen, die Abteilungen, Komitees und Vorstände — erst noch aufgebaut werden mußten. Der neue, aufstrebende Zweig der Organisation — nehmen wir an, es sei die Bürokopiengruppe einer Fotogerätefirma, die Halbleiterabteilung eines Elektronikunternehmens oder die Kontrollabteilung eines Werkzeugmaschinenherstellers — benötigt nicht nur Ermutigung und Bezahlung im Verhältnis zum Erfolg, sondern braucht auch politische Macht. Die Stimme dieser Abteilung muß in den höchsten Räten des Reiches gehört werden. Sie muß Kritik und Beschwerden vortragen können. Beschwerden werden gewöhnlich über zu hohes Budget, über Status und Bedeutung, die anderen weniger aufstrebenden, aber länger eingesessenen Abteilungen zugebilligt werden, und über zu geringe Beachtung und Achtung eigener Vorhaben und Ideen geführt. Und wenn diese Klagen ungehört und unerwidert bleiben, ja nicht einmal zufriedenstellend beantwortet werden, dann schlagen sie leicht in Ressentiments, Revolten und sogar Spaltungsbestrebungen um; die Situation für eine Reformation ist gegeben. Dazu kam es im neunzehnten Jahrhundert, als die politischen Machthaber die zu bestimmenden Wahlkreisgrenzen entlang den Gebietsgrenzen der landbesitzenden Klassen zogen. Hingegen hing die Prosperität der Nation immer mehr von den städtischen Betrieben und industriellen Klassen ab. Es verwundert nicht, daß sie aufgrund ihres doch so beachtlichen Beitrages zum Wohlstand und zur Größe der Nation das Gefühl entwickelten, sie müßten einen entsprechenden Anteil an der Bestimmung der Politik haben. Die großen Auseinandersetzungen um die Reform Bill und den Widerruf der Corn Laws waren ein Symptom dafür, daß der Einfluß bei den falschen Leuten lag. Das nicht reformierte Parlament gab dem Land im Gegensatz zur Stadt unverhältnismäßig viel Stimmgewicht, verlieh dem Landbesitzer mehr Rechte, im Gegensatz zum Industriellen. Die Corn Laws wurden als Gesetze angesehen, die dem Schutz des Einkommens der unproduktiven landbesitzenden Minderheit auf Kosten teueren Brotes (was wiederum höhere Löhne erforderte) für die in den Fabriken arbeitende städtische Majorität, dienten. Der Reform Act von 1832 war die Anerkennung einer neuen politischen Macht, der Widerruf der Corn Laws im Jahre 1846 der Beweis einer neuen Stärke.

Die Hauptschwierigkeit besteht darin, daß die Bedeutung einer wachsenden Gruppe vielfach nur im Nachhinein gemessen werden kann. Man weiß nicht, ob sie überhaupt noch größer wird, fragt sich, ob verbesserte Konkurrenzprodukte den Vormarsch bremsen oder ob sich die Nachfrage fest einpendelt, so daß sich Förderung und Statushebung als Behinderung erweisen könnten. Eine der ersten Lehren der Autorität ist die, daß es zehnmal schwerer ist, etwas zurückzunehmen, als es von vornherein zurückzuhalten. Ein Staat kann seinem Volk viele Jahre politische Privilege, verankerte Rechte und Wohlfahrtsunterstützung vorenthalten; doch wenn man sie einmal gewährt hat und später wieder wegnimmt, riskiert man eine Revolution. Es fällt leicht, die Umwandlung einer Sektion in einen Produktionszweig zu unterlassen. Hingegen ist die Reduktion eines Produktionszweiges auf eine Abteilung oder die einer Abteilung auf eine Sektion ein Akt bürokratischer Gewalttätigkeit. Die Zellstruktur macht es einem in dieser Hinsicht natürlich viel leichter. Ebenso funktioniert das Prinzip Hymans, das keine Titel kennt; Mr. Jones kann weiterhin Mr. Jones bleiben, ohne daß es Verärgerung gäbe. Dagegen kann der Chef der Verwaltung nicht ohne persönliche Qual zum Leiter der Verwaltungsabteilung degradiert werden; und der Wunsch, solche persönliche Qual zu vermeiden, kann eine notwendige Reformation vereiteln.

Das Problem des Degradierens oder Absetzens eines ehrlichen, treuen und hart arbeitenden leitenden Angestellten ist immer heikel; die Logik verlangt nach Degradation, die Natur widersetzt sich. Man kann einem betroffenen Menschen sagen, er habe gute und treue Dienste geleistet, sein Wert sei groß, aber die Stelle sei nicht die richtige für ihn. Vielleicht glaubt er einem sogar, aber er weiß, daß alle Kollegen und Untergebenen erfahren werden, daß er hinausgeworfen worden ist. Viele Staaten haben in der Vergabe von Ehrenwürden eine Lösung oder teilweise Lösung gefunden. Eine Peerswürde, Ritterschaft, ein Orden der Ehrenlegion oder, unter Ludwig XIV., das Privileg, dem Souverän beim Morgenempfang die Reithosen reichen zu dürfen, sind Arten, um jedermann zu zeigen, daß dieser Mann bei der Regierung in hohem Ansehen bleibt, trotzdem er seiner Funktion nach übergangen, entlassen oder degradiert worden ist. Und Ehrungen kann man auch weiter unten als Zeichen des Wohlwollens einem aufstrebenden jungen Höfling zuteil werden lassen, dem man noch nicht die Position geben kann, die seine Begabungen verdienen. Es fasziniert, die Entwicklung von Ehrensystemen innerhalb von Großunternehmen zu beobachten: Die Entwicklung einer Unzahl kleiner Privilegien und Unterscheidungen, die weder besondere Autorität vermitteln, noch höhere Bezüge, noch Sonderfunktionen mit sich bringen, die aber äußerst begehrt sind und von fast allen leitenden Angestellten eifersüchtig beachtet werden. Titel wie Manager, Vizepräsident, Direktor sind die augenscheinlichen Privilegien; darf man einen wohlklingenderen Titel führen, so ist das ebenso sehr ein Ansporn wie eine Gehaltserhöhung. Ein weiteres Merkmal für eine privilegierte Stellung ist die Größe des Büros, und die Qualität der Einrichtung. Ansonsten gibt es noch die Ermächtigung, sich Kaffee oder Tee bringen zu lassen, und auch die Qualität des Porzellans, in dem das Getränk gereicht wird, spielt eine Rolle. Zudem werden Eßordnungen (Arbeiterkantine, Stabsrestaurant, Messe der Seniormanager, Vorstandsspeisesaal) und Parkordnungen (allgemeiner Parkplatz, reservierter Parkplatz, Vorstandsparkplatz) eingehalten und eine Unzahl anderer Unterscheidungen getroffen, angefangen beim Namen an der Tür, über das eigene Sekretariat, bis zu den höheren Unterscheidungen, wie eigener Barschrank und persönlicher Chauffeur. Doch obgleich sich dieses System zu solchem Umfang und zu solcher Vielschichtigkeit entwickelt hat, wird es von den meisten Großunternehmen nur sehr zurückhaltend ausgenutzt. Sie neigen dazu, diese Privilegien zu automatischen Begleiterscheinungen bestimmter Positionsebenen zu machen und wenden ihre Prinzipien der Bevorrechtigung etwas einfältig an. Doch die Zeit wird bald gekommen sein, in der das gesamte System nicht als eine ärgerliche Nebenaufgabe der Personalabteilung angesehen werden wird, sondern eine mächtige Waffe in der Hand des Generaldirektors darstellt. Dann werden solche Unterscheidungsmerkmale zwar immer noch mit bestimmten Positionen automatisch gekoppelt sein, können aber auch unterhalb dieser Ebene für besondere Initiative, Verdienste oder als Entschädigung verliehen werden. Dann kann ein ablehnender Brief lauten: »Lieber John, ich bedaure, Ihnen mitteilen zu müssen, daß wir letztlich entschieden haben, die freie Direktorenposition George Williams zu verleihen. Jeder von uns war sich darüber klar, daß Sie ebenfalls das Kaliber zum Direktor haben und einen Vorstandssitz reichlich verdienen, doch die letzte Entscheidung fiel zu Georges Gunsten aus. Sie wissen, daß wir für Sie keine besondere Stelle schaffen können, aber wir alle hoffen, daß Sie mit uns im Vorstandsspeisesaal essen werden und alle anderen für Direktoren reservierten Erleichterungen einschließlich eines eigenen Chauffeurs mit uns teilen wollen.« Das kann den Schlag zwar nicht abwenden, ihn jedoch dämpfen. Natürlich muß es so scheinen, als sei die Verleihung ein persönlicher Wunsch des Chefs und nicht die unpersönliche Entscheidung eines Komitees. Und selbstverständlich darf man nicht zuviel davon erwarten, etwa, daß es als Äquvalent eine Beförderung oder angemessenen Ersatz für eine Gehaltserhöhung bewirkt. Es ist ein Schmiermittel, kein Treibstoff. Doch wenn das Großunternehmen regelmäßig mechanische Regulierungen vornimmt, um die Balance menschlicher Ansichten im Verhältnis zum Gewicht ihrer Verantwortung zu halten, dann wird es wohl ohne regelmäßige Schmierung, ständig Reibung und große Hitzeentwicklung geben.

28. Kapitel

DEMOKRATIE
UND DER GROSSUNTERNEHMENS-STAAT

Technisch gesehen ist die Demokratie eine Regierungsform, bei der die grundlegende Macht bei den Regierten liegt. Oder etwas derartiges. Wenn man versucht, die Demokratie zu definieren, wird man immer mehr verwirrt; und wenn man sich einen klaren Kopf zu schaffen versucht, indem man auf Athen zurückgeht, wo es alles seinen Anfang nahm, findet man heraus, daß sich das ganze System auf eine riesige, nicht stimmberechtigte Sklavenbevölkerung stützte und gründete, und man gibt verzweifelt auf. Lassen wir es also dabei. In einem volkstümlichen Sinne heißt »demokratisch« jedoch etwas anderes: eine Geisteshaltung, ein Naturtrieb, eine Verhaltensweise, die Menschen im voraus konsultiert und ihre Standpunkte, Wünsche und Vorstellungen berücksichtigt, ehe sie endgültige Entscheidungen trifft. Die ältere, technische Demokratie, die der Wahlurne, wird manchmal auch Psephokratie genannt; da ich die beiden Formen hier getrennt behandeln möchte, behalte ich die Unterscheidung bei.

Demokratie, die Geisteshaltung und der Naturtrieb, ist Teil eines der ältesten Leitgedanken guten Regierens, des Prinzips zweier Versammlungen. Die erste ist eine kleine machtvolle Elite, die ihre hohe Intelligenz auf die Formulierung von Plänen anwendet. Die zweite ist eine große, volkstümliche, repräsentative Körperschaft, die ihren Gemeinsinn auf die Erwägung der von der ersteren Gruppe vorgelegten Pläne auswertet. Die Griechen unterschieden zwischen Boule (gesetzgebender Körperschaft) und der Ekklesia (Volksversammlung), die Römer zwischen Senat und

Plebs; England hatte die Lords und die Commons und hat heute das Kabinett und das Parlament. Bismarck richtete Bundesrat und Reichstag ein, die USA schufen Regierung nebst Kongreß. Die zugrundeliegende Idee ist einfach und einsehbar: Planungen, politische Konzeptionen und Gesetze haben eine weitaus größere Erfolgschance, wenn sie im vorhinein an jenen, die sie betreffen und die sie durchführen sollen, getestet werden. Die zweite Versammlung ersinnt nicht die Politik; sie sagt: »Unser Wahlkreis zahlt diese Steuer für die Marine, weil unser Seehandel außerordentlich unter den marodierenden Piraten leidet«, oder »Die neuen Landgesetze sind bereits so unbeliebt, daß der Magistrat keine weiteren verabschieden soll.« Sie sagt: »Wenn eine neue Steuer auf Weizen erhoben wird, werden alle Leute Hafer oder Importreis kaufen. Warum wird die Steuer nicht auch auf Salz gelegt, das man nicht durch etwas anderes ersetzen kann?« Manchmal gibt die Versammlung freiwillig Informationen über Unruhe oder Unzufriedenheit, oder bringt besondere Klagen vor, mit denen man sich dann befassen kann, ehe sie Revolten auslösen. Eine demokratische erste Versammlung hört dies alles an, modifiziert ihre Planung danach, gestaltet sie attraktiver und stellt den Kurs ihrer Politik auf die Wellen der Gefühle der Bevölkerung ein. Und wenn die Mitglieder der zweiten Versammlung in ihre Städte und Wahlkreise zurückkehren, sind sie darauf vorbereitet mitzuhelfen, den Gesetzen Kraft zu verleihen, weil sie sich ihrer Entstehung verbunden fühlen. Und da sie die Argumente der ersten Versammlung kennen, können sie ihren Genossen erklären, weshalb dieses Gesetz oder jene Besteuerung notwendig sind, weshalb sie die Alternativmöglichkeiten verbessern und wie sie selbst es waren, die dem König vorschlugen, daß diese oder jene Lösung gerechter sei und er zustimmte.

Eines der besten Beispiele für diese Art von Demokratie in unserer Zeit ist das Bas-Rhône-Projekt in Südfrankreich. Der Farmer und ehemalige Rechtsanwalt Philippe Lamour las vom Tennessee-Valley-Projekt in den Südstaaten der USA und sah, daß genau das gleiche Verfahren auf die Landschaft des Languedoc angewandt werden konnte. Die hydroelektrische Kraft der Rhône konnte deren eigenes Wasser auf Tausende Hektar verwilderten Landes pumpen und so unproduktiven Boden in einen Obstgarten Europas verwandeln. Es bedurfte jahrelanger Vermessungen und Verhandlungen, doch letztlich erwirkte Lamour Zustimmung und Finanzierung des Projekts durch die französische Regierung. Das alles war Arbeit, wie sie der ersten Versammlung obliegt. Hinzu kam das Problem, die außenordentlich konservativen Bauern davon zu überzeugen, daß sie von dem Projekt profitierten. Hierbei ließ sich Lamour von wahrhaft demokratischen Grundsätzen leiten. Erst bewässerte er die eigene Farm auf eigene Kosten, um den Bauern zu zeigen, wie fruchtbar der Boden sein konnte und führte Gruppen von ihnen den unglaublichen Anblick von gedeihlichen Erdbeeren und Melonen in der Languedoc vor. Dann unterhielt er sich immer wieder mit ihnen, um ihre Schwierigkeiten und Einwände kennenzulernen; einige davon waren beachtlich. Besonders das Problem der bestehenden Landaufteilung bereitete Kopfzerbrechen. Die meisten Landbesitzungen waren winzig und zerstückelt, ein Ergebnis von Jahrhunderten der Kleinverkäufe und teilender Erbschaften. Die Bewässerung hingegen erforderte große, mit *einer* Pflanze bebaute Gebiete. Darauf umriß er die insgesamt erhöhten Gewinne, die die Bewässerung jeder Genossenschaft bringen würde und überließ es dem bäuerlichen Konservatismus auf der einen und der bäuerlichen Habgier auf der anderen Seite, die Sache unter sich auszutragen. In keinem Fall drängte er ihnen eine Lösung auf. Er sagte den Vertretern jedes Bezirks: »Legen Sie mir Ihren Plan vor, wie Sie die Neuaufteilung der Ländereien vorschlagen, wieviel Geld und Mühe Sie in das Vorhaben stecken wollen, und ich werde darüber befinden. Sind Ihre Vorschläge gut, bekommen Sie die Bewässerungsanlage innerhalb von sechs Monaten; taugen sie nicht, bewässern wir Bezirke, die bessere Pläne vorlegen. Es ist ganz an Ihnen.« Ein Bürokrat hätte Instruktionen versandt, grundsätzliche Dringlichkeitslisten aufgesetzt, versucht, die Änderung der Gesetze bezüglich der Landbesitzordnung zu forcieren; er hätte Verordnungen zur Pumpenverteilung verfaßt,

Ausrüstungsanweisungen ausgegeben, Produktionsraten festgelegt und schließlich aus dem Plan einen riesigen weißen Elefanten gemacht. Lamour wußte als demokratisch veranlagter Mensch, daß die einzige Hoffnung für sein Projekt darin bestand, daß er es verkaufte und nicht jemandem aufnötigte. Ihm war klar, daß nur die Menschen, die von den Anlagen unmittelbar berührt wurden und mit ihnen arbeiten würden, Vorschläge für die örtliche Ausführung machen konnten. Seine Art der Demokratie wird Tag um Tag an Cafétischen praktiziert und findet nicht alle fünf Jahre einmal an der Wahlurne statt.

Nur wenige Generaldirektoren könnten soviel Zeit oder Geduld aufbringen wie Lamour. Doch sein Fall ist, wohl bedacht, eine ganz seltene Ausnahme; Prinzip dieses Vorgehens ist einfach, daß eine Politik an denjenigen, die sie berührt, ausprobiert und die Details von denjenigen, die sie durchführen müssen, ausgearbeitet werden sollten. Als Alfred Sloan General-Motors übernahm, richtete er zwei Versammlungen ein: das Executive Committee, das die Politik formulierte und dem niemand aus den einzelnen Autowerken angehörte; und das Operations Committee, dem außer den Generaldirektoren der einzelnen Werke auch das Executive Committee zugehörte. In seiner Funktion im Operations Committee sollte es jedoch keine Politik entwerfen, sondern Vorschläge testen, ihre Notwendigkeit erörtern und sich vergewissern, daß beide Gruppen sich regelmäßig trafen und ihre Vorschläge und Kritik anhörten. Das Executive Committee hatte die klassische Funktion der ersten Versammlung, das Operations Committee die der zweiten. Fast alle Großunternehmen haben eine erste Versammlung — ohne sie ist an ein Überleben kaum zu denken —, doch begreifen längst nicht alle von ihnen die Bedeutung der zweiten. So, wie manche Unternehmen religiöser sind als andere, sind manche auch demokratischer. Die anderen sagen nicht, sie seien undemokratisch, sondern sie hätten interne Verständigungsschwierigkeiten. Allzuoft ist der, der Kommunikationsprobleme hat, selbst das Kommunikationsproblem; sein Sender läuft ständig auf Hochtouren, er stellt jedoch nie seinen Empfänger ein.

Diese Art der Zwei-Versammlungs-Demokratie kann innerhalb des Rahmens einer Monarchie außerordentlich gut funktionieren und eine zufriedene und gut regierte Nation hervorbringen. Sie versagt allerdings, wenn der König schwach oder niederträchtig oder wenn die Barone grausam und tyrannisch sind; dann kann die zweite Versammlung nichts ausrichten. Mit steigendem Wohlstand und seiner wachsenden Verbreitung jedoch, wird der König von seinen Untertanen infolge des Steueraufkommens, das er zur Führung des Reichs benötigt, immer abhängiger. Dann wird nach dem Grundsatz »keine Steuern ohne Mitspracherecht« die Demokratie zu einer Psephokratie; diejenigen, die das Geld beisteuern, fordern das Recht, über seine Verwendung abzustimmen.

Es ist interessant, die zunehmende Verbreitung der Psephokratie in Großunternehmen zu beobachten. Gewöhnlich sind sie anfangs Monarchien, in denen alle Anteile am Stimmrecht einer Familie gehören; aber mit der Zeit benötigen Unternehmen mehr Kapital und nehmen es auf dem Markt auf. Manchmal denken sie sich auch die Ausgabe von nicht stimmberechtigten Anteilen aus und wahren sich auf diese Weise die Kontrolle. Wie bei Staaten kommt es auch bei Großunternehmen wenig zu Klagen, solange sie weise und gut regiert werden. Manche von ihnen werden heute noch von einer einzigen Familie kontrolliert. Öfter jedoch drängen die Hauptaktionäre auf stimmrechtliche Vertretung, noch ehe sie der Investition großer Summen zustimmen, und brechen auf diese Weise die monarchische Macht der Familie. Anfangs dringen nur ein oder zwei Menschen, Banken oder größere Firmen ein, doch mit Zunahme und Verbreitung des Wohlstandes schließen sich immer mehr Menschen der Wählerschaft an. Die größte außenstehende Macht in Unternehmen stellen die Versicherungsgesellschaften dar; sie bestehen bereits auf Mitspracherecht, bevor sie Milliarden in Aktien investieren. Auf eine ausgefallene Weise ist dies eine Art allgemeinen Wahlrechts. Nahezu jeder Mensch hat irgendeine Versicherung über Feuer, Leben, Kraftfahrzeug oder Unfälle abgeschlossen; die Millionen kleiner Prämien ähneln Stimmen, und die Versicherungsgesellschaften agieren als parlamentarische Repräsentanten ihrer Mitglieder. Sie formulieren nicht die Politik, gewährleisten jedoch Ehrlichkeit, Tüchtigkeit und das Wohl der Aktionäre gegenüber inkompetentem oder unverantwortlichem Management; sie sorgen auch dafür, daß die Regierung abgewählt wird, wenn es notwendig ist, indem sie die Direktoren aus dem Aufsichtsrat abwählen. Und so hat der Angestellte, der als solcher keine Stimme besitzt, vielleicht kraft seiner Mitgliedschaft in einer Versicherung als Prämienzahler einen kleinen Anteil an der Entmachtung des Vorstands, wenn dieser untüchtig ist.

Darauf sind Führungskräfte natürlich genauso sehr aus, wie die Politiker es waren. Bismarck und Disreali wußten, daß sie sich am besten durch eine Erweiterung des Wahlrechts sicher an der Macht halten konnten. Ein eng begrenztes Wahlrecht begünstigte die gut informierten Liberalen, die die Regierung aus dem Sattel heben konnten; ein erweitertes ermöglichte es den Politikern, sich der einfachen, elementaren Hoffnungen und Ängste schlecht informierter Massen für ihre Zwecke zu bedienen. Die meisten Führungskräfte in Großunternehmen zielen auf größtmögliche Streuung der Anteile und maximale Finanzierung aus zurückgehaltenem Kapital ab, damit kein gut informierter Großaktionär die Chance bekommt, eine Kräftekombination zu schaffen, die stark genug wäre, das Management zu entmachten. Solange eine Aktie eine beachtliche Zuwachsrate hat, läßt der schlecht informierte, desinteressierte und unbewanderte Aktionär die Dinge einfach laufen. Das ist einer der Hauptgründe, warum Wachstum zu einem Bestandteil der volkswirtschaftlichen Religion geworden ist. Wenn das Management in dieser Hinsicht versagt, kann es zu einem Übernahmeangebot an die Aktionäre direkt seitens einer Konkurrenzfirma kommen. Am naheliegendsten ist in der Großunternehmenspolitik eine Oppositionspartei, die bei allgemeinen Wahlen gegen die Regierung kämpft.

Das ist natürlich reine Machtpolitik, und keine Parteienvertretung; doch selbst sie scheint heutzutage möglich zu sein. Einige britische Gewerkschaften kaufen Aktienanteile von Großunternehmen, in denen sie viele Mitglieder haben, um ihren Stimmen auf Jahreshauptversammlungen Gehör zu verschaffen. Bisher konnten sie nicht genug investieren, um beachtliche Stimmstärke zu haben, doch selbst dieser Fall könnte eines Tages eintreten. Nehmen wir einmal an, Arbeiter dürften einen Teil ihrer Rentenversicherungsbeiträge zu Investition in Anteile an dem Unternehmen, das sie beschäftigt, bestimmen. Zehn Jahre später könnte ein Großunternehmen feststellen, daß seine Angestellten eine beträchtliche politische Macht auf den Jahreshauptversammlungen darstellen. Es gibt noch eine andere, nicht so weitgefaßt verstandene Möglichkeit, wie die Belegschaft insgesamt eine Art der Stimmvertretung und Einfluß auf Entscheidungen auf höchster Ebene erlangen kann. Sie bedient sich des Übergangs von gelegentlicher Mitarbeit zum festen Mitarbeiterstamm. Dieser Übergang vollzieht sich bereits in manchen Großunternehmen. Seine Auswirkung ist derjenigen der zweiten Reform-Act 1867 in England ziemlich verwandt. Durch Zulassung nicht nur der vermögenden Mittelklassen, sondern auch der großen Masse der Handwerker zur Wahl, hatte die Regierung sie 1832 im Grunde genommen von Gelegenheitsarbeitern zu fest angestellten Mitarbeitern gemacht. Dadurch, daß sie ihnen Stimmrecht verlieh, garantierte die Regierung, daß fernerhin die wesentlichen Hoffnungen und Ängste der Arbeiterklasse bei der Formulierung der Politik beider Parteien eine Rolle spielen würde. Wenn ein Großunternehmen in der gleichen Weise einen beträchtlichen Teil seiner Arbeiterschaft zu festen Angestellten macht und ihnen ununterbrochene Anstellung garantiert, so schließt diese Entlohnung und Garantie ein, daß die Versorgung für diese nun wohlberechtigte Sektion in die zukünftige Produktionsplanung einbezogen worden ist.

Eine weitere Entwicklung politischer Art scheint in Großunternehmen ein Gegenstück zu haben: der Aufstieg des Nationalstaats. Im neunzehnten Jahrhundert bestanden bereits die Sprach-, Kultur- und Volksgruppen, und es gab eine Volksbewegung mit dem Ziel, das Joch der Regierung durch auswärtige Kulturgruppen abzuschütteln und Selbstregierung zu etablieren. Polen sollte von

Polen regiert und nicht unter die Hohenzollern, Romanows und Habsburger aufgeteilt sein, und so weiter. Bei dem nach innen gerichteten Nationalismus der Großunternehmen geht von der Unternehmensführung die Bemühung aus, den Angestellten das Gefühl zu geben, sie seien Teil einer sozialen und kulturellen Einheit und arbeiteten nicht nur um der Bezahlung willen. Fußballmannschaften, Schützengilden, Film- und Theatergruppen, Tanz- und Sportveranstaltungen und Transatlantikflüge für die ganze Familie, Hausmagazin und wöchentliches Informationsblatt, all das sind Schritte zur Einrichtung von Großunternehmensstaaten. Bis vor kurzem waren die Großunternehmen im Vergleich mit den Staatsgründern der Geschichte in künstlerischer Hinsicht wenig unternehmend und haben Kunst kaum als Mittel zur Bildung eines Nationalbewußtseins benutzt. Augustus beauftragte Virgil, die Geschichte der Anfangszeit des Unternehmens aufzuzeichnen, aber nur wenige Entwicklungsgeschichten von Großunternehmen sind von vergleichbar guten Autoren verfaßt worden. Augustus ließ aus Marmor eine neue Stadt errichten, weil er den Wert hervorragender Architektur für die Schaffung eines Nationalbewußtseins kannte. In gleicher Weise verfährt Pirelli; die Angestellten des Unternehmens, die in einem der modernsten Gebäude der Welt arbeiten, entwickeln zwangsläufig einen gewissen Nationalstolz, da sie in interessanten Zeitschriften über ihr Gebäude gelesen haben. Derartiges ist jenen verweigert, deren Firmen rechteckige Kästen bewohnen, die sich zu Tausenden gleichen. Die Imperiengründer bezahlten Künstler und Dichter, damit sie das Reich in herrlichen Bildern und unsterblichen Worten glorifizierten. Großunternehmen bezahlen Werbeagenturen für Texte und Darstellungen, die helfen sollen, ihre Produkte zu verkaufen und ihr Ansehen zu heben. Zwar gibt es einige beachtliche Ausnahmen, hervorragende Filme und Bilder, die von Großunternehmen in Auftrag gegeben wurden, doch stehen diese Aufträge in keinem Verhältnis zu der Macht und dem Reichtum der Firmen. Immerhin aber gibt es solche Fälle überhaupt.

Die Großunternehmen haben sogar ihre eigenen politischen

Philosophen, und die Frage »Was ist der Sinn eines Großunternehmens?« wird heutzutage viel erörtert. Ist es dazu da, um maximalen Kapitalertrag zu gewährleisten? Ist es dazu da, um das Überdauern als ein gewinnträchtiges Unternehmen zu gewährleisten? Soll es für das Wohlergehen seiner Angestellten sorgen? Muß es der Nation dienen? Was ist ein Großunternehmen wirklich? Die Frage läßt sich genausowenig und aus dem gleichen Grund nicht beantworten wie eine weit ältere Frage »Was ist ein Staat?«: Es gibt keine eindeutige Antwort. Offenbar muß eine Firma gewinnträchtig bleiben, wie ein Staat sich nicht erobern lassen darf; doch die Tatsache, daß eine Firma aufgebaut wurde, um Geld zu bringen, bedeutet nicht, daß sie in diesem Bemühen immer fortfahren muß. England wurde als Zusammenschluß geschaffen, um die Dänen zu bekämpfen, aber es muß nicht ewig damit fortfahren. Wenn eine Organisation einmal besteht, sei sie Großunternehmen oder Staat, so ist sie dazu da, daß diejenigen, die sie bilden, in ihr die größtmögliche Macht ausüben können, um sie zu der Organisation zu machen, die sie wünschen. Sie können den dynastischen Paternalismus der Firma Cadbury anstreben, oder die wohltätige Autokratie von Reader's Digest, oder die Reich-mich-hinunter-Demokratie der Co-operative Wehobsale Society. Was sie erzielen, wird das Ergebnis des Wechselspiels unkontrollierbarer äußerer Kräfte mit den Gedanken und Wünschen der Menschen sein, die als Aktionäre, Direktoren, leitende Angestellte und einfache Angestellte das Unternehmen bilden. Das heißt nicht, daß die Frage »Was ist ein Großunternehmen?« sich nicht zu stellen lohnt, sondern nur, daß es keine eindeutige Antwort gibt. Der Militarist wird sagen, es sei die Übereinkunft einer Gruppe von Menschen, sich zusammenzuschließen, um zu einem Wohlstand zu gelangen, an dem jeder einzelne von ihnen in dem Maße partizipiert, in dem er zu seiner Schaffung beiträgt. Der Hegelianer wird argumentieren, das Großunternehmen sei Begriff oder Idee, in ihrer Existenz mehr als die Menschen, die es bilden, und die Produkte, die es herstellt. Die Pflicht des Menschen sei es, dem Unternehmen zu dienen und dankbar anzuerkennen, was es von ihm als Gegenleistung erhält, und diesen Geist stärker und rühmlicher seinen Nachfolgern zu überliefern. Man kann sagen, beide Erklärungen seien Unsinn, aber man kann nicht beweisen, daß beide falsch sind. Die Frage »Wozu ist *unser* Großunternehmen da?« fällt in ein ganz anderes Gebiet. Man darf nicht nur hoffen, sie zu beantworten, sondern auch, die Antwort zu ändern oder zu modifizieren, wenn sie einem nicht gefällt. Eine weitere interessante Frage gilt der zukünftigen Rolle von Regierungen. Die paradoxe Auswirkung der Wasserstoffbombe war, daß sie den Krieg als Instrument von Politik anscheinend abgeschafft hat. Das soll nicht heißen, daß nicht einige Irre trotzdem die Welt in die Luft gehen lassen könnten. Es besagt nur, daß Krieg keine naheliegende Sanktion mehr ist, mit der glaubhaft in diplomatischen Verhandlungen zwischen hochentwickelten Staaten gedroht oder die stillschweigend impliziert werden kann. Das hindert natürlich nicht den Wettkampf der Nationen, es macht nur das grundlegend wirtschaftliche Wesen des Wettkampfs deutlicher und bedeutender, da die Nationen mit Mitteln des Exports statt mittels Armeen wetteifern. Überholt die National-Firma den National-Staat als primäre politische Einheit? Management heißt Zielsetzung, sagt Drucker. Ist der nationale Haushaltsplan das erste Zeichen eines Übergangs der Regierung ihrer Majestät in den Vorstand der UK (Holdings) Ltd., die damit betraut ist, ein riesiges Handels- und Produktionsunternehmen zusammenzuschweißen und zu leiten? Wenn es so ist, steht den Regierungen noch ein langer Weg bevor. Die amerikanische Regierung USA (Holdings) Inc. — sieht eine große Aufgabe darin, eigene Industrien anzukurbeln und in Wettbewerb mit Industrien anderer Nationen direkt zu unterstützen. Die NATO ist für sie eine Verkaufsorganisation, und die amerikanische Regierung gebraucht innerhalb ihrer oft ihre politische Macht, um ihren Alliierten den Kauf amerikanischer Ausrüstungen aufzuzwingen. Ebenso ist ihre Außenpolitik, an Staaten des Kalten Krieges keine strategischen Güter zu verkaufen, dazu angewandt worden, den Verkauf veralteter amerikanischer Computer dadurch voranzutreiben, daß man versuchte, aus »strategischen Gründen« den Verkauf neuer europäischer Modelle zu verhindern.

In diesem neuen Wirtschaftskrieg läuft Großbritannien Gefahr, eine wirtschaftliche Kolonie Amerikas zu werden. Neokolonialismus wird normalerweise im Zusammenhang mit afrikanischen Staaten genannt, er findet jedoch auch in Großbritannien statt. Der Kolonialismus im alten Sinne beutete Rohmaterialquellen aus, der neue macht sich Produktionskapazitäten, fähiges Management und Arbeitskräfte nutzbar; beide ziehen hohen Gewinn aus der Kolonie und lassen ihr einen gerade so hohen Wohlstand, daß er auch der Kolonie lohnend erscheint. Ein verlorener Kolonialkrieg hat zur Folge, daß man zuschauen muß, wie die eigenen Großunternehmen von denen des anderen Landes übernommen werden und die Gewinne den Kolonisten zufließen; andere Großunternehmen, die ihre Produkte unter Lizenz herstellen, müssen dafür hohe Gebühren zahlen. Auch beginnen die besten, originellsten, unternehmungslustigsten und fähigsten jungen Menschen mit der meisten Initiative in das Land auszuwandern, in dem die interessanteste Arbeit mit den besten Hilfsmitteln geleistet wird, und man kommt dazu, daß man — bildlich gesprochen — Uhrmacher statt Uhren exportiert. Man bekommt Geld geliehen, das einem helfen soll, und man bemerkt, daß die Anleihe zu einem Hebel wird, mit dem die eigene Außen- und Verteidigungspolitik gesteuert wird. Wo die afrikanischen Kolonien im Pan-Afrikanismus eine Lösung suchen, sieht sie Großbritannien im Vereinten Europa, ohne jedoch wirklich darauf zu vertrauen, daß eine solche Lösung nicht schlechter als die bestehenden Verhältnisse ist. Die harten Realitäten der Wirtschaftskriegsführung und des Wirtschaftskolonialismus werden erst jetzt sichtbar. Wenn sie sich aber als Ersatz von heißen Kriegen und militärischer Machtpolitik erweisen sollten, sind sie vielleicht immer noch etwas, für das man dankbar sein sollte. Es kann wenig Zweifel darüber bestehen, daß es heutzutage besser ist, einen Wirtschaftskrieg zu verlieren als einen militärischen zu gewinnen.

Es gibt jedoch noch eine andere Möglichkeit. Der wirtschaftliche

Nationalismus der Regierungen könnte durch den wirtschaftlichen Internationalismus der Großunternehmen überwunden werden. Das Großunternehmen überragt vielleicht noch nicht das Nationalbewußtsein in den Gefühlen seiner Angestellten. Volkswagen-Angestellte fühlen sich mehr als Deutsche denn als Volkswagen-Firmenangehörige. General-Motors-Mitarbeiter sind in erster Linie Amerikaner und dann erst GM-Angehörige, und so fort. Doch gibt es Anzeichen dafür, daß das Großunternehmen aufholt; eines von ihnen ist ihr zunehmend internationaler Charakter. In Bismarcks Laufbahn gab es einen Punkt, an dem sich seine Loyalität zu entwickeln begann und sie ihren Gegenstand änderte. Von einem Preußischen Ministerpräsidenten, der darauf versessen war, die deutschen Staaten zur Vergrößerung Preußens anzuwerben, wurde er, nachdem er sie angeworben hatte, zu einem Deutschen, der erst in zweiter Linie Preuße war. Preußen war ein Teil Deutschlands, zwar ein wichtiger Teil, doch in Bismarcks Augen wogen Preußens Forderungen wenig im Vergleich mit denen aller anderen deutschen Staaten, die zusammen mit Preußen dieselbe Nation bildeten. Es gibt Beweise dafür, daß die Vorstände von Großunternehmen anfangen, wie Bismarck zu denken. »Wir halten uns selbst nicht für ein amerikanisches Unternehmen mit weltweiten Interessen, sondern für ein internationales, dessen Hauptverwaltung zufällig in Amerika ist«, sagte der Leiter eines großen amerikanischen Industriekonzerns. [38] Es scheint, er habe für eine wachsende Anzahl der internationalen Industriegiganten gesprochen. Wenn dieser Prozeß fortschreitet, kommt es wahrscheinlich zu immer größeren Divergenzen zwischen Großunternehmen und Regierungen und die Regierung kann nicht auf ewig das Tauziehen um Loyalität gewinnen. In einer nicht fernen Zukunft ist das, was für General Motors gut ist, für die Bundesrepublik und Südafrika nützlich, für Amerika jedoch nicht.

29. Kapitel

SCHLUSSWORT

Die Feststellung, daß es sich bei Großunternehmen und Staaten um im wesentlichen gleiche Organisationen handelt, eröffnet ein weites Feld. Ich bin mir bewußt, daß ich es, nachdem ich dieses Feld mehr oder weniger durch Zufall betreten habe, mit kaum mehr als einigen Kartenskizzen und Reiseberichten wieder verlasse. Jenen, die über Auslassungen und Ungenauigkeiten klagen, die bei Kartenskizzen nicht zu vermeiden sind, kann ich nur entgegnen, daß es professionellen Kartographen immer noch möglich ist, eine genaue Untersuchung des Terrains zu unternehmen, falls es ihnen wert erscheint. Für jemanden, der so unqualifiziert ist wie ich, war die einzige Alternative zu einer Kartenskizze der Verzicht auf sie überhaupt. Oder, um einen anderen Vergleich anzustellen, man kann dies Buch auch als unspezifisches Computerprogramm ansehen, das dazu da ist, um die eigenen historischen Kenntnisse zu speichern und die Daten der Großunternehmenserfahrung durch den Hauptmagnetkernspeicher des eigenen Hirns laufen zu lassen und zu eigenen Ergebnissen zu kommen. Methode und Näherungsweise sind wichtig, nicht die Ergebnisse.

Wichtiger ist vielleicht noch das Bedürfnis nach weiteren historischen Daten, nach einer Neuinterpretation der Geschichte. Jede Generation stellt ihren Historikern neue Fragen: Wie können wir einen weiteren Weltkrieg, Hitler, wirtschaftlichen Zusammenbruch verhindern? Wie kam es zu ihnen? Was passierte wirklich? Wenn die Historiker diese Fragen nicht direkt beantworten, so schreiben sie wenigstens in dem Bewußtsein, daß ihre Leser an solchen Problemen interessiert sind; sie haben ein Gefühl für ihre Gemeinde. Heute findet sich innerhalb von Großunternehmen eine große, unbefriedigte Zuhörerschaft. Sie besteht aus Menschen mit umfangreicher persönlicher Erfahrung mit der Arbeitsweise politischer Organisationen, mit den weisen, schwachen, sensiblen, dummen, toleranten, tyrannischen Menschen, die innerhalb ihrer Organisationen Macht ausüben. Sie kennen die internen Spannungen, die externen Machtkämpfe, die Probleme der Kriegsorganisation oder diejenigen, die beim Aufbau eines stabilen, reibungslos funktionierenden Systems für Friedenszeiten erwachsen. Wenn sie sich nicht viel mit Geschichte befassen, so besteht der Grund dafür zum Teil darin, daß sowenig von dem, was darüber geschrieben worden ist, sie und ihre Befürfnisse berücksichtigt. Vielleicht wird die neue Generation der Historiker diese Lücke füllen.

Noch ein weiterer Umstand macht Historiker in diesem Rahmen erforderlich. Die Diskussion von Managementproblemen hat sich bisher auf einem zu niedrigen Niveau bewegt; auf dem der Systemanalyse, Arbeitszeitberechnung und Kostenveranschlagung. Es überrascht nicht, daß manche Universitäten sich etwas schämen, Managementtheorie in ihren Vorlesungsplan aufzunehmen. Trotzdem kann die Führung großer Unternehmen ein dramatisches, sogar ein episches Fach sein, welches wert ist, daß ihm die besten Köpfe des Landes ernsthafte und gewissenhafte Beachtung schenken. Vor einiger Zeit ist bekannt geworden, daß Unternehmen gesellschaftliche Institutionen mit Bräuchen und Tabus, Statusgruppen und Herrschaftsordnungen sind. Viele Soziologen und Gesellschaftswissenschaftler haben sich damit beschäftigt und über Großunternehmen als solche geschrieben. Doch sie sind zudem politische Organisationen, sind autokratisch und demokratisch, friedlich und kriegerisch, liberal und paternalistisch, und nur unter dem Licht der politischen Geschichte kann dieser Aspekt angemessen untersucht werden. Die unteren Täler können von Geschäftsführungsschulen und die höheren von soziologischen Fakultäten erforscht werden; um allerdings die Gipfel zu erreichen, bedarf es der Übung, der Hilfsmittel und des Eifers des Historikers.

Die Bedeutung eines Faches ist oft in der Wirklichkeit nicht mehr als die Spiegelung der Qualität des Geistes, der darauf verwendet worden ist. Eine Weltgeschichte kann trivial und langweilig sein, wenn sie vom falschen Mann geschrieben worden ist. Die Geschichte einer lokalen Sekte kann, vom richtigen Mann geschrieben, eine eindringliche und umfassende Darstellung des Übergangs Englands vom Mittelalter in die Neuzeit sein. Wenn das Studium des Managements als akademisch unbedeutend und wertlos angesehen wird, so liegt der Fehler nicht im Wesen von Unternehmensführung, sondern in dem des Studiums. Hat dieses Buch nicht mehr getan als nur einen kleinen Kanal gegraben, um den wachsenden See der Managementtheorie mit dem weiten Ozean der Geschichte zu verbinden und die Wasser sich mischen zu lassen, dann erfüllt es alle Erwartungen, mit denen es geschrieben wurde.

ANMERKUNGEN

1 Peter F. Drucker, *Die Praxis des Management*, Econ-Verlag, Düsseldorf 1956, S. 11 f
2 a. a. O., S. 39
3 Niccolo Machiavelli, *Der Fürst*, Alfred Kröner Verlag, Stuttgart 1963, S. 7 f
4 a. a. O., S. 15, 16
5 Ehrentitel des höchsten Gönners oder Protektors an einigen Universitäten (A. d. Ü.)
6 R. A. Smith, *Corporations in Crisis*, Anchor, New York 1966, S. 119
7 John Milton, *Das verlorene Paradies, Das wiedergewonnene Paradies*, Winkler-Verlag, München 1966, S. 32 ff
8 Zitiert aus *Management Today*, November 1966
9 First Lord of Treasury; Ehrentitel des brit. Premiers (A. d. Ü.)
10 A. J. P. Taylor, *The Habsburg Monarchy*, Hamish Hamilton Ltd., London 1948, S. 58
11 Hugh Trevor-Roper, *The Rise of Christian Europe*, Thames and Hudson, London 1965, S. 184
12 Zitiert aus *Management Today*, Juni 1966
13 Arthur Koestler, *Der göttliche Funke*, Scherz Verlag, München 1966
14 William Shakespeare, *Romeo und Julia*, V, 3
15 Edgar Wind, *Kunst und Anarchie*, Verlag W. Kohlhammer, Stuttgart 1966
16 John Kenneth Galbraith, *Gesellschaft im Überfluß*, Verlag Droemer Knaur, München
17 Vance Packard, *Die große Verschwendung*, Econ-Verlag, Düsseldorf/Wien 1966
18 H. B. Maynard (Herausg.), *Top Management Handbook*, McGraw-Hill, New York 1960
19 A. J. Marder, *From Dreadnought to Scapa Flow*, Oxford University Press, Oxford 1961, Bd. I, Kap. 2
20 Basil Collier, *The Battle of Britain, Batsford*, London 1962
21 Osman, Orham, Murad 1281–1389

22 Heinrich VII. 1485–1509
   Heinrich VIII. 1509–1547
   Elisabeth I. 1558–1603
23 Peter F. Drucker, *Die Praxis des Management*, Econ-Verlag, Wien 1956, S. 146
24 A. P. Wavell, *Other Men's Flowers*, Penguin Books, London 1960, S. 97
25 Shakespeare, Heinrich IV., Teil I, I, 3.
26 Walter Bagehot, *The English Constitution*, Collins, London 1963, S. 79
27 Hugh Trevor-Roper, *Historical Essays*, Macmillan & Co., Ltd. London 1963, Kap. 10
28 Bertrand Russell, *Freedom and Organisation*, 1814–1914, George Allen & Unwin Ltd., London 1934, S. 299
29 Walter Bagehot, *The English Constitution*, Collins, London 1963, S. 140
30 »If«, Prosaübersetzung: »Wenn du alle deine Gewinne auf einmal einsetzt und verlierst und ganz von vorne anfängst und nie ein Wort über deinen Verlust verlierst . . .«
31 »My dear and only Love«, Prosaübersetzung: »Wer entweder sein Los zu sehr fürchtet oder wessen Verdienste gering sind, der wird nicht alles wagen, um zu gewinnen oder zu verlieren.«
32 S. J. Simon, *Why You Loose At Bridge*, Nicholson & Watson, London 1945, S. 11
33 Walter Bagehot, *The English Constitution*, Collins, London 1963, S. 63
34 a. a. O., London, S. 82
35 Vance Packard, *Die Pyramiden-Kletterer*. Econ-Verlag, Düsseldorf/Wien 1965, Kap. 1
36 Prosaübersetzung: Und jene, die mit dem goldenen Korn haushielten, und die, die es wie Regen in den Wind schleuderten, keinem von ihnen wird die goldene Erde zuteil, denn wenn die Menschen einmal begraben sind, wollen sie wieder ausgegraben werden.
37 Yogi- bzw. Kommissarbewertung ist ein unterhaltsames und lehrreiches Spiel. Man kann es mit historischen Figuren spielen: Alexander, Y-6: K-10; Talleyrand, Y-10: K-2; oder, vorzugsweise in deren Abwesenheit, mit den Kollegen und Vorgesetzten im Betrieb.
38 Geoffrey Owen, *Industry in the USA*, Pengouin Books, London 1966, S. 129

DANKSAGUNG

Es ist nicht möglich, all jenen Freunden und Bekannten, die Ideen und Material zu diesem Buch beigesteuert haben, an dieser Stelle zu danken. Doch muß ich Donald Baverstock meinen besonderen Dank aussprechen; mit ihm habe ich im Verlauf der letzten zehn Jahre oft über Managementtheorie diskutiert, und seine scharfsinnigen Beobachtungen und Theorien haben mich stets angeregt. Ich danke Geoffrey Best, Professor der Neueren Geschichte an der Universität von Edinburgh, der mir vielfach durch wissenschaftliche Anleitung half; Peter Parker, Clifford Oldham und Wynford Vaughan Thomas, die alle die erste Fassung des Textes gelesen haben und mich durch wertvolle Hinweise, Kritik und Vorschläge unterstützten. Und ich danke Arthur Cohen bei Holt Rinehart and Winston und Robin Denniston bei Hodder and Stoughton für die geistige und materielle Ermutigung, ohne die das Buch nicht hätte geschrieben werden können.